Felix Starck

mit Selima Taibi

PEDAL THE WORLD

Mit dem Fahrrad um die Welt

Ullstein

Besuchen Sie uns im Internet:
www.ullstein-taschenbuch.de

Originalausgabe im Ullstein Taschenbuch
1. Auflage Januar 2016
© Ullstein Buchverlage GmbH, Berlin 2016
Umschlaggestaltung: ZERO Werbeagentur, München
Umschlagabbildung: Felix Starck
Umschlagillustration: www.buero-jorge-schmidt.de
Bilder im Innenteil: Felix Starck
Satz: L42 Media Solutions, Berlin
Gesetzt aus der Myriad Pro
Druck und Bindearbeiten: GGP Media GmbH, Pößneck
Printed in Germany
ISBN 978-3-548-37610-3

Inhalt

Vorwort 7

Die Reise beginnt 10

Servus Welt 32

Grenzerfahrungen 44

Heimwärts 56

Pedal the World goes Solo 64

Dad's Traum 82

Backpacking 102

Neuzuwachs 114

Abschied und neues Glück 140

Halbzeit 160

Über Land, über Wasser 178

Im Land der Gastfreundschaft 200

Ein Stück Heimat 236

Die letzten Meter 256

Vorwort

»Ist das wirklich alles im Leben?«, frage ich Fynn eher rhetorisch, während ich an meinem Bier nippe. Wir haben uns nach einer anstrengenden Skitour ins Gespräch vertieft und bemerken gar nicht, dass wir längst die letzten Gäste in der Après-Ski-Hütte sind und die zwei netten russischen Türsteher uns am liebsten rausschmeißen würden. Seit Stunden diskutieren wir über den »Sinn des Lebens«.

»Nein, das kann nicht alles sein«, antwortet Fynn, und auch ich bin mir sicher: Ich will kein Durchschnittsleben mit 1,3 Kindern, 2573,- Euro Gehalt und einem Golf vor der Tür führen.

Zahme Vögel singen von Freiheit, wilde Vögel fliegen.

Dabei könnte man mein Leben als nahezu perfekt bezeichnen. Ich leite mit 22 Jahren den Customer Service eines renommierten Outdoorhändlers, wohne in einer schicken Vierzimmerwohnung in einem Trendviertel in München, habe die Berge, meine große Leidenschaft, fast direkt vor der Haustür und den wohl besten Freundeskreis der Welt. Fynn und ich lernten uns vor circa zwei Monaten bei unserem derzeitigen Arbeitgeber kennen. Die Chemie stimmte sofort, und bereits nach wenigen Wochen machten wir uns auf die Suche nach einer WG-geeigneten Wohnung. Bis jetzt war aber leider noch nichts Passendes dabei.

»Weißt du, wie viel so ein Umzug kostet und was wir mit diesem Geld alles anstellen könnten?«, fragt Fynn verträumt.

»Klar, eine neue Wohnung kostet uns Provision, Kaution, Einrichtung und natürlich Miete«, stimme ich zu. In einem Kalenderjahr sind das knappe 10.000 Euro pro Nase, und ich bin ja gerade erst umgezogen. »Irgendwo da draußen wartet der Sinn… wir müssen ihn nur finden«, sage ich und erzähle Fynn von meinem Schulabbruch vor dem Abitur. Damals habe ich mir fest vorgenommen, mit dem Fahrrad quer durch Europa zu fahren.

»Mann, warum hast du's denn nicht gemacht?«, fragt Fynn, und seine Augen funkeln vor Abenteuerlust.

»Ach, du weißt doch, wie das ist, irgendwas kommt immer dazwischen«, seufze ich und nehme einen großen Schluck von meinem Bier.

»Ja, das stimmt. Aber wieso schuften die meisten Leute ein Leben lang, um sich dann irgendwann einen Lebensstandard leisten zu können, der ihnen eventuell, aber auch nur eventuell, Freiheit und Glück beschert?«, wirft Fynn ein.

»Ganz genau! Und warum sollte ich meinen Freiheitsdrang unterdrücken, wenn ich nicht mal weiß, ob ich später noch lebe, um die Früchte meiner Arbeit zu ernten?«, stimme ich ihm zu.

Den Traum von einer Weltreise habe ich, soweit ich mich erinnern kann, das erste Mal mit sechzehn Jahren geträumt. Ich wollte die Welt und ihre Bewohner entdecken, war dann aber doch nicht naiv und auch nicht alt genug, um einfach loszuziehen. Die Alternative war ein Austauschjahr in Amerika. Diese zwölf Monate waren die schönsten meines bisherigen Lebens und weckten das Reisefieber in mir. Damals habe ich mit dem Auto meines Gastvaters das Land erkundet. Auch deswegen kam mir später die Idee, das nächste Mal mit dem Fahrrad loszuziehen. Ich wollte noch intensiver reisen – langsamer und dadurch näher an Land und Leuten sein. Der Gedanke hat sich festgebissen, aber vor Fynn war mir kein Gegenüber verrückt genug, um ihn auszusprechen. Fynn hingegen hat als Kind sogar schon ein Jahr lang in einer ausgebauten Höhle auf Gran Canaria gewohnt und ist genauso neugierig auf die Welt wie ich. Dass er der Richtige für solche Späße ist, zeigt sich sofort:

»Wenn, dann machen wir es aber gescheit. In Europa waren wir ja schon fast überall«, platzt es aus ihm heraus, während uns die russischen Türsteher mit nicht mehr ganz so netten Blicken nach draußen drängen.

»Alles klar! Schlag ein, wir beradeln die Welt!«, antworte ich und füge lachend hinzu: »Morgen fangen wir an zu planen.«

Morgen sieht die Welt schon anders aus, sagt man. Als wir mit einem dicken Schädel aufwachen, gucken wir uns unsicher an. War das alles nur eine Schnapsidee, weil wir zu tief ins Glas geguckt haben? Meint Fynn es ernst? »Auf geht's, Kaffee holen, und dann kaufen wir eine Weltkarte!«, sage ich lachend. Fynn schaut mich verschmitzt an und ist schneller aus dem Bett als ich gucken kann. Erleichtert stehe ich auf und strecke mich. Die Welt wartet auch heute noch auf uns.

Die Reise beginnt

Herxheim - Salzburg
560 km

Unbemerkt von meinen Freunden stolpere ich aus dem Club in Karlsruhe, in dem wir gerade meinen Abschied feiern. Zum ersten Mal realisiere ich, dass wir morgen tatsächlich losfahren, und der Sternenhimmel verschwimmt vor meinen Augen. Jetzt bloß nicht daran denken, was ich alles zurücklasse. Bisher war ich noch nicht ein Mal nervös. Für Nervosität war auch gar keine Zeit, so schnell haben wir aus unserer biergetränkten Idee Ernst gemacht. Viel ist passiert in den vier Monaten seit unserem Handschlag in den Alpen. Einen Tag nach der Skitour lagen unsere Kündigungen auf dem Schreibtisch unseres Chefs. Aber dann fing die Arbeit erst richtig an, weil wir nicht, wie andere, Jahre vorher mit der Planung begonnen haben. Manchmal ließ uns unsere Naivität auf die Nase fallen. Die notwendigen Impfungen machten uns beispielsweise von einer auf die andere Sekunde ungeplant um 1000 Euro ärmer. Ein herber Schlag für unser Reisebudget. Dafür musste mein schöner Retrokühlschrank dran glauben. Nach und nach haben wir aber sowieso alles verkauft, was wir besaßen – mein Leben passt jetzt in eine Umzugskiste.

»Ohne Hab und Gut ist es leichter aufzubrechen«, denke ich gerade, als das Knarzen der schweren Tür und die Musik, die aus dem Club dringt, mich aus meinen Gedanken reißen.

»Na Kumpel, ready?«, fragt Fynn, der mich gesucht hat.

»Türlich«, gebe ich zurück, und wir schauen zusammen in die Sterne.

Unsere Aufgabenteilung bei den Reisevorbereitungen und später unterwegs war schnell klar. Fynn kümmert sich um alles, was die Räder und das Radeln betrifft. Er ist technikaffiner als ich, ehemaliger Radsportler und kennt sich sehr gut aus. Er ist auch der Fittere und wenn man so will der Härtere von uns beiden. Ich kümmere mich um die Vermarktung unseres Trips. Weil wir bei der Ideenfindung beide nur etwa 400 Euro auf dem Konto hatten, sind wir auf Sponsoren angewiesen, die uns das Material stellen. Sie davon zu überzeugen, dass es sich lohnt, uns zwei Spinner zu unterstützen, war eine Menge Arbeit und meine Aufgabe. Dazu habe ich einen Blog gegründet und eine Facebookseite erstellt, damit Menschen unsere Reise verfolgen können. Unzählige E-Mails später haben viele Radiosender und Zeitungen über uns und die Reiseidee berichtet und damit die Menschen auf uns aufmerksam gemacht. Besonders für Onlinemarketing habe ich ein Händchen, und so ist der Plan aufgegangen. Mit einer bereits vor Abreise beträchtlichen Summe an Facebook-Followern und Bloglesern bin ich an die Sponsoren herangetreten und habe so erreicht, dass wir vom Fahrrad über Satteltaschen und Flickzeug bis hin zu Gaskocher und Klamotten alles gestellt bekommen haben. Geldspenden haben wir aber keine angenommen, wodurch wir unterwegs mit knapp 10.000 Euro pro Nase für alle anstehenden Kosten auskommen müssen. Mehr hat der Verkauf all unserer Sachen nicht eingebracht.

Auf einer Outdoormesse habe ich Max kennengelernt, der seine Fahrradreise gefilmt hat. Sein Film hat mir große Lust gemacht, auch unsere Reise zu dokumentieren. Deswegen haben wir uns eine Spiegelreflexkamera gekauft und auch einige Actioncams gesponsert bekommen, damit wir unsere Eindrücke festhalten können. Diese kleinen und leichten Kameras sind extra für das Filmen von Sportarten ausgelegt. Man kann sie beim Skifahren, Surfen und Ähnlichem auf dem Helm oder irgendwo am Körper befestigen, mit einer Hülle sogar unter Wasser benutzen, und sie filmen trotz der Bewegung ziemlich stabil. Wir haben einige an unseren Rädern befestigt, um den Weg vor und hinter uns festhalten zu können.

Wir wollen aber nur so lange filmen, wie es uns Spaß macht, denn im Vordergrund steht die Reise selbst. Was wir später mit dem Material machen, wissen wir noch nicht, aber mich bestärkt der Gedanke an eine fertige Doku ungemein. Auch dass wir eine breite Öffentlichkeit erreicht haben, gibt mir Motivation.

»Bin gespannt auf das Kamerateam morgen«, sage ich zu Fynn.

»Ich finde es eher komisch, dass nicht nur Freunde und Familie kommen«, entgegnet er.

Zu den Berichten in Zeitungen und im Radio kommt ein Fernsehbeitrag, für den ein Kamerateam unseren Tourstart filmt.

»Wieso mit dem Fahrrad?«, wurden wir häufig gefragt. Es ist die ökonomischste und vor allem ökologischste Art zu reisen, die wir uns vorstellen können. Man ist schneller als zu Fuß und günstiger als mit dem Auto, Flugzeug oder Zug unterwegs und so nah an den Menschen, der Kultur und der Natur, wie es anders kaum möglich wäre. Es geht uns dabei nicht darum, möglichst schnell zu sein oder Rekorde aufzustellen, es geht darum, aus eigener Kraft Landschaften zu erkunden, Erfahrungen zu sammeln und unvergessliche Bekanntschaften zu knüpfen! Wir wollen das Fahrrad als vorrangiges Fortbewegungsmittel nutzen, aber auch mal in den Flieger steigen, wenn es uns irgendwo nicht gefällt oder in eine Gegend zieht, die nicht auf dem Landweg erreichbar ist. Unsere Reise soll keine Fahrradweltreise, sondern eine Weltreise mit und auf dem Fahrrad sein. Wir wollen möglichst viele schöne Orte sehen und befahren, auch wenn das bedeutet, dass wir mal eine Strecke fliegen.

Die meisten Menschen sind begeistert, wenn sie von unserer Reiseidee hören, aber viele glauben nicht, dass wir es schaffen. Einigen konnte man es ansehen, andere haben es uns direkt ins Gesicht gesagt. Unter ihnen waren auch viele andere Radreisende. Von denen gibt es mehr, als man denkt, sie bilden besonders im Netz eine große Community. Von der haben wir uns aber sehr schnell distanziert, weil es uns nervt, dass es dort vorrangig um Kilometerzählerei geht. Auf ständige Konkurrenzgedanken haben wir keine Lust und wollen auch nicht mit unendlich vielen Ratschlägen konfrontiert werden. Natürlich könnten wir viel von ihnen lernen, aber letzten Endes wollen wir doch unsere eigenen Erfahrungen machen.

Erfahrungen sind Maßarbeit. Sie passen nur dem, der sie macht.

Wir haben auch nicht auf Tipps gehört, welche Dinge auf der Reise unabkömmlich und welche unnötig sind, sondern uns mit 60 Kilo inklusive Rad ziemlich vollgepackt, um dann, wenn wir merken, was wir brauchen und was nicht, nach und nach Sachen heimzuschicken. Auch eine Route gibt es nicht wirklich. Wir wollen zwei Jahre lang unterwegs sein und haben aus unseren verschiedenen Wunschzielen eine gerechte Mischung zusammengestellt, die uns realistisch erscheint. Flüge werden wir immer erst vor Ort buchen, um flexibel zu bleiben. Wann wir Lust auf Australien haben und wann es Zeit für Hawaii ist, wissen wir ja jetzt noch nicht. Damit wir nicht zu schnell in den Flieger steigen müssen, werden wir in Richtung Osten starten und wollen uns dann durch Russland und Kasachstan bis nach Asien durchschlagen. Wo wir genau langfahren, wird aber jeden Tag aufs Neue entschieden. Ins Ungewisse zu radeln, passt zu uns. Auch, dass wir nicht trainiert haben, ist Absicht. Unsere Reise hat keinen sportlichen Hintergrund. Wir wollen so, wie wir sind, raus in die Welt und sie auf unseren Drahteseln intensiver erleben.

»Gehen wir zu den anderen?«, holt mich Fynn zurück in die Realität.

»Ja, ich kann auch noch ein Bier vertragen«, antworte ich, und gemeinsam stürzen wir uns wieder ins Getümmel.

9:00, 22. Juni 2013 zeigt der Wecker am nächsten Morgen mit großen Leuchtziffern an. Schon wieder brummt der Schädel. Der letzte Tag ist angebrochen – oder auch der erste. Im Garten meiner Eltern in Herxheim packen wir die letzten Sachen auf die Fahrräder und in die Hänger, die wir beide an unsere Räder montiert haben. »Ich bin schon ziemlich gespannt, wie sich unser Konstrukt hier fahren lässt«, sage ich beim Anblick des vielen Gepäcks zu Fynn, denn ausprobiert haben wir es nicht. Schon jetzt ist es angenehm warm und unserem Abschiedsfest und dem ersten Radtag steht nichts im Weg.

Während der letzten Vorbereitungen sind wir noch relativ entspannt, mit den Gästen kommt dann aber die Nervosität. Als nach und nach immer mehr Menschen eintrudeln und der SWR zu filmen beginnt, genehmigen wir uns das erste Bier. Das hilft auch ein bisschen gegen den Kater. Schneller als es mir lieb ist, steigen wir auf die Räder. Für die Kameras müssen wir den Abschied drei Mal wiederholen. Jedes Mal realisiere ich mehr, was ich für zwei Jahre zurücklasse. Immer wieder muss ich mich kurz sammeln, um die Tränen zu unterdrücken. Vor meinem Haus sind alle Menschen versammelt, die mir wichtig sind. Meine Eltern, mein Bruder Marco, Oma, Opa, meine Freunde und über hundert andere Bekannte, die nur gekommen sind, um mir eine gute Reise zu wünschen. Tausend Gedanken schießen mir durch den Kopf: »Tue ich das Richtige? Will ich das wirklich? Und warum noch mal?«.

Dann ist es plötzlich so weit. Der endgültige Abschied steht bevor. Alle heulen, und als mein Papa mich ein letztes Mal drückt, kann auch ich mich nicht mehr beherrschen. Marco und ich verstecken unsere geröteten Augen hinter großen Sonnenbrillen. Zum Glück fährt er die ersten paar Tage mit. Auch drei Freunde begleiten uns auf den ersten Kilometern bis zu ihrer Heimatstadt Karlsruhe, um mir den Start zu erleichtern. Ein Abschied auf Raten sozusagen. In der Theorie habe ich mir das schön vorgestellt, aber jetzt habe ich ein flaues Gefühl bei dem Gedanken, dass ich mich gleich schon wieder verabschieden muss. Wir fahren los, und hinter uns wird die Menschenmenge immer kleiner. Alle jubeln, aber mir geht es beschissen. Wegen des vielen Gepäcks und dem Hänger kommen wir kaum vom Fleck, und schon nach wenigen Minuten tut mir der Hintern weh.

Die ersten 30 Kilometer reden wir kein Wort. Wie in Trance treten wir in die Pedale. Viel zu schnell ist der zweite Abschied da, für den ich keine Kraft mehr habe. Meine Freunde verstehen das und fahren nach einer kurzen Umarmung davon. Zum Glück bleibt Marco noch bei uns. Trotz des riesigen Büfetts haben wir zu Hause keinen Bissen runterbekommen, also halten wir nach knapp 60 Kilometern in Bad Herrenhalb und kaufen in einem Supermarkt Fleisch zum Grillen, ein Bier machen wir uns gleich auf dem Parkplatz davor auf. Wir sind immer noch betrunken, und der Kater ist auch noch nicht weg, aber irgendwie ist Bier gerade das Einzige, was gegen den Abschiedsschmerz hilft. Ohne Marco wären wir wahrscheinlich schon umgedreht. Er versucht, uns zu motivieren und ist sowieso ein sehr fröhlicher Mensch, der den ganzen Tag vor sich hin singt und pfeift. Wir überlegen tatsächlich kurz, alles abzubrechen, weil sich das, was vor uns liegt, nach den ersten Kilometern riesig vor uns auftürmt, wie ein unbezwingbarer Berg, aber Marco unterbricht uns sofort: »Ich will überhaupt nichts hören! Ihr probiert das jetzt erst mal ein paar Wochen aus! Und jetzt suchen wir nach einem Schlafplatz.« Ich muss lachen, denn so streng redet er sonst nie mit mir.

Wir sind 1980 und 1990 geboren, er ist also genau zehn Jahre älter als ich. Trotzdem haben wir ein sehr gutes Verhältnis. Wir teilen die Leidenschaft für Outdoorsport und die Natur und haben denselben Freundeskreis, weil wir beinahe alles gemeinsam unternehmen. Auch mit Fynn versteht er sich super, denn Fynn war während der Reisevorbereitungen viel bei uns in der Pfalz und wurde von meinen Eltern so gut wie adoptiert. Vor der Abreise von München zu meinen Eltern zu ziehen hat mir gutgetan, denn ich bin sehr heimatverbunden, und meine Familie ist für mich das Wichtigste auf der Welt. In meiner Kindheit an der südlichen Weinstraße habe ich nichts vermisst, und außer dem Tegernsee, wo mein Arbeitsplatz die letzten paar Monate lag, ist die Südpfalz der einzige Ort, an dem ich mich auf Dauer niederlassen würde. Umso gespannter bin ich, ob sich das ändert, wenn ich jetzt immer mehr von der Welt sehe.

Vor dem Supermarkt spricht uns eine ältere Frau an und stellt sich als Gabriele vor. »Ihr könnt aber ruhig Gabi sagen!«, fügt sie hinzu. Dass sie schon etwa 70 ist, bemerke ich nur, als ich ihr genauer ins Gesicht schaue, denn sie macht mit ihren Hippieklamotten und ihrem modernen Kurzhaarschnitt einen jüngeren, fast knabenhaften Eindruck auf mich. Gabi erkundigt sich nach unserer Reise, weil sie unsere bepackten Fahrräder sieht. »Schön, dass die jungen Leute heutzutage noch so was machen!«, freut sie sich. Nach dem Einkaufen kommt sie noch mal zu uns.

»Ihr hockt ja immer noch hier! Wisst ihr denn schon, wo ihr schlaft?«, fragt sie in die Runde.

»Wir machen uns jetzt mal auf die Suche nach einer Wiese«, antwortet Fynn.

»Wie wär's denn mit der hinter meinem Haus?«, lädt sie uns ein, in ihrem Garten zu zelten. »Ich wohne nur einen Ort weiter!«

Wir nehmen dankend an und machen uns gleich auf den Weg.

Der Ort ist zwar nur etwa fünf Kilometer entfernt, aber es geht die ganze Zeit steil bergauf. Damit haben wir nicht gerechnet. Abgekämpft kommen wir zwei Stunden später im Dunkeln in Bad Rotensol an und merken, dass wir die Hausnummer vergessen haben. Wir fragen uns durch, und zum Glück ist Gabi allgemein bekannt. Als wir endlich ihren Straßenabschnitt erreichen, wartet sie schon vor dem Haus, hüpft wie verrückt auf und ab, winkt und ruft: »Hiiiiiieeeerher!«

Wir lachen uns kaputt darüber, wie komisch das aussieht, und sind gleichzeitig total froh, dass wir da sind.

Nachdem wir unsere Zelte aufgebaut haben, ist es schon

halb zwölf, und Gabi lässt es sich nicht nehmen, uns etwas zu kochen. Unser Fleisch möchte sie nicht braten, weil sie Vegetarierin ist, und Kochen heißt bei ihr leider, Nudeln mit Knobi und einer Packung Fertigthunfisch zu bedecken. Aus Höflichkeit quälen wir uns alles rein, obwohl es wirklich scheußlich schmeckt. Dazu gibt es eine Flasche Rotwein, die Gabi mit den Worten »Heute feiern wir eine Party« auf den Tisch stellt. Überall im Haus hängen Bilder von Heilern, und unsere Gastgeberin erzählt uns viele merkwürdige Geschichten von ihren Reisen nach Indien und von Begegnungen mit Geistern. Auch wenn ich mir manchmal auf die Lippe beißen muss, um nicht laut loszuprusten, tut mir die Ablenkung gut, und für eine kurze Zeit kann ich aufatmen. Erst später im Zelt kommen die Zweifel zurück. 60 Kilometer trennen uns von zu Hause – mit dem Auto ein Katzensprung. Ich versuche zu schlafen, wälze mich aber die ganze Nacht nur unruhig hin und her.

Am nächsten Morgen weckt uns der Regen. Es schüttet wie aus Eimern, aber Gabi scheucht uns trotzdem raus in den Garten, nachdem wir bei ihr in der Küche Frühstück bekommen haben. Unter einer kleinen Überdachung macht sie mit uns eine Yogastunde und einen Regentanz. »Durch meinen guten Draht zu Petrus hört es bestimmt bald auf zu regnen!«, versichert sie uns. Nach einer Dusche brechen wir auf.

Irgendwie hat Gabi es geschafft, unsere Laune zu heben, wir lachen noch den ganzen Tag über die lustige Begegnung. Auch ihr Petrus hat vielleicht etwas gebracht, denn nach kurzer Zeit hört der Regen auf. Auf einem Dorffest in Dobel bekommen wir ein vergünstigtes Mittagessen, und überhaupt freut sich jeder, der von unserer Weltreise hört, uns etwas Gutes zu tun. Das motiviert uns weiterzumachen. Zum Glück geht es jetzt auch endlich bergab. Mit 60 km/h brausen wir den Berg runter und genießen die Abfahrt. Dann geht auf einmal alles ganz schnell. Fynns Anhänger fängt in einer Kurve plötzlich an zu schwanken, Fynn versucht auszugleichen und gleichzeitig abzubremsen. Nur einen Bruchteil nachdem er es schafft anzuhalten, rauscht ein Auto vorbei. Das war verdammt knapp. Fynn steht der Schreck ins Gesicht geschrieben, und auch mir ist klar – das wäre beinahe gar nicht gut ausgegangen. Hätte er es nicht rechtzeitig geschafft, den schwankenden Hänger zur anderen Seite zu reißen, wäre Fynn bei 60 km/h mitten auf die Straße gestürzt, und das Auto hätte ihn überrollt. Die Hänger sind uns zu wacklig, gefährlich und schwer, und wir beschließen, unser Gepäck zu reduzieren. Da unsere Route an Fynns Heimatdorf vorbeiführt, damit auch er einen Abschied bekommt, werden wir die Hänger dort lassen. Der Schreck sitzt uns allen noch in den Knochen. Fynn ist kreidebleich, aber wir fahren weiter, damit wir die geplante Strecke für heute schaffen. Mein Hintern tut unglaublich weh, und meine Beine sind so schwer, dass ich mir kurz wünsche, wir hätten doch trainiert. Irgendwann können wir einfach nicht mehr und halten bei einem Spielplatz. Kurz zuvor sind wir an einem Tennisclub vorbeigekommen, vor dem ein paar Leute saßen.

»Wir sollten umdrehen!«, schlage ich vor. »Vielleicht sitzt da eine wie Gabi und nimmt uns auf.« Fynn gefällt die Idee, also machen wir einen U-Turn und radeln zurück. »Bekommen wir hier ein Bier?«, frage ich die Jungs, die eher aussehen wie eine Fußballmannschaft als wie typische Tennisspieler.

»Logo«, antwortet einer, »und Sauerbraten!«

Die Gruppe Männer ist um die 40, und alle kennen sich seit Kindheitstagen.

»Bier und Sauerbraten nach dem Training – das ist eine uralte Tradition«, erklärt uns einer von ihnen.

Wir setzen uns dazu und werden sofort in die Runde integriert. Unsere Geschichte kommt super an, und wir bekommen ständig neues Bier, bevor das alte ausgetrunken ist. Wir wollen auf dem Rasen vor dem Tennisclub zelten, aber nach ein paar Bier wird uns die Damenumkleide, die gleichzeitig als Gemeinschaftsraum fungiert, als Schlafplatz angeboten.

Die ist zwar ziemlich klein, aber perfekt für uns. Es gibt eine Dusche, einen Fernseher und sogar einen Herd, auf dem wir uns morgen Frühstück machen können. Unsere drei Isomatten passen genau nebeneinander, und wir legen uns erschöpft vom Tag relativ früh hin. Ich ziehe mein Handy aus der Tasche, und Fynn murrt: »Schraub wenigstens die Helligkeit runter, wenn du schon nicht von deinem Handy loskommst.« Er hat recht, ich bin ständig im Kontakt mit zu Hause und nicht sicher, ob das mein Heimweh lindert oder verstärkt. Solange es geht, kann ich aber nicht anders und checke andauernd meine Nachrichten. Fynn hat dafür wenig Verständnis, aber ich brauche den Kontakt zu meiner Familie und meinen Freunden, um nicht abzubrechen. Mit einem flauen Gefühl im Magen schlafe ich viel später als die anderen beiden ein.

Die Mampfeier (so haben wir unser Rührei getauft), die wir uns am nächsten Morgen braten, geben uns Kraft für den langen Tag, der vor uns liegt, und dass wir schon wieder duschen können, ist Luxus pur. Beim Bepacken der Räder werden wir von der Ankunft einer Schulklasse unterbrochen, die hier auf dem Sportplatz ihren Fahrradführerschein ablegt. Natürlich sind wir mit unseren vollbepackten Drahteseln die Attraktion schlechthin und werden mit lustigen Fragen gelöchert: »Warum habt ihr so viel Zeug?«, »Seid ihr von zu Hause abgehauen?«, »Habt ihr auch einen Fahrradführerschein gemacht?«, »Sind die Räder euer Haus?« Zusammen mit den Kids fahren wir eine Runde auf dem Übungsplatz, was mit der Menge an Gepäck gar nicht so leicht ist. In einer Kurve tue ich so, als stürze ich fast, und das Gelächter ist groß. Gut gelaunt fahren wir los und lassen uns anfangs auch vom Regen, der wieder eingesetzt hat, nicht runterziehen. Leider hört es den ganzen Tag über immer nur kurz auf zu regnen, so dass meine Sachen nie richtig trocknen, und die Landschaft ist auch ziemlich trist. Demotiviert kommen wir am frühen Abend im Hostel an. Zum Glück gibt es Internet, also kann ich mit meinem besten Freund Jonas skypen. Sein grinsendes Gesicht hebt meine Laune sofort ein bisschen.

»Wie guckst du denn aus der Wäsche?«, fragt er mich.

»Scheiß Regen, ich hab keinen Bock mehr«, antworte ich frustriert.

»Wir stehen alle hinter dir!«, sagt er, »vergiss das nicht!«, und verspricht: »Wenn du abbrichst, dann hol ich dich sofort ab, aber jetzt warte noch mal ab, es wird bestimmt besser!«

Nach dem Gespräch geht es mir wirklich ein bisschen besser. Marco bestellt uns Pizza aufs Zimmer, auch das hilft. Unser Zimmer teilen wir mit einem anderen Radreisenden aus England und zwei Kiffern aus der Schweiz, die sich weder daran erinnern, wie sie hergekommen sind, noch daran, was sie hier wollen.

Fynn ist unser Radprofi, unser Technikexperte und Guide. Ich habe mein Navi noch nicht mit Karten bespielt und folge daher einfach seinen Anweisungen. Normalerweise finde ich das angenehm, aber heute nervt es mich. Vor uns liegt das Allgäu, ich kann die Berge in einiger Entfernung sehen, weiß aber nicht, wie hoch und weit wir heute fahren. Ich stelle mich gerne darauf ein, was ich leisten muss, aber Fynn ist nicht besonders auskunftsfreudig. Irgendwann kommen wir am Fuß des Buchenbergs an, und ich kann die Serpentinen, die sich bis zum Gipfel schlängeln, mit eigenen Augen sehen. Es braucht keinen Radcomputer, um zu sehen, dass das höllisch anstrengend wird. Ich probiere es aber trotzdem noch mal. »Hey Fynn, wie viel Höhenmeter sind das?«, frage ich ihn und bekomme als Antwort: »Fahr halt mal, dann siehst du's.«

Dann also los. Die Serpentinen sind endlos und in jeder Kurve steht ein Schild, wie viele Kurven es noch bis zum Gipfel sind. Da zwischen den Kurven aber immer etwa 200 Meter liegen, ist es nicht sonderlich motivierend, wenn man in Kurve 26 liest: »Noch 25 Kurven bis zum Gipfel!« Gemeinsam mit Marco überlege ich mir verschiedene Motivationsspielchen.

Wir hangeln uns gedanklich von Baum zu Baum, balancieren die Räder auf dem Seitenstreifen so lange es geht, wetten gegen uns selbst, ob wir es bis zur Kurve schaffen, bis das Lied auf den Ohren fertig ist, und gegeneinander, wie viele Mittelstreifen es bis zur nächsten Hecke sind. Trotzdem macht mir die Anstrengung schlechte Laune. Wir sind einfach zu schwer, und der Anhänger will den Berg runter, nicht hoch. Das ist einfachste Physik! Die letzten paar 100 Meter bis zum Gipfel rauben mir meine letzten Kraftreserven. Durch die Anstrengung haben wir nicht bemerkt, dass es immer kälter geworden ist, bei vier Grad in über 1000 Metern Höhe sitzen wir immer noch im T-Shirt auf den Rädern. An Anhalten und Umziehen ist aber nicht zu denken. Denn obwohl man die schneebedeckten Gipfel vom Fellhorn und Nebelhorn noch erkennen kann, dämmert es bereits. Leider wartet auf der anderen Seite des Bergs nicht die erlösende Abfahrt auf uns, denn die Route führt uns noch nicht ins Tal, sondern entlang einer Bergkette. Zu allem Übel hat auch noch Regen eingesetzt. Jeden Tag Regen und die Gedanken an zu Hause nagen an meiner Psyche. Immer wieder kämpfen wir uns Steigungen hoch, nur um dann wieder an Höhenmetern zu verlieren. »Gaaaaabiiiiii, wo bist du?!«, rufe ich in die Dunkelheit, denn als wir uns an die letzte Abfahrt machen, ist es bereits stockduster. Ein bisschen genießen wir die Abfahrt schon, sind aber sehr vorsichtig, weil wir keinen Sturz riskieren wollen.

Im Tal angekommen, peilen wir als Erstes einen Supermarkt an. Marco will seinen Vitaminhaushalt auffüllen und leckt seinen Finger an, um eine kleine Obsttüte auseinanderzufriemeln. Das bereut er sofort. Vor 20 Minuten hatte er Finalgon auf sein schmerzendes Knie gerieben, eine Creme, die Chili enthält und eine starke Erhitzung zur Folge hat. Für schmerzende Gelenke oder Muskeln ist das sehr angenehm, aber auf der Zunge will man das nicht erleben. Mit weit aufgerissenen Augen guckt er uns an und lässt seine Zunge aus dem Mund hängen. Fynn und ich lachen uns kaputt, aber der Arme leidet wirklich. Mit seinem T-Shirt versucht er, die Creme von der Zunge zu reiben, und beißt kurzerhand in den Apfel, der eigentlich für später gedacht war.

Als wir gegen 23 Uhr im Hotel ankommen, wartet eine Überraschung auf uns.

»Whaaaat?! Was macht ihr denn hier?!«, entfährt es mir, als wir in die Lobby kommen. Mein Cousin Yannic und Marcos Freundin Melli sind gekommen, um uns Gesellschaft zu leisten.

»Sind schon ein paar Stunden hier, dachte schon, ihr kommt nicht mehr!«, grinst Yannic.

»Sorry, auf dem Berg war kein Netz, und ich wusste selbst nicht, dass wir so lange brauchen. Vor allem wusste ich nicht, dass ihr kommt, ihr Verrückten!«, sage ich und gehe plötzlich in die Knie vor Schmerz.

Nach dem anstrengenden Tag meldet sich mein Körper. Meine Achillessehne ist extrem geschwollen und tut vor allem sauweh. Laufen geschweige denn Fahrrad fahren ist unmöglich, also creme ich sie dick mit Voltaren ein und hoffe, dass es über Nacht besser wird. Umso mehr freue ich mich über die Ablenkung. Wir gehen zusammen in die Hotelbar und genießen die Entspannung. Es tut gut, mal mit Menschen über die ersten Tage zu sprechen, die mir nah sind, aber nicht dabei waren. Unsere »Weltreise« fühlt sich für mich im Moment mehr an wie ein verregneter Wochenendausflug. Irgendwie habe ich mir das Ganze abenteuerlicher vorgestellt, und es ist noch dazu einfach verdammt schwer, sich so langsam von zu Hause zu entfernen. Wenn man weiß, dass einen nur wenige Zugstunden von der Heimat trennen, werden die Gedanken an einen Abbruch allgegenwärtig, und das macht die Fahrerei nur noch anstrengender. Fynn geht es ähnlich, und zusammen mit den anderen überlegen wir uns bestimmt 30 Szenarien, wie wir nach Hause fahren könnten, ohne als Loser dazustehen und Probleme mit den Sponsoren zu bekommen.

»Wir könnten so tun, als hätte jemand die Fahrräder mitsamt Gepäck geklaut!«, schlage ich vor, und alle lachen.

»Oder du brichst mir beide Arme«, stimmt Fynn mit ein.

»Nee, das könnte ich nicht«, schüttele ich den Kopf.

»Jo, jo, musst nur ordentlich einen im Tee haben!«, entgegnet Fynn.

Wir lachen uns schlapp und wissen beide, dass wir, obwohl ein bisschen Ernst mitschwingt, nicht wirklich abbrechen könnten. Das würde ich mir mein ganzes Leben nicht verzeihen, aufgegeben zu haben und dann noch alle anzulügen.

Am nächsten Tag fahren unsere Besucher mit dem Auto vor zu Fynns Familie, und wir stoßen abends dazu. Beim besten Wirt des Dorfes sitzen wir zusammen, als Fynn sich an unser Kündigungsgespräch erinnert.

»Weißt du noch, was Dieter damals gesagt hat?«, fragt er mich. »Lass uns das mit dem Schnitzel vorziehen!« Jetzt sind auch die anderen neugierig geworden. Also erzählt Fynn der Runde, wie unser Chef damals auf unsere Reisepläne reagiert hat. »Ich glaub ja nicht, dass ihr das schafft«, hat er uns damals mit einem arroganten Grinsen vor den Latz geknallt. »Ihr fahrt nach Wien, esst ein Schnitzel, dreht um und steht wieder vor mir, um nach einem Job zu fragen.«

»Wir essen jetzt hier ein Wiener Schnitzel, dann müssen wir das in Wien nicht mehr machen«, schlägt Fynn also vor.

»Der wird sich noch wundern!«, stimme ich ihm zu.

Nach dem wirklich vorzüglichen Abendessen geht es zu Fynn nach Hause. Ein paar von seinen Freunden sind gekommen, aber irgendwie fühlt es sich nicht so richtig nach dem erneuten Abschied an, auf den ich mich eingestellt hatte. Fynn und ich kommen aus sehr verschiedenen Welten, und mir wird das erst, als ich seine Wurzeln kennenlerne, so richtig bewusst. Ich habe großen Respekt vor der einfachen Lebensweise seiner Familie, fühle mich aber nicht so zugehörig, weil alle wesentlich distanzierter miteinander umgehen, als ich es von zu Hause gewöhnt bin. Fynns Mutter ist Sennerin und verbringt jeden Sommer vier Monate auf einer Alm, die ungefähr drei Stunden Fußmarsch entfernt ist. Dort oben kümmert sie sich um die Kühe eines Bauern, es gibt kein fließendes Wasser, geschweige denn ein Handynetz. Wenn Wanderer vom Dorf aus starten, bringen sie ihr Verpflegungspäckchen mit und dürfen dafür auf der Alm Rast machen.

Zum Familienabschied mit Weißwurstfrühstück am nächsten Morgen kommt sie, bleibt aber nur eine halbe Stunde, bevor sie wieder zu ihren Kühen muss. In der kurzen Zeit wird klar, dass sie nicht besonders viel von mir hält. Sie kritisiert, dass ich die Reise an die Öffentlichkeit gebracht habe, und hat kein Verständnis dafür, dass wir sie durch Sponsoren finanziert haben. Ihre Devise lautet: »Wer nicht genug Geld für solch eine Reise hat, muss eben dafür sparen.« Sich dann auch noch zu filmen, ist für sie unvorstellbar. Ich verstehe total gut, dass es schwer ist, sich an den Gedanken von ständig laufenden Kameras und öffentlichen Tagebüchern zu gewöhnen, wenn man so zurückgezogen lebt. Deswegen bin ich froh, Fynn trotz ihrer Zweifel auf meiner Seite zu haben. Ich argumentiere, dass man sich sein Rad, Taschen, Navi etc. ruhig sponsern lassen kann, wenn man schon die Möglichkeit dazu hat – die Reisekosten tragen wir ja komplett selbst. Wer würde ein solches Angebot schon ausschlagen und zu Hause bleiben?

Nach dem Gespräch, das uns auf das Thema Finanzen stößt, besprechen Fynn und ich uns kurz, weil wir viel zu kostenintensiv unterwegs sind und irgendwie unsere Ausgaben reduzieren müssen. Auch unser Gepäck nehmen wir uns vor. Zusammen misten wir Kleidung und Reparaturwerkzeug aus, damit wir die Hänger stehen lassen können. Mit den zwei Jahren vor Augen fällt es mir ziemlich schwer, mich von Dingen zu trennen, Fynns pragmatische und einfache Art ist mir aber eine große Hilfe. »Das brauchen wir nicht, wirklich nicht!«, überzeugt er mich immer wieder. Bei einer kleinen Testrunde im Hof schmerzt meine Achillessehne enorm. »Kann es sein, dass ich zu hoch sitze? Mein Bein ist ja fast durchgestreckt.«

»Jo, kann schon sein«, antwortet Fynn auf meine Frage.

»Mach ihn mal zwei Zentimeter runter.« Ich ärgere mich kurz, weil er meinen Sattel ja ganz am Anfang eingestellt und nichts bemerkt hat, freue mich aber umso mehr, dass ich nach dem Verstellen schmerzfrei in die Pedale treten kann.

Dieses Mal ohne Tränen zum Abschied von der Familie machen wir uns auf den Weg. Selbst Fynns Augen bleiben trocken, und er wirkt auf mich irgendwie unbeeindruckt von jeglichem Abschiedsschmerz. Ohne die Hänger sind wir deutlich schneller, und die Strecke ist zum ersten Mal richtig flach. Wir schaffen auch mal 30 km/h und haben riesigen Spaß dabei. Fast immer an kleinen Flüssen und Bächen entlang, kommen wir in idyllische Gebiete und genießen die Natur. Zum Mittagessen gibt es in Rosenheim gleich noch mal Schnitzel. »Doppelt hält besser«, argumentiere ich für die gute Gaststube und gegen den China-Imbiss, weiß aber, dass wir wirklich bald anfangen müssen, mehr zu sparen. Denn so, wie wir im Moment leben, wird die Reise nicht lang dauern.

In Rimsting angekommen, verlassen wir das Bächlein und stehen eine Kurve später im Hof von Maloja, unserem Kleidersponsor, wo schon Fynns Freunde, Yannic und Melli auf uns warten, um mit uns in Fynns Geburtstag reinzufeiern. Die Outdoormarke produziert ihre Kleidung nur in Deutschland, und bei ein paar Treffen in den letzten Wochen habe ich schnell gemerkt, dass ich nicht nur die faire Philosophie und die Klamotten toll finde, sondern mir auch die Mitarbeiter total sympathisch sind. Mitten auf dem Land hat das kleine Team eine Scheune zu seinem Büro umgebaut und uns netterweise einen Schlüssel versteckt, damit wir hier übernachten können. Fynn und ich kennen hier alles, aber alle anderen flippen völlig aus, als sie die riesige Scheune betreten. Es ist wirklich das schönste Büro der Welt. Riesige Tische und Regale aus alten Holzbohlen werden von Sammlerstücken wie einem alten Apothekerschrank, rostigen Ketten und großen Industrie-Lampenschirmen ergänzt. Mein Tischkicker, den ich jetzt nicht mehr brauche, hat hier auch einen Platz gefunden. Als Dauerleihgabe haben Marco und ich ihn vor ein paar Wochen hergebracht, was uns jetzt sehr gelegen kommt. Fynns Freunde haben Bier dabei, und es wird ein schöner Abend. Um 12 stoßen wir alle auf Fynn an, und wenig später verstreuen wir uns mit unseren Isomatten in der ganzen Scheune und schlafen.

Verkatert bin ich morgens der Erste, der sich aus seinem Schlafsack schält. Schnell mache ich die Runde und wecke alle, damit wir aufräumen können, bevor die Jungs von Maloja da sind. Als die Ersten eintrudeln, ist die Freude groß, denn Max und Marco, zwei von ihnen, mit denen ich mich besonders gut verstehe, bereiten als Überraschung Frühstück für alle vor. Gut gesättigt verabschieden wir uns von der gesamten Belegschaft und unseren Freunden. Dann steht der härteste Teil für mich an. Heute geht es für meinen Bruder nach Hause, und Fynn und ich fahren zum ersten Mal alleine. Marco kennt mich gut und hält die Verabschiedung deshalb so kurz und emotionslos wie möglich. Als ich davonradele, werden meine Augen hinter der Sonnenbrille trotzdem feucht, und ich muss mich nicht umdrehen, um zu wissen, dass es ihm genauso geht.

Nach ein paar hundert Metern hole ich mein Handy raus und übertöne die schlechten Gedanken mit Musik. Das funktioniert überraschend gut, mit Mumford and Sons im Ohr bemerke ich gar nicht, wie die Zeit vergeht, und irgendwie bewirkt die Musik, dass ich aus dem negativen Trott ausbreche, in dem ich die erste Woche gefangen war. Die Zweifel, die die ganze Zeit in meinem Kopf gekreist sind, verdrücken sich, und ich denke nicht mehr pausenlos an zu Hause. Nachdem ich gestern schon angefangen habe, die Natur zu genießen, scheint heute zum ersten Mal richtig die Sonne. Langsam merke ich auch, dass sich meine Fitness verbessert und mir nicht mehr jeder Meter schwerfällt. »Wir haben noch gar nicht gefilmt«, fällt mir plötzlich ein, wahrscheinlich, weil in meinem Kopf zum ersten Mal Platz für etwas anderes außer Heimweh ist. »Fyyynn, wir haben noch gar nicht gefilmt!«, rufe ich nach vorn. Fynn hält an und sagt:

»Krass, stimmt, das ist mir gar nicht so aufgefallen.«

»Dann mal los!«, antworte ich und hole das ganze Equipment aus den Taschen.

Es ist zwar ziemlich anstrengend, jedes Mal das Stativ aufzustellen, ein Stück zurück- und noch mal an der laufenden Kamera vorbeizufahren, aber mir macht es total viel Spaß, verschiedene Kameraperspektiven auszuprobieren. Irgendwann die fertige Doku in den Händen zu halten, gibt mir wieder ein Ziel vor Augen.

Bei 25 Grad fahren wir am Chiemsee entlang und genießen das Wetter und die schöne Strecke. Mit der Actioncam in der Hand stürze ich mich in den See, und in der Mittagspause kochen wir an einem kleinen Tümpel. Dass wir damit einen Amateurfehler begehen und uns Tausenden Mücken aussetzen, merken wir nur wenig später. Lachend versuchen wir zu essen und uns gleichzeitig die Mücken vom Leib zu halten.

»So schlimm ist es gar nicht, oder?«, sage ich zu Fynn.

»Nee, juckt nur ein bisschen«, antwortet er.

»Hahaha, neee, ich meine alles so«, lache ich zurück.

»Ach sooo. Ja hast recht, wir schaffen das schon!«

In einem Dorf passieren wir zwei Gärten, in denen die Nachbarn Marion und Stefan werkeln. Marion spricht uns an, weil sie vor 15 Jahren selbst nach Rom geradelt ist. Als wir die beiden nach einer guten Wiese zum Zelten in der Nähe fragen, sind sie fast beleidigt. »Ihr schlaft natürlich bei uns!«, sagt Stefan. Es ist wirklich erstaunlich, wie gastfreundlich wir überall empfangen werden. Stefans Frau Brigitte tischt uns eine Brotzeit auf, und es fühlt sich fast an wie ein Abendessen mit der Familie. Nach dem Essen zeigt uns Stefan alte Fotobücher, während Brigitte herumtelefoniert und Gäste einlädt. Wenig später ist die Tochter der beiden da und auch Marion kommt mit ihrem Mann auf ein Bier rüber. Wir tauschen etliche Geschichten über das Leben aus und »Gitte«, wie wir unsere Gastgeberin nennen dürfen, wird, bevor wir schlafen gehen, schon sentimental bei der Vorstellung, dass wir morgen abfahren. »Eure armen Eltern«, flüstert sie, als sie uns fest drückt. »Und jetzt ab ins Bett«, zwinkert sie uns zu. »Genug gekuschelt.«

Als wir nach dem Frühstück am nächsten Tag aufbrechen, hat Gitte Tränen in den Augen: »Endlich hab ich Söhne, und dann verlier ich sie gleich wieder. Wie muss es erst euren Mamas ergehen.« Ich denke an meine Mutter, schiebe den Gendanken aber schnell weg, um das Heimweh zu verdrängen. Die morgendliche Packaktion ist zwar immer noch chaotisch, aber so langsam wissen wir, wo was verstaut wird.

In Salzburg sind wir von einem schicken Hotel eingeladen worden. Ähnlich wie die Sponsoren profitiert das Hotel davon, wenn die vielen Menschen, die unsere Reise im Internet verfolgen, sehen, dass wir dort übernachten. Uns ein Zimmer bereitzustellen, ist kein großer Aufwand und unser Besuch kostenlose Werbung sowie eine tolle Möglichkeit für uns. Denn nach mehr als einer Woche auf dem Rad ist die Vorstellung von einem weichen Bett und einer Badewanne unglaublich verlockend. Mit diesem Ziel vor Augen treten wir in die Pedale. Außerdem steht heute endlich der erste Grenzübergang an. Ich finde immer mehr Freude am Filmen, aber Fynn nerven die Unterbrechungen. Er will lieber durchziehen und schneller ankommen.

»Komm ey, die Sonne scheint, wir haben keine Eile, lass uns doch ein bisschen filmen! Wir haben in den ersten Tagen nie die Kamera aufgestellt, das müssen wir ausgleichen«, versuche ich ihn zu motivieren. »Das können wir noch unseren Enkeln zeigen!«

»Na gut, noch einmal hier und dann nicht mehr, bis wir da sind«, sagt er genervt.

An der Grenze zu Österreich bekomme ich ihn dann aber sogar dazu, etwas in die Kamera zu sagen. Der Grenzübergang ist zwar nicht besonders spektakulär, es fühlt sich aber trotzdem gut an, zum ersten Mal »Ausländer« zu sein. Ab jetzt habe ich auch kein mobiles Internet mehr und irgendwie ist es befreiend, nicht mehr die Möglichkeit zu haben, dauerhaft den Kontakt mit den Lieben zu Hause zu halten. So kann ich mich viel besser auf mich selbst konzentrieren und spüre, wie die Zweifel in den Hintergrund rücken und ich mich frei fühle.

Überall halten uns Menschen auf der Straße an und wollen unsere Geschichte hören. Am Stadtrand von Salzburg treffen wir auf Rolf, einen Rennradfahrer, der es sich nicht nehmen lässt, uns bis zum Hotel zu begleiten. Unser persönlicher Guide macht ein paar kleine Umwege, um uns seine Stadt zu zeigen. Die kleine Rundfahrt in der Großstadt tut uns nach den vielen kleinen Dörfern gut. Wir genießen das rege Treiben auf den Straßen, auch wenn es uns beim Fahrradfahren eher blockiert, und bewundern die Architektur. Außerdem sind wir stolz, dass wir trotz des vielen Gepäcks mit einem Rennradfahrer mithalten können, wenn auch nur für eine kurze Strecke. Den Abend verbringe ich damit, für unsere Follower ein kleines Video aus dem bisherigen Filmmaterial zu schneiden, und schreibe zum ersten Mal ein paar Zeilen in unseren Blog. Da das beides meine Aufgaben sind, hat Fynn Zeit, ein Buch zu lesen, und wir merken, wie angenehm es ist, auch mal verschiedene Sachen zu machen.

Servus Welt

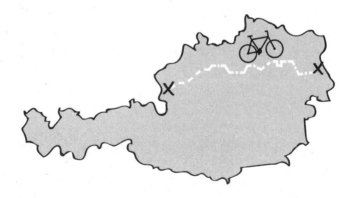

Salzburg - Slowakei
410 km

Am Bahnhof nehmen wir am nächsten Tag meine besten Freundinnen Sofia und Eva samt Rädern in Empfang. Sie werden uns bis nach Wien begleiten, und ich freue mich sehr, dass sie da sind. Eva ist 20, hat strohblonde Haare und ist meistens barfuß unterwegs. Sofia ist 18, meine Nachbarin seit Kindheitstagen und die Tochter von Freunden meiner Eltern. Den Tag verbringen wir wie klassische Touristen. Wir laufen in der Altstadt herum, essen Mozartkugeln und trinken Gösser Natur Radler, das für mich beste Radler der Welt. Es fühlt sich beinahe so an, als würden wir Urlaub von unserer Reise machen, weil wir mal länger an einem Ort verweilen und kein Fahrrad fahren.

Nach dem schönen Tag in Salzburg geht es am nächsten Morgen früh weiter. Es ist wieder hügelig, und immer wieder schüttet es in Strömen. Manchmal so stark, dass wir uns unterstellen müssen. Die Mädels haben kaum Gepäck und sind dadurch super schnell. Gerade will ich sie ein bisschen bremsen, als Evas Fahrrad das für mich erledigt. Sie ist über Scherben gefahren und hat einen Platten. An dem Tag folgen noch drei weitere, denn die vielen Splitter bemerkt man oft erst nach und nach, und auch ich werde nicht verschont. Fynn kommt aus dem Flicken gar nicht mehr raus, und zu allem Überfluss bricht auch noch sein Fahrradständer ab. Leider gibt es aber auch keinen Radladen weit und breit, wo wir einen neuen Mantel und Schlauch herbekommen könnten. Also müssen wir wohl oder übel immer darauf warten, dass sich der nächste Splitter meldet. Während Fynn repariert, stelle ich die Kamera auf, um alles zu dokumentieren. Genervt fährt er mich an: »Hörst du auch mal auf zu filmen?«

»Man muss auch die nervigen Momente drauf haben, Fynn, das gehört dazu«, gebe ich zurück und bekomme nur ein Augenrollen als Antwort.

Nach einer ruhigen Nacht im Zelt an einem idyllisch gelegenen See wache ich von einem lauten Geräusch auf, das sich anhört, als würde jemand eine Motorsäge direkt neben meinem Kopf anlassen. Ich öffne vorsichtig das Zelt und spähe raus. Dicht neben uns mäht jemand den Rasen. Als er mich bemerkt, winkt er mir fröhlich zu, und ich bin beruhigt, dass wir keinen Ärger für das Wildcampen bekommen. Nach einem Mampfeier-Frühstück bemerken wir, dass Evas Reifen wieder platt ist. Fynn flickt, während ich die Zelte abbaue. Es hat die ganze Nacht geregnet, und auch den Tag über gießt es in Strömen. Wir sind schon nach kurzer Zeit völlig durchnässt, ich fühle mich 20 Kilo schwerer. Wir treffen immer wieder auf die Feuerwehr, die umgefallene Baumstämme aus dem Weg räumt, anscheinend hat es nachts richtig gestürmt. Irgendwann finden wir uns mit der Nässe ab und haben Spaß daran, durch den Regen zu fahren. In strömenden Güssen flicken wir die Platten Nummer fünf und sechs, den letzten reparieren wir nicht mehr, weil wir schon kurz vor unserem Ziel sind.

In Wels haben wir wieder das Glück, in einem Hotel zu übernachten. Völlig verdreckt und komplett nass kommen wir an und werden von allen verdutzt angeguckt. Wir sehen aber auch komisch aus, wie wir da mit unseren Fahrrädern in der Lobby stehen und alles volltropfen. Nach einer heißen Dusche geht es mir deutlich besser, und ich bin stolz, mich ohne schlechte Laune durch den regnerischen Tag gebracht zu haben. Zur Belohnung gehen wir Pizza essen. Im Bett denke ich über die ersten zwei Wochen nach. Der Abschied von zu Hause war sehr viel härter, als ich dachte, und so schön es ist, dass die Mädels da sind, möchte ich erst mal keinen Besuch mehr. Der Abschied auf Raten zehrt an mir, und ich denke jetzt schon daran, wie es wird, wenn sie dann wieder weg sind. Dann gibt es nur noch Fynn und mich, und wir gehen uns schon nach der kurzen Zeit ziemlich auf die Nerven. Fynn stört die Filmerei, und er will schneller sein und weitere Strecken fahren als ich. Mir hingegen macht das Filmen Spaß, nicht jedoch, mich zu quälen. Ich fahre lieber nur so lange, bis ich keine Lust mehr habe. Wir sind viel verschiedener, als wir dachten, irgendwie müssen wir das besser hinkriegen. Mein Popoweh der ersten Tage ist dagegen schon fast weg, und ich merke, wie ich jeden Tag fitter werde. Dafür macht mir mein Rücken Probleme. Es fühlt sich an, als wäre ein Nerv eingeklemmt und wird durchs Radeln immer schlimmer. Überhaupt kann ich dem Radfahren noch nicht viel abgewinnen, vielleicht war es ein wenig übermütig, gleich zu einer Weltreise mit dem Rad aufzubrechen, ohne vorher mal länger als zwei Wochen am Stück gefahren zu sein. Es nervt, dass ich mich jeden Tag aufs Neue durchbeißen muss und doch das Gefühl habe, zu nichts zu kommen. Radfahren, kochen, schreiben, schlafen und wieder von vorne. Ich habe mir »frei« sein eigentlich ein bisschen anders vorgestellt.

In einem Fahrradladen bekommen wir einen neuen Mantel für Evas Rad und hoffen, dass es jetzt endlich hält. Ich bin schon mit Rückenschmerzen aufgewacht und brauche mehr Pausen als sonst. »Mann, so kommen wir nie an«, motzt Fynn mich an, als ich mal wieder halten muss, um mich zu dehnen. »Hör auf, mir auf den Sack zu gehen! Ich habe Schmerzen…«, zicke ich zurück. Wir haben einen Nebenfluss der Donau erreicht und somit die letzten Hügel hinter uns gebracht. Fynn fährt mal wieder vor und ich mit Eva und Sofia hinterher. Wir veranstalten hinten einen Contest, wer länger freihändig fahren kann, was sich mit meinem Gepäck als ziemlich schwierig rausstellt. Fynn zieht verbissen sein Tempo durch. Kurz vor Linz entdecken wir einen kleinen Holzschuppen, der mal eine Imbissbude war. Wir nutzen ihn als Unterstand, um trotz Regen Brotzeit machen zu können. An dem klapprigen Rollladen ist eine Notiz befestigt: »Zu verkaufen!«. »Komm, wir erklären die Reise hier für beendet und kaufen das Ding!«, schlage ich vor. »Genau, wir machen eine Currywurstbude auf«, steigt Fynn mit ein. »Dann haben wir den Sinn der Reise auf jeden Fall gefunden, und wenn wir noch mit 80 Würstchen verkaufen, auch den Sinn des Lebens«, lache ich. In Linz machen wir uns mal wieder auf die Suche nach Internet, was sich meistens schwieriger gestaltet, als man denkt. Es ist in Europa gar nicht so üblich, in Cafés kostenfreies WLAN anzubieten, und Internetcafés gibt es nur noch selten. Erst jetzt, wo wir darauf angewiesen sind, um eine Unterkunft zu finden und unseren Blog zu betreiben oder mal Kontakt mit zu Hause zu haben, fällt es uns auf, denn im eigenen Land hat fast jeder mobiles Internet.

In der Altstadt ist gerade ein Ritterfest, und es ist echt schwierig, unsere Räder um die Menschen herum zu bugsieren. Trotzdem sind alle total zuvorkommend und versuchen, uns aus dem Weg zu gehen. Nach etlichen Versuchen landen wir in einem coolen Café, in dem wir vom Besitzer persönlich einen Hotspot eingerichtet bekommen und uns um eine Unterkunft kümmern können. Das ist dann aber zu unserer Überraschung gar nicht mehr nötig. Per Facebook hat mich einer unserer Follower angeschrieben, dass er uns gerne heute bei sich aufnehmen würde, wir sollen einfach vorbeikommen. Seine Adresse hat Georgi, ein Bulgare, gleich mitgeschickt. Wir freuen uns sehr, weil wir so entspannt in Evas Geburtstag reinfeiern können.

Georgi hat einen lustigen Akzent und empfängt uns superherzlich. Er ist Wanderfreak und packt als Erstes 1000 Karten der Gegend aus. Er will genau nachvollziehen, wo wir in den nächsten Tagen sein werden. Dass wir das selbst überhaupt nicht wissen, kann er gar nicht verstehen. Weil er am nächsten Morgen bergsteigen gehen möchte, gibt er uns einen Schlüssel: »Schließt einfach hinter euch ab, wenn ihr geht!« Unglaublich, was für ein Vertrauen er uns entgegenbringt. Zusammen mit ihm drehen wir noch eine Runde auf dem Ritterfest und feiern in einer kleinen Bar gemütlich in Evas Geburtstag rein.

Als wir am nächsten Morgen aufwachen, ist Georgi schon weg und hat uns einen netten Zettel hinterlassen. Ich nutze den Luxus, eine Küche zu haben zum Mampfeier machen, während Sofia und Eva Brötchen holen. Nach dem alltäglichen Packen ziehen wir los und kommen nach wenigen Kilometern endlich an die Donau.

Der Donauradweg kommt mir vor wie eine Autobahn für Fahrräder, so viele Touristen sind hier auf Rädern unterwegs. Die meisten fahren E-Bikes und lassen sich ihr Gepäck transportieren. Es wird immer heißer, und als wir nach einem Schnitzel bei 32 Grad am Tisch einschlafen, bekommen wir fast einen Hitzschlag. Völlig zermatscht fahren wir weiter und sind froh, dass wir wenig später an eine Badestelle kommen. Nach einer kurzen Planscherei packen wir wieder zusammen und fahren weiter. In einem schönen Donaustädtchen machen wir uns auf die Suche nach einem Zeltplatz. Von einem Stadtfest flüchten wir schnell, dort hält ein komischer Kauz in seltsamen Klamotten gerade eine Ansprache. Nach ewiger Suche ohne Ergebnis entdecken wir auf einem Hügel ein Schloss und schieben die Räder den Berg hoch. Oben ist ein Schlosspark mit Brunnen. Das Gelände ist nicht allzu groß, aber die Bäume stehen so zusammengewürfelt, dass es trotzdem wirkt wie in der freien Natur. Das Schloss ist cremeweiß mit grauem Dach, und die Fenster liegen über den Baumkronen, bestimmt mit einem wundervollen Blick auf die Donau. Wir kochen mit Brunnenwasser unser Abendessen und diskutieren, ob wir hier unsere Zelte aufschlagen können. Ich habe überhaupt keine Lust mehr weiterzusuchen und versuche die anderen zu überreden. Während des Essens sehen wir keine Menschenseele, also laufen wir danach zum Schloss und klingeln. Es macht niemand auf, allerdings entdecken wir ein gerahmtes Foto von Prinz Alexander neben der Haustür. Das Gelächter ist groß, als wir merken, dass das der komische Typ vom Stadtfest ist. »Ach, er wird schon nichts dagegen haben«, ermutige ich unsere Truppe.

»Ich bin dabei«, pflichtet mir Fynn bei, und damit ist die Entscheidung gefallen. In der hintersten Ecke bauen wir die Zelte auf und spülen unser Geschirr mit Brunnenwasser. Eine alte Gießkanne funktionieren wir als Dusche um und wollen uns gerade in die Zelte legen, als wir Stimmen hören. Vor dem Schloss steht eine Gruppe mit einem Guide, der wild gestikuliert und etwas erzählt. »Wer macht denn um 21 Uhr eine Schlossführung?!«, fragt Eva lachend.

»Pssst, sonst sehen die uns!«, flüstere ich zurück, aber es ist zu spät, die Gruppe hat uns bemerkt. Sie winken uns zu und gehen weiter.

»Shit, das war's«, sagt Sofia frustriert und Fynn fragt: »Was machen wir jetzt?«

»Nicht, dass die die Polizei holen«, antworte ich jetzt auch ein bisschen verunsichert.

Ein paar Sekunden gucken wir uns alle ratlos an, dann beschließt Eva: »Nee, ich geh jetzt nicht mehr hier weg«, und wir lassen uns überzeugen, zu bleiben.

Nachts bin ich trotzdem leicht paranoid. Immer wieder höre ich Schritte und bilde mir ein, dass Autos vor dem Schloss anhalten. Durch die dünnen Zeltwände hört sich aber auch alles immer verdammt nah an. Als um sieben Uhr der Wecker klingelt, damit wir vor der ersten Führung weg sind, fühlt es sich an, als hätte ich keine Sekunde geschlafen. Schnell packen wir unser Zeug zusammen und peilen als Erstes ein Café an. Dort mache ich beim Frühstück einen Facebook-Post: »Kennt wer jemanden in St. Pölten, der uns aufnehmen will?«

Die Hitzewelle geht weiter und nagt an unseren Kräften. Gleichzeitig hat die Donau wegen der verregneten letzten Zeit Hochwasser. So langsam gewöhne ich mich an meinen neuen Alltag, und die Routine gibt mir Sicherheit, anstatt mich zu langweilen. Packen, fahren, Musik hören, essen, fahren, schlafen. Viel mehr passiert nicht, und trotzdem inspiriert mich die Reise langsam. Ich glaube, am meisten durch die täglichen Begegnungen mit anderen Menschen. Als wir an einem kleinen

Weingut vorbeikommen, können wir nicht anders und halten an. Natürlich ist der Wein nicht so gut wie zu Hause in der Pfalz, aber durchaus sehr trinkbar. Kurz bevor wir weiterfahren, checke ich erneut meine Facebooknachrichten und habe tatsächlich Antworten bekommen: »Fahrt bloß nicht nach Pölten, das ist gefährlich!«, »Trennt euch nicht und passt auf eure Sachen auf!« und »Schließt immer eure Räder an, auch wenn ihr nur kurz weg seid«, sind nur einige von den negativen Nachrichten, die ich erhalten habe. Damit können wir wenig anfangen. Zum Glück ist auch eine gute Nachricht dabei. Stefan arbeitet als Freiwilliger beim Samariterbund in St. Pölten und lädt uns ein, in der Dienststelle zu schlafen. Dort ist alles ein bisschen heruntergekommen, aber ziemlich cool, und es dauert keine zwei Minuten, bis wir Kaffee und Kuchen vor uns stehen haben. Stefan besteht darauf, dass er unsere Wäsche wäscht und trocknet, und will als Gegenleistung, dass wir nach dem Essen mit ihm ein Bier trinken gehen. Das muss man uns nicht zweimal sagen. Wir dürfen duschen, während die Dienststelle Putensalat für uns kocht, und dann sitzen wir alle zusammen an einer langen Tafel. Die Jungs sind wie eine riesige Familie und nehmen uns herzlich auf. Viele von ihnen sind Freiwillige, die, nur um anderen zu helfen, Nachtschichten schieben. Nach dem versprochenen Bier in einem Biergarten landen wir auf dem Dach der Dienststelle, und Stefan überrascht uns mit einem weiteren Talent. Er singt uns witzige Lieder vor, und das sogar ziemlich gut. Dass er ziemlich unterhaltsam ist, wussten wir schon, aber in Kombination mit seiner Gitarre ist er Entertainment pur. Mit heißer Schoki aus dem Automaten in der Hand sitzen wir auf dem Dach und lauschen dem Privatkonzert. »Genau solche Abende sind die Belohnung für die Momente im Sattel, in denen ich einfach keine Lust mehr habe«, sage ich zu den anderen. »Danke, Stefan, du bist mein Held!«, füge ich hinzu.

»Werd mal nicht verrückt, ihr seid Helden!«, winkt Stefan ab.

»Nein, wirklich, was machen wir denn schon groß ... wir radeln ein bisschen, und du hast dich dazu verschrieben, anderen zu helfen!«, sage ich.

»Du verdienst wirklich den allergrößten Respekt«, schließt sich Fynn an.

»Ich glaub, ich bin besoffen, aber ich will dich trotzdem was fragen. Würdest du sagen, dass du den Sinn des Lebens gefunden hast?«, lalle ich.

»Hmm... das hört sich vielleicht komisch an, aber ich denke schon«, lacht er. »Ich hab da jetzt noch nie so genau drüber nachgedacht, aber ich mache jeden Tag das, was mir Spaß macht, und helfe gleichzeitig anderen.«

»Ziemlich cool, dass du das mit 24 von dir sagen kannst!«, antworte ich.

»Stimmt eigentlich, aber dass ihr euch mit dem Fahrrad auf die Suche nach dem Sinn des Lebens macht, ist auch nicht gerade uncool.« Ein bisschen später fährt er nach Hause, und wir fallen erschöpft ins Bett.

Am nächsten Morgen stehen wir auf, als wir Geräusche hören. Stefan braucht anscheinend keinen Schlaf, denn er steht schon in der Küche und macht Rührei. »Mhhhh, lecker Mampfeier«, freue ich mich, als ich dem Geruch folgend in der Küche ankomme.

»Mampfeier, was für ein geiles Wort«, lacht Stefan. »Das wird sofort in meinen Wortschatz übernommen.«

Nach dem Frühstück und einem Abschiedsfoto mit der gesamten Crew verlassen wir St. Pölten mit dem Fazit, dass wir es absolut ungefährlich finden. Weil wir die Donau satthaben, entscheiden wir uns für den direkten Weg nach Wien, der uns aber über einige Hügel führt. Ziemlich abgekämpft stehen wir am frühen Abend an der Stadtgrenze vor der nächsten Herausforderung – dem Verkehr. Zum Glück ist gerade Rushhour, und die Autos müssen staubedingt langsam fahren.

Wien ist riesig, aber auch wunderschön. Wir brauchen ewig,

bis wir ein passendes Restaurant finden, und stoßen dann in einem Wirtshaus auf unseren Chef an. »Sieht nicht so aus, als ob er recht behält«, triumphiert Fynn und bestellt trotzdem Wiener Schnitzel für alle. Komischerweise ist es gar nicht gut. »Wahrscheinlich sollte es nicht sein«, sage ich nach den ersten paar Bissen. »Ein schlechtes Schnitzel in Wien ist doch eigentlich unauffindbar!«

Zum ersten Mal wache ich am Morgen vor dem Wecker auf und bin total ausgeschlafen und erholt. Den Tag nutzen wir für ein bisschen Sightseeing und um einfach mal nichts zu machen. Das tut wahnsinnig gut und lässt mich so richtig auftanken. Der Stephansdom beeindruckt sogar mich als Sightseeing-Banausen, und der schöne Tag lässt mich völlig vergessen, dass Sofia und Eva später abreisen. Sie sind meine zwei besten Freundinnen, und ich werde sie sehr vermissen. Irgendwie aber auch aufregend, dass es jetzt so richtig losgeht. Fynn und ich werden zum ersten Mal auf uns alleine gestellt sein und bald ins »richtige« Ausland kommen, wo man auch eine andere Sprache spricht.

Nachdem ich die beiden zum Zug gebracht und verabschiedet habe, will ich also gar nicht erst Traurigkeit aufkommen lassen. Zur Feier des Tages: Feiern! In einer Strandbar an der Donau starten wir in unseren Abend und landen dann in der *Pratersauna*, einem Club mit Pool im Garten. Überraschenderweise kommen wir mit unserer sportlichen Kleidung rein, obwohl die meisten anderen Gäste sich rausgeputzt haben. Das mochte ich noch nie, wozu soll ich mir ein Hemd anziehen, wenn ich feiern will? Das ist doch total unbequem. Und warum tragen Frauen Highheels, die noch dazu ungesund sind? Niemand benutzt den Pool, aber wir treffen nette Menschen und führen viele interessante Gespräche. Das ist mir eh lieber, als zu tanzen. Gegen sechs ziehe ich die Reißleine, verfrachte Fynn in ein Taxi und kurz darauf uns beide ins Bett.

Am nächsten Tag reist eine Freundin von Fynn an. Fynn hat

mir erst kurzfristig davon erzählt, und auch wenn ich verstehen kann, dass er auch mal jemanden dabeihaben will, ärgert es mich, weil ich dachte, wir wären jetzt endlich mal zu zweit. Wir entscheiden gemeinsam, dass er mit Vroni vorfährt und ich noch eine Nacht in Wien bleibe. Zum einen möchte ich noch meinen Jugendfreund Kevin sehen, und zum anderen tut es uns auch mal ganz gut, getrennt zu sein. Im schönen Museumsquartier treffe ich Kevin auf einen Kaffee. Er war von circa neun bis dreizehn mein bester Freund, und auch danach hat sich der Kontakt nur verlaufen, weil die Umstände nicht gepasst haben, denn ich habe den Fußballverein gewechselt und er die Schule. Als wir uns jetzt sehen, ist die Freude riesig.

»Was geeeht, Starcko?«, begrüßt er mich mit einem breiten Grinsen, und ich antworte: »Schön, dich zu sehen, Kumpel!« Wir haben uns total viel zu erzählen und merken gar nicht, wie die Zeit vergeht. Nach ein paar Kaffee gehen wir zu Bier über, und als seine Freundin dazustößt, ziehen wir weiter in die Innenstadt. Nach einem schönen Abend fahre ich trotzdem relativ früh zurück ins Hostel, um die Zeit alleine auszunutzen. An der Rezeption leihe ich mir einen Film aus und genieße es, in meinem Bett zu liegen und alleine zu sein. Dass ich mir den Raum dabei mit neun anderen Menschen teile, bemerke ich noch nicht mal wirklich. Per SMS verabrede ich mich mit Fynn für den nächsten Tag am frühen Nachmittag in Bratislava, wo er mit Vroni heute schon hingefahren ist. Von dort aus wollen wir zusammen weiterfahren. Das wird die bis jetzt längste Strecke für mich, da es schon nach Bratislava 65 Kilometer sind und wir dann noch gemeinsam weiterfahren wollen. Also stelle ich meinen Wecker auf sieben Uhr früh. Komischerweise bin ich überhaupt nicht einsam. Ich genieße es, alleine zu frühstücken, und vor allem macht es Spaß, beim Radfahren zu jeder Zeit mein eigenes Tempo fahren zu können. Nur an der Grenze zur Slowakei fühlt es sich kurz komisch an, diesen wichtigen Moment nicht mit Fynn zu teilen. »Es lebe die EU«, erzähle ich stattdessen der Kamera und freue mich darüber, dass es keine Kontrollen gibt und ich ohne langes Anstehen einfach über die Grenze rollen kann.

Grenzerfahrungen

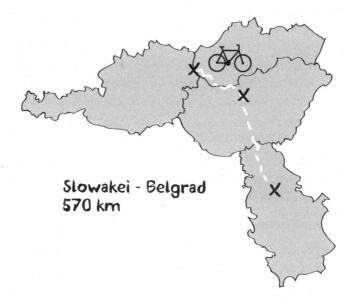

Slowakei – Belgrad
570 km

Obwohl der Grenzübergang so unscheinbar war, sieht die Welt dahinter bereits wenige Meter weiter ganz anders aus. Die Straßen werden spürbar schlechter, und die Menschen verstehen kein Englisch. Als ich an einer Imbissbude halte und den Besitzer nach der Speisekarte frage, schaut er mich skeptisch an. Mir bleibt also keine andere Wahl, als dem netten dicklichen Mann mit der Glatze Geld hinzuhalten und zu lächeln. Er versteht mich trotzdem, nimmt das Geld und hält mir wenig später einen Teller mit Essen hin. Darauf liegt ein riesiger Fleischklops aus Hack wie für einen überdimensionalen Burger, nur ohne Brötchen mit ein bisschen Krautsalat. Als ich nach dem ersten Bissen freundlich auf die Ketchupflasche zeige, guckt mich der Mann zwar an, als wäre ich verrückt, zu diesem Gericht Ketchup zu essen, für mich macht es die Mahlzeit aber geradeso essbar. Verrückt, wie anders die Gewohnheiten nur 50 Kilometer entfernt von einer deutschsprachigen Metropole sind.

Bratislava ist zwar überschaubar, aber wir haben trotzdem Schwierigkeiten, uns zu finden, weil so viele Menschen unterwegs sind. Viele SMS später sind wir auf dem Marktplatz wieder vereint. Nach einer kurzen Pause für mich fahren wir los. Ich habe mein Tagespensum nach kurzer Zeit schon dicke voll, beschwere mich aber nicht, weil es meine eigene Entscheidung war. Der Radweg an der Donau wird immer langweiliger, das Gras vertrockneter, und es gibt wirklich nichts zu sehen. Diese Endlosigkeit macht mir aber gleichzeitig Lust auf Kasachstan, wo ich mir die Weite befreiend vorstelle. Vroni und Fynn ziehen das Tempo an, und der Abstand zu mir vergrößert sich immer mehr. Nachdem ich schon länger eigentlich nicht mehr kann, taucht am Wegrand eine Strandbar auf, die sehr einladend aussieht. Ich würde total gerne halten, aber die anderen beiden sind so weit vorn, dass sie mich nicht rufen hören. Mit letzter Kraft fahre ich hinterher und hole sie endlich keuchend ein.

»Wo warst du denn?«, fragt Vroni, aber Fynn bemerkt sofort, dass man sich jetzt besser nicht mit mir streiten sollte, und sagt:

»Sorry Mann, wir waren so ins Gespräch vertieft, ich habe nicht gemerkt, dass du so weit zurückliegst.«

Nach ein paar Minuten habe ich mich wieder gefangen und schlage vor, zurück zu der Bar zu fahren. Fynn hat erst keine Lust, lässt sich dann aber zum Glück überreden. Die Bar hat eine Bademöglichkeit und vor allem Duschen. Da die Donau in der Regel zu dreckig ist, um mit dem Wasser zu kochen, freuen wir uns, dass es günstige und leckere Sandwichs zu kaufen gibt. Hinter ein paar Büschen bauen wir unsere Zelte auf und werden dabei von mehreren Menschen gesehen. Das ist zwar keine besonders kluge Idee, weil uns jemand verpfeifen könnte, aber wir sind zu müde und erschöpft, um weiterzufahren, und hoffen einfach auf das Beste. Am Strand schauen wir uns zusammen den Sonnenuntergang an und hängen unseren Gedanken nach. Ich bin stolz auf mich und meine Tagesleistung und freue mich zum ersten Mal darauf, morgen wieder im Sattel zu sitzen.

Im Zelt wartet dann leider eine böse Überraschung. Als ich meine Satteltasche aufmache, um meinen Kulturbeutel rauszuholen, ist alles voller Nutella! Das Glas war nicht richtig zu, ist komplett ausgelaufen, und alles ist bis in die letzte Ritze verklebt. Vroni lacht sich kaputt, und ich stapfe wutschnaubend zur Bar, um die Taschen sauberzumachen. Spätestens jetzt hat auch der letzte Gast unsere Zelte bemerkt, und ich habe ein ungutes Gefühl dabei, zu bleiben. Nachdem es aber mehr als eine Stunde dauert, meine Sachen von Nutella zu befreien, habe ich keine Lust mehr umzuziehen. Nachts bereue ich diese Entscheidung. Ich höre Schritte, und etwas streicht an meiner Zeltwand entlang. Schnell schicke ich eine SMS an Fynn, der neben mir sein Zelt aufgebaut hat, aber der schläft anscheinend schon, denn ich bekomme keine Antwort. Mit dem Pfefferspray in der einen und meinem Messer in der anderen Hand liege ich regungslos da und lausche. Überall sind Geräusche, und ich muss mich konzentrieren, um sie richtig zu orten. Plötzlich höre ich etwas klappern. Scheiße, da will jemand unsere Fahrräder klauen! Schnell puste ich in meine Notfallpfeife, die uns meine Mama vor der Abreise mit den Worten »Da haut alles ab, und euch wird geholfen« geschenkt hat, und ein schriller Ton ertönt. Und wirklich, sofort ist es totenstill. Ich habe das Gefühl, dass sogar der Wind kurz aufhört, durch die Büsche zu wehen. Ein paar Augenblicke später ertönen zwei kurze Pfeiftöne. Fynn ist wach. Ich höre Schritte, die sich entfernen, und schnappe mir schnell meine Taschenlampe, um nachzusehen, doch als ich vor dem Zelt stehe und alles ausleuchte, ist weit und breit nichts zu sehen. Ich schaue kurz bei Fynn vorbei, der, genau wie ich eben, noch angespannt im Zelt liegt.

»Fynn, da war jemand, ich bin mir sicher«, flüstere ich ihm zu, um Vroni nicht zu wecken, die selbst durch das Pfeifen direkt neben ihrem Ohr nicht aufgewacht ist.

»Ich hab's auch gehört«, antwortet Fynn. »Da ist jemand weggelaufen.«

»Hoffentlich kommen die nicht wieder«, sage ich und gehe zurück in mein Zelt.

An Schlaf ist nicht zu denken, also liege ich wach und horche in die Stille. Und tatsächlich, etwa eine Stunde später vernehme ich leises Getrappel. Sind das Menschen oder Tiere? Schnell leuchte ich aus dem Zelt, um unsere nächtlichen Besucher auf frischer Tat zu ertappen. An den Fahrrädern ist jedoch nichts zu sehen. Meine Taschenlampe ist zwar superhell, aber streut nicht genug, also klettere ich aus dem Zelt und drehe eine große Runde. In einem etwa 50 Meter entfernten Busch raschelt es, und als ich näher komme, höre ich ein lautes Schnüffeln. Puh, nur Tiere denke ich, schleiche mich vorsichtig näher und entdecke Waschbären, die sich an einem Mülleimer zu schaffen machen. So nah war ich diesen Tieren noch nie! Vom Licht meiner Taschenlampe aufgeschreckt, laufen sie davon, und ich atme auf. Zurück im Zelt kann ich, wenn auch unruhig, wenigstens noch ein paar Stunden schlafen.

Im Hellen sieht dann alles viel weniger unheimlich aus. Hab ich mir das nur eingebildet? Oder waren es von Anfang an nur Waschbären? Nein, meine Intuition sagt mir nach wie vor, dass wir nur knapp an einer sehr ungemütlichen Situation vorbeigeschrammt sind. Als ich wenig später meine Satteltaschen auf mein Rad packen will, bestätigt sich mein ungutes Gefühl. An den Schlössern hat sich jemand zu schaffen gemacht. Natürlich ist es Zufall, dass uns das hier passiert, aber wir sind trotzdem irgendwie erleichtert, heute schon nach Ungarn zu fahren und uns von den Dieben zu entfernen.

Dass ein Grenzübergang uns vor Diebstahl nicht schützt, zeigt sich leider schnell. Nachdem wir Vroni an der Grenze verabschiedet haben, halten wir am ersten ungarischen Supermarkt an und sperren die Räder ab. Als wir rauskommen, hat jemand unser Pfefferspray abmontiert, das wir wegen der vielen Straßenhunde am Fahrrad befestigt haben, und eingesackt. Wir ärgern uns kurz, beschließen aber schnell, dass wir deswegen nicht das Vertrauen in die Menschen verlieren wollen. Irgendwie ist aber der Wurm drin, und auf dem zweitägigen Weg nach Budapest will sich einfach keine gute Laune einstellen.

Der Donauradweg ist nach wie vor öde, und noch dazu kommen wir in ghettoähnliche Gegenden mit mehreren Gefängnissen. Auch die Hitzewelle geht weiter, und an sportliche Betätigung bei 38 Grad muss man sich erst mal gewöhnen. Die Straßenverhältnisse sind schlecht, andauernd werden wir von kläffenden Hunden verfolgt, und die vielen Mücken sind eine echte Plage. Zu allem Übel werden auch noch meine Rückenschmerzen täglich schlimmer. Klar, dass das auch Auswirkungen auf Fynn und mich hat. Wenn wir überhaupt reden, dann immer mit leicht genervtem Unterton. Sobald wir auf andere Radreisende treffen, was hier recht häufig der Fall ist, stürzen wir uns regelrecht auf sie, um mal ein paar entspannte Worte wechseln zu können.

Zwei Münchener Jungs, die ziemlich flott unterwegs sind, wollen den direkten Weg nach Budapest nehmen, der sie über einen 700 Meter hohen Gipfel führt. Wir entscheiden uns dieses Mal dagegen und wählen den flachen Umweg entlang der Donau. Unausgesprochen ist klar, dass es ein kleines Wettrennen wird. Wir tauschen Nummern aus und verabreden uns auf ein Bier in der ungarischen Hauptstadt. Dann mal los, das ist genau die Motivation, die uns in den letzten Tagen gefehlt hat. Zum Glück schützen uns ein paar Wolken vor der Sonne, und wir haben ein gutes Tempo drauf. In einer kurzen Pause rechnen wir aus, dass wir ziemlich sicher zuerst in Budapest eintreffen werden, und genehmigen uns eine Brotzeit. Dann packe ich alle Taschen auf meinen Drahtesel und zurre die Expander fest. Bei einem Spanner, bei dem ich extrem viel Kraft aufwenden muss, damit ich ihn einhaken kann, kracht es auf einmal in meinem Rücken. In der Nähe vom rechten Schulterblatt fühlt es sich an, als wäre etwas abgerissen. Ich taumle kurz und muss mich hinlegen, weil mir schwarz vor Augen wird.

Eine halbe Stunde lang kann ich mich nicht bewegen, erst dann wird es langsam besser. Ich stehe vorsichtig auf und versuche meinen Arm zu heben. Das ist nur unter Schmerzen möglich. Der Vorsprung ist dahin und die gute Laune auch. Beim Radfahren habe ich Probleme zu balancieren. Kurz vor Budapest sind wir auf einem Stück Radweg unterwegs, der erhöht ist. Relativ schmal schlängelt er sich durch die Landschaft, und rechts und links geht es steil den Hügel herunter. Mit zusammengebissenen Zähnen versuche ich dem Weg zu folgen, aber in einer Kurve rutscht mein Vorderrad weg. Ich kugele samt Rad den Berg hinab und komme nach einer gefühlten Ewigkeit zum Stillstand. Fynn hat schnell die Kamera rausgeholt und lacht sich beim Filmen schlapp, während ich mich auf dem Boden liegend entknote. Zum Glück ist nichts weiter passiert, und so fange ich nach ein paar Schocksekunden ebenfalls an zu lachen. Fynn kommt, um mir aufzuhelfen, aber ich kann mich nicht beruhigen, und wenig später kugeln wir uns beide auf dem Boden vor Lachen.

Meinem Kreuz geht es okay, und der kleine Zwischenfall hat die ganze Stimmung aufgelockert. In Budapest hat uns der Besitzer einer Ferienwohnung eingeladen, und die letzten Kilometer vergehen wie im Flug.

In der Wohnung angekommen, schicken wir den Jungs aus München eine SMS, dass wir verletzungsbedingt spät angekommen und zu fertig für das verabredete Bier sind. Für einen kleinen Spaziergang langt unsere Kraft aber noch.

Schon auf den wenigen Metern gefällt uns Budapest. Die Architektur ist wunderschön, vor allem das Parlament beeindruckt uns. In der Innenstadt merkt man sofort, dass wir in einer Partystadt sind. Das ist uns heute zu viel, aber da wir eine zusätzliche Nacht bleiben, freuen wir uns darauf, uns morgen ins Getümmel zu stürzen. In einem kleinen Bistro essen wir ein paar schnelle Nudeln und fallen dann erschöpft ins Bett.

Am anschließenden Tag entspannen wir uns auf der Dachterrasse, die zur Wohnung gehört, und versuchen ein paar anstehende Aufgaben zu erledigen. Das Blogschreiben ist mir noch nie so schwergefallen, also gebe ich irgendwann auf und sonne mich. Nachmittags ziehen wir los in die Stadt und erledigen unsere Sightseeing-Dosis zu Fuß. Auf einem Markt mit Fischständen, an denen man nur mit angehaltenem Atem vorbeigehen kann, bestellen wir bei einer älteren Frau hausgemachte Lángos, eine ungarische Spezialität aus frittiertem Hefeteig mit einer Knoblauchcreme und geriebenem Käse. Ich bin sofort verliebt, obwohl ich eigentlich gar nicht gerne Käse esse. Zum Nachtisch gibt es noch einen süßen Lángos mit Nutella für mich und einen mit Zimt und Zucker für Fynn.

Auf der Suche nach guter Stimmung machen wir uns auf den Weg in eine Gasse, die uns gestern gut gefallen hat. Nach ein paar Bier landen wir in einem Hostel mit dem Beinamen »Party Hostel«, und das macht seinem Namen alle Ehre. Drinnen ist völlige Eskalation angesagt. Es gibt Partyspiele und kostenlose Shot-Runden, aber mir ist nicht so nach Ausrasten. Ein paar Mädels gesellen sich zu uns an den Tisch, und wir bestellen eine Runde Wodka-Redbull, damit ich nicht einschlafe. Ob das eine so gute Idee ist? Harten Alkohol vertrage ich im Gegensatz zu Bier nicht besonders gut. Die Stimmung ist entspannt, die Musik gut, und Pat, eine nette Australierin mit geflochtenen Zöpfen und Hippiekleidern, und ich kommen uns näher.

Nach einer halben Stunde begibt sich das gesamte Hostel auf den Weg in einen Pub. Bestimmt 100 Leute ziehen zusammen durch die Straßen und machen dementsprechend Lärm. Immer wieder müssen wir den Eimern voller Pisse ausweichen, die ältere Damen aus ihren Fenstern kippen. Fynn und ich lachen uns kaputt darüber, dass jemand tatsächlich in einen Eimer pinkelt, nur um ihn dann über den Köpfen von Touristen auszuleeren. Die Frauen tun uns aber auch ein bisschen leid, denn jeden Tag würde ich das auch nicht vor der Haustür haben wollen.

Im Pub ist die Stimmung weiterhin ausgelassen, eine verrückte Engländerin leert unsere Getränke aus, versucht mich auszuziehen und zu küssen, aber ich habe nur Augen für Pat. Gerade als wir endlich mal alleine sind, weil Fynn nach Hause gegangen ist, ruft er mich an. Ich solle heimkommen, er habe keinen Schlüssel. Dabei hab ich ihm doch vorhin einen gegeben! Ich rufe mir sofort ein Taxi und fahre genervt zu ihm, ich kann ihn ja schließlich nicht vor der Tür hocken lassen. Als ich an der Wohnung ankomme, rechne ich damit, dass er irgendwo auf dem Bordstein sitzt und wartet, aber er ist nicht zu sehen. Ich versuche ihn anzurufen, aber er geht nicht ran. So langsam mache ich mir Sorgen, doch bevor ich die Straßen durchkämme, werfe ich einen Blick in unser Appartement. Dort finde ich Fynn in unserem Bett, der seelenruhig vor sich hin schlummert. Na toll! Ich kann meine Wut nicht verbergen, als ich ihn wecke und frage, wie er reingekommen sei. »Kein Plan, wie ich reingekommen bin, wieso bist du nicht dort geblieben?«, antwortet er mir im Halbschlaf. Ein Blick auf die Uhr sagt mir, dass es 4:30 Uhr ist, und ich habe keine Lust mehr, zurück zur Party zu gehen. Also schiebe ich Fynn auf seine Seite vom Bett und lege mich daneben.

Am nächsten Tag müssen wir zur russischen Botschaft, um ein Visum zu beantragen. Dort lassen sie uns nicht lange warten und sagen uns nach einem kurzen Gespräch, dass sie uns derzeit nicht mit unseren Fahrrädern in Russland haben wollen. Als wir fragen, warum sie uns den Zutritt zu ihrem Land verwehren würden, antwortet einer der Beamten: »Wir müssen keine Angaben zu unseren Gründen machen«, und gibt uns zwar freundlich, aber dennoch deutlich zu verstehen, dass wir gehen sollen. Frustriert stehen wir vor der Botschaft in der grellen Sonne und wissen nicht weiter. Ohne das Russlandvisum müssen wir durch den Iran und Indien, um nach Asien zu gelangen. Mich zieht es da absolut nicht hin, ich hatte mich auf Russland und vor allem auf Kasachstan gefreut. Wir vertagen die Entscheidung und fahren mit der Tram zum Szechenyi Heilbad, das uns einige andere Reisende empfohlen haben. Für 15 Euro am Tag sind unsere Erwartungen relativ hoch, die Bilder, die wir uns vorher angesehen haben, sind traumhaft. Wir hoffen auf Entspannung, bevor wir uns morgen wieder auf die Räder schwingen. Als wir den Innenbereich betreten, sind wir aber enttäuscht. Es ist total überlaufen, in den Becken drängeln sich mehrere Tausend Menschen, und die Wände sind mit einer dicken grünen Schimmelschicht überzogen. Das kann doch nicht gesund sein? Ohne Badeschuhe und immer noch beschwipst von gestern stehen wir für ein paar Minuten überfordert in der Ecke und beobachten das Treiben. Dann beschließen wir, das »Heilbad« wenigstens kurz auszuprobieren. Der Außenbereich ist nicht ganz so dreckig, also klettern wir dort in eines der Becken und versuchen, uns zu entspannen. »Morgen sind wir bestimmt krank«, murrt Fynn, und auch ich fühle mich überhaupt nicht wohl.

Abends geht es zu einem Open Mic, wohin die Meute von gestern uns eingeladen hat. Es spielen wirklich gute Bands, und ich erspähe Pat in der Masse von tanzenden Menschen. Sie guckt zu uns herüber und ignoriert mich demonstrativ. »Merci«, sage ich zu Fynn, der das Ganze beobachtet hat. Offensichtlich ist sie noch sauer, weil ich gestern so unvermittelt abgehauen bin. »Pff, wenn sie so nachtragend ist, weiß ich auch nicht«, antwortet er, und wir müssen beide lachen. Wenig später fließt das Bier in Strömen, und unser Plan, vor 12 heimzugehen, scheitert kläglich.

Nach einer wilden Nacht und wenig Schlaf duschen wir und packen unser Zeug zusammen. Ohne einen konkreten Plan fahren wir los und lassen Budapest in Richtung Süden hinter uns. Uns geht es beschissen, wir sind krank, haben Fieber, Gliederschmerzen sowie starken Husten und deswegen keine Kraft, die Route zu besprechen. Wir entscheiden, bis Belgrad zu fahren, das auf dem Weg in den Iran liegt, und bei der dortigen russischen Botschaft noch mal nach einem Visum zu fragen. Die Mischung aus Alkohol, Heilbad und Schlafentzug hat uns völlig umgehauen. Die nächsten drei Tage sind wir wie im Tunnel. Obwohl jeder Meter schwerfällt, fahren wir jeden Tag fast 100 Kilometer und schaffen es über die Grenze bis nach Serbien. Wir ignorieren die Krankheit so gut es geht und wollen uns einfach nicht unterkriegen lassen. Als ich anfange, Blut zu husten, müssen wir jedoch reagieren. »Mann, machen wir uns doch nichts vor, wir können so nicht weiterfahren!«, beschließt Fynn genervt. Er hat recht, ich bin zu krank, um weiterzufahren. Frustriert halten wir in Novi Sad, der zweitgrößten Stadt Serbiens, um uns auszukurieren.

Obwohl wir kein Rad mehr fahren, wird es von nun an jeden Tag nur noch schlimmer. Die Krankheit stellt auch unsere Freundschaft auf die Probe, weil es uns beiden gleichzeitig nicht gutgeht. Schon nach einem Monat gezwungenermaßen auf der Stelle zu stehen, ist außerdem unglaublich schlecht für die Motivation. In einer kleinen Arztpraxis bekomme ich ein Antibiotikum, und wir verbringen vier endlos scheinende Tage in einer kleinen Pension – aber auch danach geht es nur Fynn besser. Mein Zustand ist gleichbleibend schlecht, und so langsam machen wir uns Sorgen. Wir beschließen, mit dem Zug nach Belgrad zu fahren, um ins Krankenhaus zu gehen. Die Entscheidung fällt nicht leicht, und irgendwie fühlt es sich die gesamte Zugfahrt an wie Schummeln oder noch schlimmer: aufgeben. Die 15 Kilometer vom Bahnhof in Belgrad zum Hotel zeigen aber sofort, dass es mir nicht möglich gewesen wäre, eine weitere Strecke mit dem Fahrrad zu fahren. Meine Lunge fühlt sich an, als würde sie explodieren, ich erreiche das Hotel gerade so, bevor ich auf der Toilette zusammenbreche und regelrecht Blut kotze.

Ich rufe zu Hause an, und alle wollen, dass ich heimkomme und mich auskuriere. Aber ich will nicht versagen und erst alles versucht haben, bevor ich mich zu diesem Schritt durchringe. Um Geld zu sparen, wollten wir uns erst ab Asien krankenversichern lassen, und jetzt muss ich für diese bescheuerte Idee bezahlen. Am nächsten Morgen gehen wir ins Krankenhaus, und obwohl ich mehrere 100 Euro dort lasse, fühle ich mich nicht wirklich verstanden, geschweige denn richtig behandelt. Ich bekomme erneut Antibiotika, einen Klaps auf die Schulter und den Satz »Something don't work with lungs« mit auf den Weg. Danke, das ist mir auch schon aufgefallen. Der Arzt hat aber auch gesagt, dass er ein Blubbern in meiner Lunge hört, was auf eine Lungenentzündung hindeuten würde. Zurück im Hotel entscheiden wir gemeinsam, dass ein Behandlungsstopp in Deutschland unumgänglich ist. Mein Fieber ist seit Tagen nicht gesunken, und es bringt niemandem etwas, wenn wir unsere Gesundheit gefährden. Trotzdem ist es ein komisches Gefühl, nach Hause zu fahren. Wir buchen einen Hin- und Rückflug und lassen unsere Fahrräder sowie das meiste Gepäck im Hotel, in der Hoffnung, dass die zwei Wochen Deutschland ausreichen werden, um fit genug zu sein, wieder auf die Räder zu steigen und weiterzufahren. Mit einem leicht mulmigen Gefühl machen wir eine offizielle Erklärung an die Fans, die unsere Reise auf Facebook verfolgen, und bekommen ein überwältigend positives Feedback. Alle wünschen mir gute Besserung und stehen weiterhin hinter uns. Das bestärkt mich enorm in meiner Entscheidung, dass die Gesundheit vorgeht, und ich kann mich sogar ein bisschen auf zu Hause freuen.

Heimwärts

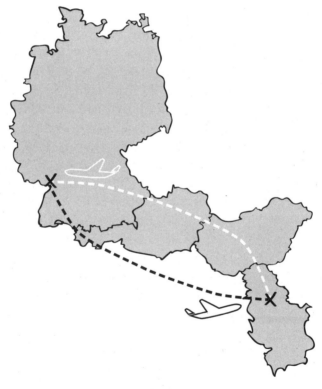

Belgrad - Herxheim - Belgrad

Am Flughafen wartet mein bester Freund Jonas auf mich und bringt mich, nachdem wir Fynn in den Zug gesetzt haben, sofort zum Arzt in Herxheim. Im Wartezimmer sitzen außer mir noch zwei ältere Damen und unterhalten sich.

»Hast du schon gehört, was dem Starck Albert sein Jüngster treibt?«

»Klar! Wo huckt er denn grad?«

»Im Osten irgendwo, will auf China!«

»China? Ich dachte Japan!«

»Also das wär ja nichts für mich. Sushi ess ich überhaupt nicht gerne.«

»Und die Fahrradfahrerei... Oh Jesses!«

Ich amüsiere mich köstlich über die Geschichten, die sie über mich erzählen, ohne zu merken, dass ich direkt neben ihnen sitze. Als der Arzt aus seinem Zimmer »Felix Starck, bitte« ruft, bleibt ihnen das Wort im Hals stecken, und sie gucken sich verstohlen an. Wenn hier Geschichten darüber erzählt werden, dass ich nach China wollte, bin ich gespannt, was es erst für Klatsch geben wird, wenn ich wieder im Dorf gesichtet wurde. Im Behandlungszimmer bekomme ich dann nach ein paar Minuten Abklopfen und Abhören Entwarnung. Es ist keine Lungenentzündung, sondern wir haben uns wahrscheinlich wirklich im Heilbad einen osteuropäischen Virus eingefangen, auf den unsere Körper keine Antwort hatten. Weil ich schon Unmengen an Medikamenten geschluckt habe, bekomme ich kein Antibiotikum, sondern alternative Heilmittel. Ich habe Glück, die Medikamente schlagen an, und nach einer Woche bin ich fast beschwerdefrei.

Ich verbringe viel Zeit mit meinen Freunden und freue mich an Sachen, die mir unterwegs gefehlt haben, wie Fußball gucken, meine Großeltern besuchen, baden und Mamas Essen. Außerdem genieße ich es, bei der Hitze nicht den ganzen Tag draußen sein zu müssen, denn Anfang August sind hier beinahe

40 Grad. Nur ein paar wenige dumme Kommentare muss ich mir anhören, die meisten, die ich treffe, freuen sich, mich zu sehen.

Doch dann der Rückschlag: Wenige Tage vor meinem Flug kommt die Krankheit zurück. Ich habe zwar kein Fieber, aber wieder Husten und Schmerzen im Brustbereich. Ich ruhe mich so gut es geht aus und trinke keinen Alkohol, obwohl Marcos Abschied ansteht. Er startet nämlich, zwei Tage bevor es für mich zurück nach Belgrad geht, in sein eigenes Abenteuer. Samt umgebautem Kleinbus, Freundin und Surfbrett will er Europa erkunden. Es ist ein bisschen wie eine Zeitreise zurück zu meiner Verabschiedung, als wir mit Freunden im Garten von unseren Eltern stehen und Bratwürste essen.

»Ich muss sagen, dass ich auch Lust auf 'ne Bustour hätte«, sage ich lachend zu Marco, als es mal wieder Zeit für den Abschied ist.

»Nächstes Mal fahren wir zusammen!«, antwortet er, zwinkert mir zu und verlässt Herxheim unter lautem Hupen.

Ich bin gerade dabei, die wenigen Sachen, die ich mit nach Deutschland genommen habe, zusammenzupacken und eine kurze Hose gegen meine geliebten Fußballshorts auszutauschen, als mein Handy piept. Ich weiß sofort, was mich erwartet, als ich die SMS von Fynn lese: »Schau mal in deine Mails, du weißt, ich bin nicht gut im Diskutieren, also gib mir mal bitte dein Feedback.« Im selben Moment piept es erneut, und die Mail ist da. Mein ungutes Gefühl hat mich nicht getrogen. Er ist unzufrieden mit der Reise, findet, wir stünden zu viel in der Öffentlichkeit, und die Filmerei nervt ihn. Wir hätten ausgemacht, dass wir nur filmen, solange es Spaß macht, und er will nicht mehr.

Mir macht das Filmen aber riesigen Spaß und motiviert mich vor allem ungemein! Ich glaube eigentlich, dass wir ein gutes Team sind und das irgendwie hinbekommen können. Damit, dass er raus ist, wenn sich nichts ändert, kann ich aber wenig anfangen, weil ich an der Filmerei festhalten will. Außerdem finde ich es schade, dass er mir das alles in einer Mail schreibt, anstatt einfach mit mir darüber zu sprechen. In seinen Worten erkenne ich ihn überhaupt nicht wieder und vermute seine Eltern dahinter, die ja von Anfang an gegen die Öffentlichkeitsarbeit waren. Vielleicht sind wir aber auch einfach unterschiedlicher, als wir dachten. Leider werde ich es nie erfahren, denn als ich versuche, ihm zu erklären, dass das Filmen mir wichtig ist, tickt er aus und kündigt seinen Austritt aus *Pedal The World* an. Er will alleine weiterfahren. Der Schock darüber, dass ich ab jetzt auf mich selbst gestellt bin, erreicht mich nicht sofort, ich bin viel zu beschäftigt damit, mich aufzuregen.

Der Tag des Abflugs rückt näher. Ich hänge in der Schwebe, denn ich bin kein Typ dafür, alleine zu reisen, aber aufzugeben war auch noch nie meine Art. Nach einer schlaflosen Nacht ist die Entscheidung gefallen: Ich werde *Pedal The World* als Solotour fortführen. In einer Mail gebe ich allen Sponsoren Bescheid, die enttäuscht sind, aber zum Glück weiterhin an mich glauben.

Am Morgen der Reise fährt mich meine Mama zum Flughafen. Noch weiß kaum jemand von Fynns Austritt, noch nicht mal meine Eltern, weil ich erst mit Fynn persönlich sprechen will. Im Moment weiß ich aber überhaupt noch nicht, wie ich ihm begegnen soll. Wir hatten nach dem Mailverkehr keinen Kontakt, deswegen weiß ich nicht mal, ob er überhaupt kommen wird. Eigentlich gehe ich aber davon aus. Sein Flug ist ja bereits gebucht, und er muss sein Fahrrad aus Budapest holen. Beim Check-in ist er nirgends zu sehen, und auch beim Gate warte ich vergebens, aber als ich im Flieger sitze und mich anschnalle, taucht er in letzter Sekunde auf und setzt sich neben mich. Nach einem kurzen »Hallo« schweigen wir uns an. »Was ist nur passiert?«, denke ich und kann mir einfach keinen Reim auf die ganze Geschichte machen. Als wir uns verabschiedet haben, war doch noch alles okay. »Nehmen wir zusammen ein Taxi?«, frage ich mich, »schließlich will er ja bestimmt auch zu seinem Rad.«

Kurz bevor wir aussteigen, frage ich ihn, und er willigt trotzig ein. Als wir ankommen, startet Fynn schon in Richtung Tiefgarage, wo unsere Fahrräder stehen, während ich den Taxifahrer bezahle. Als ich bei den Rädern ankomme, ist er schon abfahrbereit, übergibt mir ganz pragmatisch ein paar Sachen, die in seinen Taschen untergebracht waren, und hat noch ein Anliegen. Er will, dass sein Name nicht mehr auf unserer Homepage auftaucht, also dass ich ihn aus dem Impressum lösche und den »Über Fynn«-Teil rausnehme. Ich willige ein und bitte ihn um ein Lebenszeichen ab und zu, aber er lehnt ab und will keinen Kontakt mehr. »Wie abweisend ist der Kerl?«, denke ich und sehe dann, dass er Tränen in den Augen hat, als er wegfährt und mich mit gemischten Gefühlen auf dem Bordstein stehen lässt. Ich freue mich darauf, alleine zu sein und bei den täglich anstehenden Entscheidungen keine Rücksicht mehr nehmen zu müssen, aber ich habe auch großen Respekt vor der Einsamkeit. Einen Versuch starte ich noch und schreibe Fynn in einer SMS, dass ich es nicht verstehe und gerne noch mal persönlich mit ihm über unsere Differenzen reden würde, doch er lehnt wieder ab. Ich weiß, dass es manchmal nicht einfach ist, mit mir unterwegs zu sein, aber wir haben doch keine sechs Kameras dabei, wenn wir sie nicht benutzen wollen? Und wenn man sich die Ausrüstung nicht leisten kann, muss man mit der Öffentlichkeit klarkommen, man kann eben nicht alles haben.

Ich checke in das Hotel ein, wo unsere Fahrräder untergestellt waren, und skype mit meinen Eltern, um sie einzuweihen. Sie haben Angst um mich und können sich Fynns Verhalten ebenfalls nicht erklären. Alle stehen hinter mir und motivieren mich weiterzumachen, aber ich denke trotzdem darüber nach, abzubrechen. *Pedal The World* ist eigentlich kein Soloprojekt, das war unser Ding. Der Reizhusten kommt zurück, »wegen Stress?«, frage ich mich.

Das plötzliche Ende unserer gemeinsamen Reise lässt mich die nächsten Stunden nicht los, meine Gedanken drehen sich im Kreis. Plötzlich fällt mir die Europatour ein, die ich als Jugendlicher mit dem Fahrrad machen wollte, und dieser Gedanke bringt mich auf eine Idee. Ich muss *Pedal The World* zu meinem Projekt machen. Die erste Entscheidung, die ich treffe, ist, dass ich nicht zwei Jahre lang alleine unterwegs sein will, sondern die Route anpassen und alles auf ein Jahr verkürzen möchte. Anstatt es noch mal mit Russland zu versuchen, entscheide ich mich, in Richtung Griechenland und Türkei zu fahren. Die Weite Russlands und Kasachstans wirkt plötzlich nicht mehr reizvoll, sondern irgendwie abschreckend, so ganz allein. Auf Indien und den Iran habe ich alleine auch keine Lust und werde deswegen schon in Istanbul das erste Mal in einen Flieger steigen, der mich nach Südostasien bringt. Mir meine ganz persönliche Route zurechtzubiegen, nur nach meinen Wünschen, fühlt sich richtig an. Ich streiche im Kopf Australien komplett, Neuseeland reizt mich mehr. Mit neuem Tatendrang gebe ich die Veränderungen im Projekt *Pedal The World* auf Facebook bekannt.

Der Hunger treibt mich aus dem Hostel zu einer Wurstbude. Ich will nur eine Kleinigkeit essen, aber dann sehe ich am Nachbartisch einen Serben mit einem Mountainbike sitzen, nehme mir ein Herz und spreche ihn an. Wenn ich ab jetzt alleine bin, muss ich mehr auf Leute zugehen. »You cycle a lot?«, frage ich ihn, zeige auf sein Bike und schon sind wir im Gespräch. Bei einem Bier erzähle ich Adrian meine Geschichte. Er ruft alle seine Freunde an, die zur Wurstbude kommen, mit uns Biersorten testen und über das Leben philosophieren. Um ein Uhr nachts falle ich leicht betrunken, aber glücklich ins Bett.

»Nie wieder Alkohol«, schwöre ich mir am nächsten Morgen, der für mich mit einem Hustenanfall startet. Alkohol ist im Moment nicht besonders förderlich für meine Gesundheit, und es war total dumm von mir, das zu ignorieren. Aber der Abend war es auch wert.

Zum ersten Mal seit drei Wochen sitze ich heute wieder auf

dem Rad und merke, dass es gar nicht so einfach ist, sich anhand von kyrillischen Straßenschildern zurechtzufinden. Ich verbinde die Tour durch die Stadt zu meinem nächsten Hostel mit ein bisschen Sightseeing. Ein Hostel ist für einen Alleinreisenden viel besser als Zelten oder auch Hotels, weil man sofort Gleichgesinnte mit spannenden Geschichten kennenlernt, die oft auch alleine unterwegs sind. In der Lobby treffe ich eine Gruppe Franzosen und gehe zusammen mit ihnen in einen schönen Park, der mir schon auf dem Weg ins Hostel aufgefallen ist. Dort picknicken wir, und die Franzosen machen Straßenmusik. Als es anfängt zu nieseln, schlagen sie vor, dass wir abends ausgehen. Ich würde gerne, aber mein Husten ist wieder schlimmer geworden, und ich entscheide, mich auszuruhen, damit ich für morgen fit bin. An diesem Abend skype ich mit Anselm, der *Pedal The World* und Fynns Austritt auf Facebook verfolgt hat. Er möchte Teil des Projekts werden und scheint ein netter Kerl zu sein. Ich sage ihm, dass er gerne irgendwann später probehalber zu mir stoßen könne, wenn wir uns ein bisschen kennengelernt haben und es passt. Erst mal bin ich aber, immer noch geschwächt von der langen Krankheit, weiterhin auf mich selbst gestellt. Mit neuen Zielen vor Augen schaffe ich es dennoch, mich zu motivieren. Die nächste Etappe kann kommen!

Pedal the World goes Solo

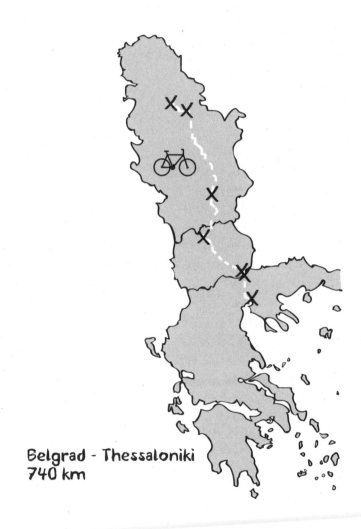

Belgrad - Thessaloniki
740 km

Der nächste Morgen bringt den Tag der Wahrheit. Mein erster Radtag ganz alleine. In einer Nacht- und Nebelaktion habe ich noch schnell die Karten für meinen Radcomputer editiert, weil ich vorher überhaupt nicht daran gedacht habe, dass das bisher Fynns Aufgabe war. Auch einige Reparaturen stehen an, aber damit will ich mich jetzt noch nicht beschäftigen, erst mal will ich aus der Stadt raus. Entlang der Donau fahre ich in Richtung der serbischen Stadt Smederevo, und der Radweg wird immer schlechter. Irgendwann ist er nur noch eine Schotterpiste mit riesigen Schlaglöchern, und in einer Pause merke ich, dass ich unterwegs meine Schuhe verloren habe. Ich hatte sie nur lose auf den Gepäckträger geklemmt, und sie müssen heruntergerutscht sein, als ich durch ein Loch gefahren bin. Bis jetzt bin ich nur in meinen Birkenstocks geradelt, also hoffe ich, dass ich auch zukünftig auf geschlossene Schuhe verzichten kann. Meine Beine sind schwer, ich habe wieder Gliederschmerzen und Husten. Nach nur 60 Kilometern baue ich erschöpft mein Zelt auf einem Campingplatz auf, der nur 1,80 Euro kostet. Das Trinkwasser schmeckt nach verdreckter Donau, aber ich bin so durstig, dass ich mich nicht daran störe. Während der letzten Sonnenstrahlen mache ich einen Ölwechsel und repariere mein Lenkradschloss. Dabei fluche ich die ganze Zeit vor mich hin, weil mir Fynns Expertise fehlt. Als es endlich geschafft ist, bin ich stolz wie Bolle. Und das, obwohl ich diese Kleinigkeit eigentlich hätte beherrschen sollen, bevor ich mich auf eine so lange Radreise begebe. Aber ohne Fynn zurechtzukommen und zu wissen, dass ich nicht aufgeben werde, ist ein gutes Gefühl.

Die erste Zeltnacht alleine ist einsam, und ich kann trotz der Erschöpfung nur schlecht einschlafen, weil Gedanken an zu Hause und Fynn mich wachhalten. Um 7:30 Uhr sitze ich wieder im Sattel. Erst nach 20 Kilometern finde ich eine kleine Bäckerei, in der ich endlich etwas zwischen die Zähne bekomme. Ich spüre, wie mein Körper streikt, kämpfe mich aber immer weiter durch. Mehrmals versuche ich mich an Abkürzungen und verfahre mich total. Ich hielt es nicht für möglich, aber die Radwege werden noch schlechter. Als in einer Pinkelpause mein Fahrrad im Staub zusammenkracht, weil der Fahrradständer abgebrochen ist, lasse ich mich ins trockene Gras daneben fallen und würde am liebsten heulen. Mir ist wahnsinnig heiß, ich huste und habe Gliederschmerzen. Als ich Fieber messe, muss ich schwer schlucken: Mein Thermometer zeigt 39,6 Grad an. Die für heute geplante Strecke werde ich auf keinen Fall schaffen. Im nächsten Ort kaufe ich Tee, fiebersenkende Mittel und Verdauungsjoghurt, denn zu allem Übel kommt jetzt auch noch Durchfall hinzu.

In einer Pension verbringe ich eine unruhige Nacht mit kalten Schweißausbrüchen, aber auch der schlimmste Tag hat irgendwann ein Ende. Am nächsten Morgen ist das Fieber gesunken, und mein Gesamtzustand hat sich deutlich verbessert. Um zehn Uhr klopft es an meiner Tür, und die Dame, der die Pension gehört, kommt schüchtern mit einem Tablett in der Hand ins Zimmer. »Ich habe mitbekommen, dass es Ihnen nicht gutgeht und dachte, Sie wollen vielleicht etwas essen«, sagt sie in überraschend gutem Englisch.

»Das ist wahnsinnig nett von Ihnen, vielen, vielen Dank!«, freue ich mich über diese Aufmerksamkeit.

Sie stellt das Tablett auf meinen Nachttisch und ich bewundere die Köstlichkeiten. Frisches Obst, Tee, Orangensaft, Croissants, es fehlt an nichts. Ich frage nach ihrem Namen. »Branka«, antwortet sie und fügt hinzu: »Wenn du irgendetwas brauchst, dann melde dich bei mir, wirklich!« Ich bedanke mich noch mal und mache mich, als Branka wieder weg ist, über die Stärkung her. Danach geht es mir wirklich besser. Aber auch Gedanken an einen Abbruch schleichen sich immer wieder in meinen Kopf, also beschließe ich, dass ich die Zeit mehr genießen muss. Ich werde versuchen, weniger zu filmen und zu schreiben und mich mehr darauf zu konzentrieren, warum ich eigentlich losgefahren bin.

Den Sinn des Lebens habe ich noch nicht gefunden, aber ich verstehe immer besser, was Freiheit und Glück für mich bedeuten. Ich möchte nicht auf Dauer mit Menschen zusammen sein, bei denen man zu viele Kompromisse eingehen muss, damit alle zufrieden sind. Eigentlich sehne ich mich nach jemandem, der so tickt wie ich und mit dem ich eine solche Reise bestreiten kann, denn alleine sein gefällt mir nicht. Ich weiß, dass das ein schweres Unterfangen wird, weil ich kein leichter Reisepartner und Mensch bin, will die Hoffnung aber nicht aufgeben und mich anstrengen, wenn es die Möglichkeit dazu gibt. Im Zweifelsfall bin ich jedoch lieber alleine, als einen faulen Kompromiss einzugehen. Glücklicherweise wird der Kontakt mit Anselm immer enger, und wir beschließen gemeinsam, uns in Südostasien das erste Mal persönlich zu treffen. Er muss aber noch einige Dinge klären, bevor er definitiv zusagen kann.

Am nächsten Morgen sorgt sich Branka: »Willst du nicht einen Schal anziehen, bei deinem schlimmen Husten?«

»Wir haben fast 40 Grad, Branka!«, lache ich zurück, und nachdem sie mich gedrückt hat, entlässt sie mich widerwillig auf die Straße.

Solange ich nicht in einen erhöhten Pulsbereich komme, sollte es aber gehen. Die Strecke ist hügeliger als gedacht, und ich überlege, ob ich die nächsten Tage auf dem Autoput (Autobahn) fahren soll. Ich habe mehrfach gehört, dass es zwar illegal sei, aber meist geduldet werde. Der Vorteil liegt auf der Hand, die Straße ist flach und geht immer geradeaus! In gemütlichem Tempo erreiche ich mein Tagesziel und treffe vor der Pension auf einen Polizisten, der sich als Drago vorstellt. Wir kommen ins Gespräch und verbringen zusammen ein paar Stunden im Schatten der Sonnenschirme eines Cafés. Ich finde es total spannend, mich mit einem Polizisten über die Verhältnisse in seinem Land zu unterhalten. Ich frage ihn, wie es möglich sei, dass die Einwohner mit circa 350 Euro Durchschnittseinkommen Auto fahren, denn der Sprit kostet hier ähnlich viel wie in Deutschland. »Da geht doch das ganze Einkommen für Miete, Auto und Lebensmittel drauf ... da muss man schon ein Lebenskünstler sein, oder?«

Er lacht und antwortet lediglich: »Serben sind Kämpfer!« Im nächsten Satz erwähnt er aber auch, dass Spritklau die häufigste Straftat in Serbien sei – wen wundert es?

Gegen Ende frage ich ihn, ob es möglich sei, mit dem Fahrrad den Autoput zu befahren. Er erklärt mir die Situation, und es ist, wie ich es mir gedacht habe, zwar illegal, aber meistens geduldet. Zum Abschied gibt er mir seine Telefonnummer – das soll wohl so etwas wie ein Freischein sein, falls ich mal Schwierigkeiten mit seinen Kollegen bekommen sollte.

Ich habe erst mal genug von schlechten Straßen und entscheide mich deshalb wirklich für die Autobahn. Auf dem zwei Meter breiten Seitenstreifen lässt es sich einigermaßen gemütlich fahren, und die guten Straßenverhältnisse gleichen den Umweg aus. Wenn ich auf Menschen stoße, werde ich meist rufend oder hupend angehalten, und die Leute wollen unbedingt meine Geschichte hören. An Tankstellen bekomme ich meine 1,5-Liter-Wasserflasche und das tägliche Croissant meist geschenkt. Die Leute sind hier wesentlich offener als in den Städten, was aber auch daran liegen kann, dass ich in den Städten oft gestresst unterwegs bin, weil es nicht immer einfach ist, mit einem bepackten Drahtesel in einer wuseligen Stadt unterwegs zu sein.

In meiner Mittagspause ruft mich mein Vater Albert an und fragt: »Was hältst du davon, wenn ich dich für ein paar Tage begleite?«. Das sind mal gute Neuigkeiten. Ich freue mich riesig darauf, ihn zu sehen, das ist genau die Motivation, die ich jetzt brauche. Er wird nach Thessaloniki fliegen und bis nach Istanbul mitkommen. Beflügelt von dieser Nachricht schaffe ich es weiter als geplant. In einer Kleinstadt finde ich sogar ein Hostel und trinke meinen mittlerweile zum Ritual gewordenen Tee im Gemeinschaftsraum. Es geht mir langsam besser. Die Zeit vor der Krankheit war zugegebenermaßen auch nicht besonders vernünftig. Täglich Sport, Alkohol und Schlafentzug – das kann nur eine kurze Zeit gutgehen. Jeden Tag viel Tee und ausreichend Schlaf helfen dagegen ungemein.

Bei einem Skype-Date teilt mir Anselm mit, dass er ernst gemacht habe. »Wie du hast ernst gemacht, wie meinst du das?«, frage ich ihn ungläubig.

»Hab meine Wohnung gekündigt und meiner Uni mitgeteilt, dass ich vorerst doch keinen Master mache«, antwortet er verschmitzt.

»Saucool!«, freue ich mich.

Wir besprechen noch ein paar organisatorische Dinge. Er kann erst Mitte Oktober kommen, in knapp zwei Monaten, weil er noch seine Bachelorarbeit mit dem unfassbaren Namen »Seismostratigraphie progradierender Klinoforme am Nordosthang der Campeche Bank« fertigschreiben muss. Ich lache mich schon bei dem Versuch, das auszusprechen, schlapp.

Zu dem Zeitpunkt werde ich bereits etwa drei Wochen in Südostasien sein. Ich gehe das Risiko ein und entscheide, dass ich die drei Wochen Wartezeit schon irgendwie rumbekomme. Wir verabreden uns also für Bangkok, denn schon lange ist *Pedal The World* zu einer Reise geworden, die sich den Umständen anpasst.

Weniger Planung bedeutet mehr Flexibilität.

Aus Angst vor erneuten Differenzen stelle ich Anselm meine Art des Reisens vor. Ich möchte in Asien mein Zelt heimschicken. Von einer Thailandreise weiß ich, wie günstig man dort unterkommen kann, und bei der Hitze zu zelten ist sicherlich kein Spaß. Ich versuche ihm zu vermitteln, dass ich auch sonst kein typischer Radreisender bin, denn ich fahre nur so lange, wie es mir Spaß macht, es geht mir nicht um Schnelligkeit und Leistung. Abends ziehe ich – sofern es mir mein Budget erlaubt – ein Bett der Isomatte vor. Am allerliebsten ist mir nach einem anstrengenden Radtag eine warme Dusche. Anselm hat schon eine Radreise hinter sich und ist mehr der hartgesottene Überlebenskünstler. Trotzdem ist er bereit, sich meinen Vorstellungen anzupassen. Mit einem guten Gefühl gehe ich ins Bett und freue mich auf meinen Papa sowie darauf, bald wieder im Team zu radeln.

Der Highway 1 führt mich in den nächsten zwei Tagen völlig flach über Brücken und durch Tunnel über die Berge. Trotz der Autos kann ich die Landschaft ein bisschen genießen, das Hauptaugenmerk liegt aber darauf, Kilometer hinter mich zu bringen. Nur abends verlasse ich die Autobahn, um mir einen Schlafplatz zu suchen. In der zweiten Nacht baue ich mein Zelt an einem Waldrand auf, weil mich mein Körper keinen Kilometer weiter trägt. Man kann das Zelt von der Straße aus sehen, aber ich hoffe einfach, dass mich niemand entdeckt. Mein Fahrrad lehne ich gegen einen Baum und schlafe vor Erschöpfung schon früh ein. Gegen elf Uhr wache ich auf, weil ich lautes Grunzen höre. Siedend heiß fällt mir ein, dass ich mein Essen am Fahrrad vergessen habe, anstatt es gut verpackt mit ins Zelt zu nehmen. »Amateurfehler«, ärgere ich mich und weiß sofort, dass ich dadurch Wildschweine angelockt habe. Ich suche nach meiner Trillerpfeife und puste so fest es geht hinein, aber außer einem Hörsturz meinerseits tut sich absolut nichts, und die Wildschweine grunzen und schmatzen fröhlich weiter. »Irgendwie muss ich denen zeigen, wer der Chef ist«, geht es mir durch den Kopf. Ich nehme allen Mut zusammen, setze meine Stirnlampe auf und springe mit Riesengebrüll aus dem Zelt, während ich mit einem Löffel auf einen Topf schlage. Als ich auf mein Fahrrad zurenne, bleibe ich verdutzt stehen –

hier ist nichts zu sehen. »Sie sind weg«, denke ich, kann es aber noch weiter grunzen hören. Mein Herz schlägt bis zum Hals, ich drehe mich vorsichtig um, bewege meinen Kopf, um mit dem Schein meiner Stirnlampe die Dunkelheit zu durchforsten. Plötzlich fällt mein Blick auf einen kleinen Igel auf dem Boden, der sich genüsslich an einer Banane zu schaffen macht, und ich muss lachen. Zu meiner Verteidigung: Igel grunzen mindestens genauso laut wie Wildschweine, obwohl sie so viel kleiner sind.

Mittelmäßig ausgeruht und eine Banane ärmer wache ich am nächsten Morgen auf. Bis zu meinem heutigen Ziel, Skopje, in Mazedonien, sind es mehr als 100 Kilometer. Da ich aber erneut auf der Autobahn unterwegs bin, sollte das zu schaffen sein. Nach der Hälfte der Strecke sehe ich plötzlich, wie mir auf dem gegenüberliegenden Seitenstreifen ein Fahrradfahrer entgegenkommt. Er ist etwas älter als ich, hat ganz kurze braune Haare und ist braungebrannt. Er winkt mir wie verrückt, aber es vergehen mehrere Minuten, bis die Lücke zwischen den fahrenden Autos groß genug ist, damit er zu mir rüberkommen kann. Der Mann stellt sich als Aleks aus Russland vor, und wir versuchen eine Unterhaltung mit Hilfe von Zeichensprache zustande zu bringen, denn hören kann man dank der vorbeirauschenden Autos kaum etwas. Ich verstehe, dass er in ganz Osteuropa herumradelt und nach einem Ort sucht, an dem er sich so wohlfühlt, dass er für immer bleiben möchte.

»Das ist also dein gesamter Besitz?«, frage ich ihn und deute auf seine Satteltaschen, die weniger beladen sind als meine.

»Ja«, sagt er und freut sich. »Toll, oder?« Man kann ihm ansehen, wie glücklich er ist.

»Ja, ich hab zu Hause auch nur noch eine Kiste«, stimme ich ihm zu.

Ein paar Sekunden hängen wir unseren Gedanken nach. »Schade, dass wir nicht in die gleiche Richtung fahren«, denke ich und merke, dass auch er bedauert, dass wir nicht mehr Zeit miteinander verbringen können. Die Autobahn ist aber leider ein ziemlich ungemütlicher Ort für eine ausführliche Unterhaltung. Zum Abschied schenke ich ihm ein Radtrikot. »Nein, das kann ich nicht annehmen«, lehnt er ab, als ich aber antworte, dass ich es sowieso nie anziehe, freut er sich wie ein Kind und zieht es sofort über. Als Dankeschön knotet er sich eins seiner bestimmt 20 Armbänder ab und reicht es mir. »Danke! Das kommt zu meinen anderen Glücksbringern.« Ich stecke es zu den Engeln und Steinen von meiner Familie und meinen Freunden unter die transparente Folie meiner Lenkertasche, wo ich es immer sehen kann. Mit einer herzlichen Umarmung verabschieden wir uns, und die unerwartete Begegnung bereitet mir noch den ganzen Tag gute Laune.

Wieder führt der Weg mitten durch die Berge, und ich bin bei deren Anblick nur allzu froh, dass ich da nicht hochmuss. Es macht mich nachdenklich, dass sich Aleks so bewusst einen Ort zum Leben sucht, zum ersten Mal überlege ich, was ich eigentlich nach der Reise machen möchte. Lange Zeit zum Nachdenken bleibt mir allerdings nicht, denn schon kurze Zeit später erreiche ich den Grenzübergang. Erst jetzt wird mir bewusst, dass ich völlig unvorbereitet bin, weil Mazedonien nie auf dem Plan stand. Währung, Sprache, Kultur – ich weiß absolut nichts über das Land und bin umso gespannter, was mich erwartet. Die Zöllner erklären mir, dass Mazedonien wie Serbien ein Teil von Jugoslawien war und die Währung der Denar sei. Dann wollen sie ein Foto mit mir und dem Fahrrad machen. Das ist mir ein bisschen unangenehm, weil hinter mir schon Autos Schlange stehen, aber natürlich erfülle ich ihnen ihren Wunsch. Es scheint nicht oft vorzukommen, dass ein Fahrradfahrer die Grenze überquert.

Kurze Zeit später erreiche ich die mazedonische Hauptstadt Skopje. Ich erkunde die Stadt und gucke mich gleichzeitig nach einem Hostel um. Alles hier ist ein bisschen kitschig, mit vielen verzierten und schnörkeligen Gebäuden auf Säulen, die aussehen, als wären sie erst kürzlich erbaut worden. Fast von überall kann man das Millennium Cross, ein 70 Meter hohes Stahlkreuz, sehen, denn das Wahrzeichen der Stadt liegt auf dem angrenzenden Berg Vodno.

Nachdem ich meine Sachen in einem Hostel untergestellt habe, fahre ich mit dem Taxi an den Fuß des Berges. Danach ist mir erst mal ziemlich schlecht, denn der Taxifahrer hat auf dem Weg ungefähr zehn »Beinahe-Unfälle« gebaut. »So fährt man in Mazedonien«, behauptet er, als er meinen angespannten Blick bemerkt.

Als ich mich zwischen der Gondel und zweieinhalb Stunden Fußmarsch entscheiden muss, wähle ich den Fußweg, um an der frischen Luft zu sein. Nach den 100 Kilometern Fahrt heute sollten meine Beine eigentlich bedient sein, aber es ist ein gutes Gefühl, mal andere Muskeln zu benutzen. Allerdings erscheint mir Laufen im Vergleich zu meinem derzeitigen normalen Tempo mit dem Rad auf einmal als extrem langsam. Oben angekommen, dämmert es bereits, und Skopje und das Millennium Cross erstrahlen in tausend Lichtern. Eine ganze Weile sitze ich auf einer der Plattformen des Kreuzes und lasse meinen Blick über die Stadt und die umliegenden Berge schweifen, während die Sonne dahinter verschwindet. Die Schwalben zwitschern immer weniger, und ein paar Fledermäuse mischen sich unter die Vögel, bis es so dunkel ist, dass man beide kaum voneinander unterscheiden kann. Für ein paar Minuten schließe ich mich unbemerkt einer Reisegruppe an und erfahre so von dem Guide, dass Mutter Teresa in Skopje geboren wurde. Ein Blick in die Runde sagt mir, dass ich nicht der Einzige bin, der das zum ersten Mal hört. Irgendwann holt mich aber doch die Erschöpfung des Tages ein, ich lasse die Gruppe weiterziehen und mache mich dieses Mal mit der Gondel auf den Rückweg.

Langsam, aber sicher wird das morgendliche Packen zur Routine. Trotzdem verändert sich die Reihenfolge nahezu täglich, weil ich den Ablauf immer weiter perfektioniere. Welchen Expander ich zuerst festzurre, ändere ich beispielsweise jeden Tag. Ein Blick auf die Karte zeigt mir, dass in den nächsten Tagen wenig Zivilisation, dafür aber Zeltnächte auf mich warten. In einem kleinen Laden fülle ich also meine Vorräte auf und mache mich auf den Weg.

Einmal in der Natur, merke ich, dass die Filmerei ohne Fahrradständer nicht einfach ist, ich werde mich um einen Ersatz kümmern müssen. Um das Stativ mit der Kamera aufzustellen, damit ich bei laufender Kamera daran vorbeifahren kann, muss ich vom Fahrrad absteigen. Hier gibt es aber kaum Möglichkeiten, mein Fahrrad anzulehnen, und einmal hingelegt, kann ich es, ohne das gesamte Gepäck abzuschnallen, einfach nicht mehr anheben. Die Pinkelpausen ohne absteigen zu meistern ist mindestens genauso kompliziert. Zum Glück sieht mich hier niemand – ein kleiner Vorteil der spärlich besiedelten Gegend.

Es wird stündlich heißer, mein Radcomputer zeigt mir mittlerweile 35 Grad an. Die schwüle Hitze macht besonders meiner Lunge zu schaffen. Durch die hügelige Gegend steigt mein Puls, und ich muss immer wieder Pausen machen, weil mich ein Hustenanfall zum Anhalten zwingt. Trotzdem genieße ich die Natur und entscheide mich heute bewusst gegen die Autobahn. Da komme ich lieber einen Tag später an. Ab und zu treffe ich auf den Fluss Vardar, und das Rauschen macht mir Lust auf Meer.

Mittags fahre ich durch ein verlassenes Dorf und wirbele die dicke Staubschicht auf, die den Boden bedeckt. Am Ortsausgang beobachtet mich eine alte Frau beim Filmen. Sie ist winzig klein und bestimmt schon 95 Jahre alt. Angeregt unterhalten wir uns. Sie spricht konsequent mazedonisch, ich halte auf Deutsch dagegen. Irgendwie verstehen wir uns trotzdem, und ich bin mir ziemlich sicher, dass sie mir mitteilen will, dass ich einen totalen Schuss habe, bei der Hitze mit dem Fahrrad herumzufahren und mich dabei auch noch zu filmen. Herzlich verabschieden wir uns nach einigen Minuten, und sie winkt mir noch lange nach.

Wieder auf offener Straße, kämpfe ich mich auf 700 Höhenmeter, als urplötzlich ein Gewitter aufzieht. Ich sehe, wie es auf mich zukommt, finde aber weit und breit keinen Unterstand. Als der Regen binnen Sekunden bei mir ankommt, bin ich sofort klatschnass, und mir ist arschkalt. Plötzlich sehe und höre ich einen Blitz nur wenige Kilometer entfernt einschlagen. Kurz überlege ich, ob mein Fahrrad ein Faraday'scher Käfig sein könnte, doch eigentlich ist mir klar, dass der Blitz sich den höchsten Punkt sucht. Da ich aber nirgends einen höheren Punkt als meinen Kopf entdecken kann, trete ich in die Pedale. Das Gewitter kommt immer näher, und mit einem unglaublich lauten Knall schlägt ein Blitz nur 200 Meter vor mir ein. Mein Herz pocht, und für ein paar Sekunden höre ich nichts außer dem Rauschen in meinen Ohren. Todesangst ist ein Scheißgefühl. Die Luft scheint zu vibrieren, und meine Knie schlottern, ob vor Kälte oder Angst, kann ich nicht sagen. Der Regen schmerzt wie Nadelstiche auf meinen nackten Armen und Beinen, aber es bleibt keine Zeit, mir etwas überzuziehen. Im völlig durchweichten T-Shirt fahre ich immer weiter, bis es endlich bergab geht. Nach weiteren zehn Minuten stoppt der Regen so plötzlich, wie er gekommen ist. Ich komme triefnass an eine Tankstelle und fülle meinen Zuckerhaushalt mit Schokoriegeln auf. Wie taub fahre ich danach weiter und realisiere nur sehr langsam, dass ich gerade knapp dem Tod entkommen bin.

Wenig später werde ich für die Tortur belohnt. Die Wolkendecke reißt auf, und mit dem Nebel lösen sich auch langsam meine negativen Gedanken auf. Die Serpentinen nach Veles schlängeln sich durch grüne Landschaft über den Berg zu einem See hinunter, immer wieder taucht er auf und markiert mein Tagesziel. Die Abfahrt düse ich mit fast 60 km/h herab.

Zusammen mit meinen Klamotten trocknet dabei aber leider auch der ganze Schlamm und setzt sich in allen Ritzen des Fahrrads fest. Fahren und vor allem Bremsen wird immer schwieriger, mein Rad braucht dringend eine gründliche Putzaktion.

Am Ortsausgang von Veles hält ein Auto neben mir. Die Scheibe wird heruntergekurbelt, und ein Mann in meinem Alter spricht mich an: »Where you go my friend?« Als er die kleine deutsche Flagge am Rad entdeckt, lacht er: »Wir können auch Deutsch sprechen.«

Vlado ist Wiener mit mazedonischen Wurzeln und zu Besuch bei seiner Familie. Er lädt mich zu seinem Onkel auf die Terrasse ein.

Es gibt Pizza, und der Alkohol fließt in Strömen. Ich bleibe bei Wasser, meine Lunge wird es mir hoffentlich danken. Vlados Onkel hingegen trinkt munter Kurze und einige Flaschen Bier. Um 18 Uhr muss er dann los – arbeiten. Verwundert erkundige ich mich nach seinem Job. Er ist Busfahrer! Er fahre so besser, erklärt er und macht sich auf den Weg. Vlado und seine Cousins laden mich ein, bei ihnen zu schlafen. Ich nehme dankend an. Schlafen würde meiner Gesundheit wirklich guttun, aber die Jungs sind in Partylaune. Mit dem Auto geht es nach Nogotino in eine Bar, ich trinke weiterhin nur Wasser, denn morgen stehen 110 Kilometer an.

Im Anschluss geht es noch in einen Club, und um vier Uhr kann ich dann endlich schlafen gehen. Beim Frühstück mit Börek und Trinkjoghurt reden wir über das Leben hier, auch in Bezug auf meine Weiterfahrt. Die Polizisten seien eventuell korrupt, da das Durchschnittseinkommen eines Mazedoniers nur 300 Euro betrage, erzählt mir Vlado. Noch 50 Euro weniger als in Serbien. Umso mehr weiß ich zu schätzen, dass ich gestern Abend zu allem eingeladen wurde, denn die Jungs haben mich partout nicht zahlen lassen. Um halb elf fange ich an zu packen, und Vlados Cousin Nikola lässt es sich nicht ausreden, in der Zwischenzeit mein Rad zu putzen. Ich freue mich, dass sich so schnell eine Möglichkeit ergeben hat, den ganzen Schlamm loszuwerden.

Nett verabschieden wir uns, und meine Talisman-Sammlung bekommt Zuwachs von einer kleinen mazedonischen Flagge. Von Veles geht es direkt auf die Autobahn, und die ersten Stunden halte ich einen 20er Schnitt – es läuft gut. Nach meiner »Zwanni-Regel« teile ich die Strecke in Etappen, die genauso lang sind, wie der Weg von meinem Elternhaus zu meiner Stammkneipe, dem »Sternl«, wo wir im Sommer immer hinradeln. In einem kleinen, 20 Kilometer entfernten Dorf wird da, auf einer großen Wiese direkt neben den Weinreben, Pfälzer Wein ausgeschenkt und leckeres Essen angeboten. Es herrscht eine sommerliche Atmosphäre, ähnlich wie in einem Biergarten. Jetzt mache ich alle 20 Kilometer eine kleine Pause an einer Tankstelle und kaufe Kekse oder etwas zu trinken. Ich werde oft angehupt, viele grüßen, einige meckern. Es sind eine Menge Deutsche und Holländer dabei. An der Mautstelle lachen sich die Zollbeamten über mich und mein Fahrrad kaputt, aber ich muss zum Glück nicht, wie von Vlado angekündigt, Geld dalassen, und darf passieren.

Nur wenig später bewahrheitet sich leider seine andere Vorhersage. 30 Kilometer vor Gevgelija winkt mich vor einem Tunnel ein Polizeiauto aus dem Verkehr. Ich dürfe mit dem Fahrrad nicht in den Tunnel fahren, das sei lebensgefährlich. Der Bruder des Polizisten habe aber ein Taxi und werde mich abholen. Ich lehne ab, aber es ist keine Diskussion möglich. Schade, dass ich nicht auch einen mazedonischen Polizisten kennengelernt habe, Drago hätte mir sicher aus der Patsche geholfen. Ich versuche mich zu wehren, sage, dass das Fahrrad nicht ins Auto passen würde und ich kein Geld habe, aber es nützt alles nichts. Der Bruder kommt mit einem Bus, und ich werde samt Fahrrad eingepackt. Ich handele den Preis von 50 auf 30 Euro runter, immer noch verdammt teuer für einen Service, den ich nie in Anspruch nehmen wollte. Der Tunnel ist mit einem drei

Meter breiten Seitenstreifen ausgestattet, auf dem ich locker hätte fahren können. Und auch danach hebt sich meine Laune nicht, denn ich darf nicht aussteigen, sondern werde die gesamte Strecke bis nach Gevgelija gefahren.

Nach stundenlanger Steigung wäre ich mit 30 Kilometer bergab entlang des Vardars belohnt worden. Im Auto kann ich es nicht genießen. Unten angekommen, schlage ich mein Zelt auf einer Wiese neben dem Fluss auf und koche mir Ravioli. Die Mücken fressen mich auf, und so krieche ich nur wenig später ohne Dusche und völlig erschöpft ins Zelt. Wie ich mich auf das Meer freue!

Morgens bin ich voller Tatendrang und freue mich auf Griechenland. Ich mache mir aber auch etwas Sorgen, weil in Griechenland gerade überall Fotos von Merkel mit Hitlerbärten versehen werden und die Stimmung aufgrund der Wirtschaftskrise milde ausgedrückt nicht die beste ist. Am Grenzübergang merke ich aber schnell, dass meine Ängste unbegründet waren. Wie immer wollen die Jungs vom Zoll ein Foto und lachen sich kaputt. Als ich über die Grenze rolle, werde ich plötzlich ganz emotional. Das Land stand nie auf dem Plan und schon so bald das Meer zu sehen erst recht nicht. Ich fühle mich vollkommen frei und jubele in meine Kamera. Dass ich hier entlangfahre, ist allein meine Entscheidung gewesen, und nur meine Muskelkraft hat mich hierhergebracht. Stolz und Freude treiben mich an.

Ich komme trotz der Hitze gut voran, doch plötzlich dreht sich der Wind und bläst mir von vorne entgegen. Mit einem Puls von 170 bin ich trotzdem nur sechs km/h schnell. Gegenwind ist ein Arschloch, ich komme einfach nicht vorwärts! Die letzten Kilometer bis Saloniki, wie die Griechen die Hafenstadt Thessaloniki nennen, gehe ich auf dem Zahnfleisch. Ich denke gerade, dass das die anstrengendsten Kilometer seit Tourstart sind, als das Meer vor mir auftaucht. Am liebsten würde ich samt Rad hineinrollen, aber wegen des Hafens ist es hier leider zu dreckig, um zu baden. Ich werde mich noch ein wenig gedulden müssen, doch fürs Erste ist es schon ein unglaublich gutes Gefühl, das Meer anzuschauen. Die Hostelsuche gestaltet sich schwierig, weil ich die Straßenschilder nicht lesen kann. Mit Hilfe von ein paar Anwohnern finde ich aber doch eine Unterkunft und komme völlig verschwitzt und mit Sonnenbrand im Hostel an. Nach einer Dusche und einem Gyrossandwich falle ich völlig platt ins Bett.

Ausgeschlafen geht es am nächsten Tag in die Innenstadt. Ich habe den Eindruck, dass Thessaloniki mehr eine Transitstadt als ein Ort zum Verweilen ist. Sehenswürdigkeiten gibt es kaum, außer dem weißen Turm, und auch der haut mich nicht vom Hocker. Strände sind aufgrund des großen Hafens Fehlanzeige. Trotzdem verbringe ich hier einen entspannten und schönen Tag. Nach einem kurzen Mittagsschläfchen wasche ich meine gesamten Klamotten, denn ich habe nicht ein sauberes T-Shirt übrig, und gehe in Badehose auf die Straße, um mir ein Gyrossandwich zu holen. Der Verkäufer begrüßt mich mit einem griechischen Satz, den er mit Felix beendet. Ich horche auf und frage: »Sorry, English?«.

Er antwortet mir auf Englisch: »Ja, ich weiß, aber ich wollte gucken, wie schnell du unsere Sprache lernst. Die Leute reden über dich! Du bist ein Held, Felix!«

Völlig überrumpelt grinse ich ihn einfach nur an und frage mich, wie er mich ohne Fahrrad erkannt hat, denn Thessaloniki ist mit mehr als 300.000 Einwohnern die zweitgrößte Stadt Griechenlands. Griechisch kann ich tatsächlich kaum, das muss sich ändern. Dann ist aber schon mein Essen fertig, und ich bedanke mich freundlich. Zum Abschied schenkt er mir noch eine Banane, und ich mache mich kopfschüttelnd und belustigt auf den Heimweg. Dort treffe ich auf die Besitzerinnen des Hostels, Vicky und Athena, und bekomme einen Crashkurs »Griechisch für Anfänger«, um die wichtigsten Begriffe zu beherrschen. Wir lachen uns zusammen schlapp, und auch danach ist meine Laune bestens, weil ich mich auf die Ankunft meines Vaters am nächsten Tag freue. Im Gegensatz zu mir ist er leidenschaftlicher Radfahrer, und ein Stück weit lebe ich im Moment seinen Traum. Umso schöner, dass wir ihn uns in den nächsten Tagen teilen können. Der Flughafen liegt etwa 20 Kilometer entfernt an der Küste, und ich hoffe, dass wir bald an eine Bademöglichkeit kommen. Auf einer Karte habe ich mir die Strecke bis Istanbul angeguckt. Wir könnten von Saloniki auf direktem Weg ins circa 600 Kilometer entfernte Istanbul kommen, allerdings würde das erste Stück komplett durchs Inland führen. Ich habe mich so sehr aufs Meer gefreut, dass ich erst einmal in Richtung Süden starten und an der Küste entlangfahren will. Durch die drei länglichen Finger, die jeweils etwa 60 Kilometer ins Meer ragen, wären das aber insgesamt mehr als 300 Kilometer Umweg. Ich werde mit der Entscheidung auf meinen Dad warten, der aber so sportlich ist, dass er sich wahrscheinlich über jeden Extrakilometer freut. Auf der Karte sehe ich auch, wie weit nach Osten ich schon gekommen bin und frage mich, wann ich das erste Mal eine Zeitzonengrenze überquere. »Das muss ich morgen unbedingt nachschauen«, denke ich noch, bevor mir die Augen zufallen.

Dad's Traum

Thessaloniki - Istanbul
960 km

Um halb zehn klopft die Putzfrau unwirsch an meine Zimmertür und sagt fast schon böse: »Check-out! Check-out!«

»Ist ja gut«, denke ich, »ich hab doch noch 'ne halbe Stunde«, und beeile mich trotzdem. Am Frühstückstisch setzen sich zwei junge Frauen mit ähnlich wilden Locken wie meine zu mir. Miri und Tati erkennen mich sofort. »Bist du der Biker?«, fragt mich Miri auf Deutsch, und sie erzählen mir von ihrer Reise. Die beiden sind Schwestern und machen mit dem Auto einen Roadtrip von Deutschland nach Alexandroupolis, wo sie ihre Familie besuchen.

»Sagt mal, wisst ihr, wann ich das erste Mal die Zeitzone wechsele?«, frage ich sie gegen Ende des Gesprächs, weil sie eine ähnliche Route fahren.

»Müsstest du eigentlich schon längst«, antwortet Tati und guckt dabei fragend ihre Schwester an.

»Ja, wir haben die Grenze, glaube ich, vorgestern passiert«, sagt Miri.

»Oh! Wie spät ist es denn jetzt?«, frage ich die beiden und ahne es schon.

»Ähm, kurz nach elf«, sagt Miri mit Blick auf ihr Handy.

Ich fange an zu lachen und erkläre, als ich mich wieder beruhigt habe, dass ich seit bestimmt vier Tagen eine Stunde hinterherhänge. Kein Wunder, dass die Putzfrau mich eben aus dem Zimmer scheuchen wollte, ich war schließlich schon eine halbe Stunde zu spät. Zum Glück ist mir das noch vor der Ankunft meines Vaters aufgefallen, sonst hätte er eine Stunde am Flughafen rumgestanden und sich gewundert, wo ich bleibe.

Ich verabschiede mich eilig von Tati und Miri, und wir verabreden uns für Alexandroupolis, das die beiden zwar sehr viel schneller erreichen werden als ich, aber da sie ein paar Tage bleiben wollen, könnten wir uns noch erwischen.

Auf dem Weg zum Flughafen hält mich Stelios, ein Rennradfahrer, an und möchte mich ein Stück begleiten. Bis zum Flughafen spendet er mir Windschatten und spielt für die letzten Kilometer meinen Guide. Ich erfahre, dass er in Agia Triada wohnt, nur zwei Kilometer von der Pension entfernt, in der wir heute Abend schlafen werden. Wir tauschen Nummern aus und verabreden uns zum Abendessen.

Mein Dad ist einer der Ersten, die aus dem Gate kommen. Ich freue mich riesig, ihn zu sehen, und auch er drückt mich ganz fest. Schnell reißen wir die Folie von seinem Fahrrad ab, bringen die Pedale an, pumpen die Reifen auf, und ab geht die Post. Auf einer Landstraße radeln wir in Richtung Osten. Sofort merke ich, wie viel mehr Spaß es zu zweit macht. Wir passieren Perea, einen schönen Ort mit Bars und dem ersten Badestrand, und bleiben kurz stehen, um den Anblick zu genießen. Das ist der Moment, den ich mir in Saloniki herbeigesehnt habe. Ich atme salzige Meeresluft ein und versuche, mir das Bild von den aufbrausenden Wellen ins Gedächtnis zu brennen – für schlechte Tage und frustrierende Momente. Es lohnt sich nicht, hier zu pausieren, um zu baden, weil unsere Pension im nächsten Ort liegt. Agia Triada ist kleiner, aber genauso schön. Der Strand ist zwar nicht paradiesisch, aber fürs erste Mal Meer absolut passabel. Wir checken ein, hüpfen ins Meer, schlürfen ein Bier und treffen in einem Lokal direkt am Strand Stelios, meine Bekanntschaft vom Vormittag. Er hat es ausgesucht und nicht zu viel versprochen, unser Essen schmeckt unglaublich gut. Noch den ganzen Abend lang sitzen wir auf der Terrasse, unterhalten uns und bekommen alle paar Minuten einen Spritzer Wasser aus der aufbrausenden Gischt ab.

Am nächsten Morgen geht es früh los. Circa 70 Kilometer müssen wir heute fahren, aber mir war nicht klar, dass es hügelig wird. Ich dachte immer, Küstenstraßen seien flach, aber das ist hier ganz und gar nicht der Fall. Bis zu 14 Prozent Steigung zeigt mir mein Radcomputer zwischendurch an. Zusätzlich ist es mal wieder unfassbar heiß. Mit der Menge an Gepäck ist das eine ganz schöne Plackerei, durch den ständigen Blick auf das Meer haben wir aber trotzdem Spaß. Wenn man mit dem Fahrrad unterwegs ist, ist man so langsam, dass man nicht achtlos an der Natur vorbeirauscht, sondern schon kleine Veränderungen wahrnimmt. Die Sandstrände werden immer schöner und das Meer mit jeder Bucht, die wir erreichen, und jedem Blick, den wir durch die Bäume am Straßenrand erhaschen, türkisfarbener. Endlich werde ich für die vielen tristen Momente in Osteuropa belohnt und kann das mit meinem Vater an der Seite so richtig genießen.

Glück ist das Einzige, das sich verdoppelt, wenn man es teilt.

Unterwegs nach Ouzouni stoppen wir zweimal kurz für eine Tasse Kaffee und treffen dabei jede Menge nette Griechen, die es zelebrieren, sich am Nachmittag auf einen Plausch zusammenzusetzen. Kurz bevor wir unser Tagesziel, einen Campingplatz, erreichen, bellen uns auf einer Schotterpiste ganz plötzlich drei Straßenhunde an. Ich habe inzwischen schon viele streunende Hunde gesehen, aber dieses Mal ist es gefährlich. Sie fletschen ihre Zähne und sehen so aus, als hätten sie seit Wochen nichts gefressen. Bevor ich mein Pfefferspray ausgepackt habe oder die Kamerastange als Schlagstock benutzen kann, fallen sie uns schon an. Wir treten so schnell es geht in die Pedale, versuchen gleichzeitig, nicht zu stürzen und aufzupassen, dass die Köter unsere Waden nicht erwischen. Bald geben die Hunde zum Glück auf. Völlig außer Atem kommen wir am Campingplatz an, und die gefährliche Situation ist sofort vergessen. Es sind nicht viele Besucher da, und zwei Meter vom Strand entfernt ist noch Platz für unser Zelt. Unsere Suite mit Meerblick. Der Zeltaufbau geht wie von selbst, und gerade als unser Hühnchen in Kokosmilch fertig ist, geht die Sonne über dem Meer unter. Andächtig sitzen wir im Sand und genießen den Panoramablick. Von dort bewegen wir uns den ganzen Abend nicht weg und tauschen uns angeregt über

Neuigkeiten aus. Natürlich ist Fynn Gesprächsthema Nummer eins, auch mein Vater kann seinen Abbruch nicht verstehen. Ich beschließe jedoch, ab heute keine Gedanken mehr an ihn zu verlieren. Zu groß war die Enttäuschung, und ich habe einfach keine Lust mehr, wütend zu sein. Es kühlt sich hier auch abends nicht wirklich ab, und was wir im Sand sitzend noch genießen konnten, verfluchen wir im Zelt umso mehr. Wir lassen alle vier Eingänge offen und selbst dann ist es noch warm, aber gemütlich.

In unserer kleinen Zeltsauna wachen wir erst um zehn Uhr auf. Zu Meeresrauschen lässt es sich aber auch wirklich angenehm dösen. Zum Frühstück geht es in eine Chocolaterie in der Nähe, und wir lassen es uns so richtig gutgehen. Der Kaffee ist ein Traum, und die Schokocroissants schmecken auf einer Reise, bei der es sonst meist nur Toast oder Müsli gibt, doppelt gut.

Als wir uns auf den Weg zurück zum Zeltplatz machen, zieht plötzlich ein Sturm auf. Wir entscheiden uns, noch eine Nacht zu bleiben und den Tag zu nutzen, um den ein oder anderen Defekt an meinem Rad zu beheben. Gerade als wir den wichtigen ersten Ölwechsel meiner Schaltung hinter uns gebracht haben, reißt die Wolkendecke auf, und die Sonne taucht auf. »Mal wieder alles richtig gemacht«, freue ich mich über das gute Wetter und die Entscheidung, einen Ruhetag einzulegen. Mein Fahrrad läuft wieder wie ein Uhrwerk, und auch das laute Knacken, das seit einiger Zeit deutlich zu hören war, hat endlich ein Ende. In der Taverne besprechen wir die Routenplanung und lassen den Abend mit einem kühlen Bier in der Hand und Blick aufs Meer ausklingen.

Am nächsten Morgen merken wir nach wenigen Kilometern, dass nach Ierissos, unserem Tagesziel, nur ein Highway und kleine Schotterpisten führen. Wir entscheiden uns für den Highway, in der Hoffnung, dass der flach ist und wir gut durchkommen. Leider haben wir uns da getäuscht, denn schon nach wenigen Minuten beginnen die ersten Steigungen, und nach einer halben Stunde ist es ein einziges Auf und Ab. Nachmittags rollt auch noch eine Regenwolke von hinten an, mit der wir uns eine regelrechte Verfolgungsjagd liefern. Ohne Pause flitzen wir die Straße entlang. Völlig aus der Puste halten wir irgendwann, als die Wolke endlich in Richtung Süden übers Meer verschwindet, bei einer Ausfahrt an. »Das war knapp!«, zeigt Albert lachend auf einen grauen Nebelschleier weit draußen, wo sich die Wolke gerade über den Wellen entleert. Er scheint völlig außer sich vor Freude über den Sprint. Ich dagegen bin am Ende meiner Kräfte und habe überhaupt keine Lust mehr weiterzufahren. Wir blicken auf einen schönen kleinen Ort mit Strand. »Wollen wir nicht hier schon halten?«, frage ich. »Nach Ierissos sind es noch bestimmt 60 Kilometer, und wer weiß, was da noch für Berge auf uns warten!«

»Jetzt mach doch mal nicht schon schlapp«, antwortet Albert genervt. »Ich bin doch nicht nur zum Spaß hier!«

»Warum denn sonst?«, gebe ich zurück und bin jetzt auch leicht genervt.

»Ich will viel Fahrrad fahren! Fitter werden, einfach Kilometer auf den Tacho bringen!«

»Boah, da hast du dir echt den falschen Streckenabschnitt ausgesucht, ich versuch doch bei 15 Prozent Steigung nicht, Rekorde aufzustellen!«, rege ich mich auf. »Und außerdem ist das wirklich nicht das Motto meiner Reise.«

»Wenn ich extra herfliege, um dich zu begleiten, geht es nicht nur um deine Bedürfnisse«, entgegnet Albert bestimmt und fährt los.

Damit ist das Gespräch also beendet. Er hat ein Blinklicht an seinem Rad, und jetzt nervt es mich unglaublich, immer diesem roten Blinken hinterherzufahren. An der nächsten Ausfahrt bitte ich darum rausfahren zu dürfen, um Wasser aufzufüllen. Mein Vater willigt murrend ein.

Die zwei größten sichtbaren Probleme Griechenlands sind

die Straßenhunde und der Müll. Überall liegt Plastik auf der Straße, und manchmal kommen wir an »Mülldeponien« vorbei, wo sich mitten in der Natur die Müllsäcke stapeln. So auch jetzt, und da es relativ windig ist, fliegt mir eine versiffte Plastiktüte mitten ins Gesicht. Das hebt meine Laune kaum. In dem kleinen Ort gefällt es mir gut, und gerade als ich einen neuen Überzeugungsversuch starten will, kommt ein älteres Ehepaar auf uns zu. »Was macht ihr denn hier, mit so viel Gepäck?«, fragt uns der kleine Mann mit lustigem Schnauzbart.

»Heute wollen wir nach Ierissos«, antwortet mein Vater.

»Ich radele ein bisschen in der Welt herum«, füge ich hinzu.

»Nach Ierissos?!«, fragt die etwas rundliche Frau und schlägt die Hände über dem Kopf zusammen. »Das ist doch total weit!«

Auch ihr Mann ist skeptisch. »Sie hat recht, da müsst ihr über die Berge, das schafft ihr nicht mehr, bevor es dunkel wird«, pflichtet er ihr bei. »Außerdem verpasst ihr was, unterwegs gibt es wunderschöne Flecken! Wo sollen wir sie hinschicken, Marina?«, fragt er seine Frau.

»Nach Nikiti natürlich!«, antwortet sie ohne Umschweife und lacht. »Wisst ihr, mein Mann heißt Niki, und seine Eltern waren dort im Urlaub etwa neun Monate, bevor er geboren wurde. Ich behaupte ja, das kann kein Zufall sein, aber er will davon nichts wissen.«

»Das hat sie sich ausgedacht«, zwinkert uns Niki zu. »Aber in Nikiti ist es wirklich wunderschön, und meine Schwester hat dort eine kleine Pension, ich kann anrufen und Bescheid sagen, dass ihr kommt!«

Ich bin sofort Feuer und Flamme, aber mein Vater ist noch nicht überzeugt, vor allem als er hört, dass es nur zehn Kilometer entfernt ist. Wir einigen uns darauf, hinzufahren und uns den Ort anzusehen. Als wir ankommen, erkennen wir sofort, dass Marina nicht zu viel versprochen hat. Die Stadt ist zwar viel größer und touristischer, als wir sie uns vorgestellt haben, die Pension liegt aber direkt an einem tollen Strand und ist schön und bezahlbar, was hier nicht oft der Fall ist. Die Preise liegen immer noch unter den deutschen, aber ich muss mich nach Serbien und Mazedonien erst wieder an Touristenpreise gewöhnen. Das Wasser in der Bucht ist glasklar und türkis und der Sand fein und weiß. Ich schreibe mit Blick auf die Postkartenlandschaft einen Blogpost, und Dad findet glücklicherweise eine Alternative zum Radfahren und verausgabt sich beim Schwimmen. Spätestens, als wir abends in einer netten Pizzeria sitzen und unser erstes Bier schlürfen, ist die schlechte Stimmung vergessen.

Beim Frühstück am nächsten Morgen in einem süßen Café in der Nähe der Pension kommt ein kleiner Hund zu uns gerannt und wedelt heftig mit dem Schwanz. Ich taufe ihn »Jimmy« und spiele lange mit meinem kleinen neuen Freund. Er ist total zottelig, beinahe sieht es aus, als hätte er Dreadlocks, und ich würde ihn am liebsten mitnehmen. Schon am Campingplatz in Ouzouni habe ich mich in kleine Welpen verliebt, denn dort hatte eine Straßenhündin gerade neun Junge bekommen. »Ich könnte einen Korb an meinem Lenker befestigen und einen kleinen Welpen mit auf Tour nehmen«, träume ich vor mich hin. Aber das würde an der Grenze Probleme geben, ich müsste ihn impfen lassen, und der Flug nach Thailand wäre viel zu weit. »Das muss bis nach der Reise warten«, entscheide ich schweren Herzens.

Mein Vater und ich stecken uns Asprovalta als loses Tagesziel. Es liegt auf der Karte etwa 100 Kilometer entfernt, aber dieses Mal informieren wir uns bei Einheimischen über die Topographie und erfahren, dass wegen der Berge nochmal 20 bis 30 Kilometer Umweg dazukommen würden. Außerdem würden wir aufgrund der Steigungen deutlich länger brauchen und wären viel früher ausgepowert. Da die dünnbesiedelte Bergetappe ein großes Stück der Strecke ausmacht, füllen wir jeweils sechs Liter Wasser auf und machen uns auf den Weg. Das bedeutet natürlich auch sechs extra Kilo auf dem Drahtesel, aber auf den ersten 20 Kilometern bis Pyrgadikia halten wir einen guten Schnitt. Dort trinken wir einen schnellen Kaffee und fahren sofort weiter. Es wird immer heißer, und die Sonne zehrt an unseren Kräften. »Heute ist auf jeden Fall der anspruchsvollste Radtag«, sage ich zu Albert, als wir nach wirklich krassen Steigungen auf einem Gipfel anhalten, um etwas zu trinken. »Das übertrifft sogar das Allgäu!«

Wir haben neben der Anstrengung aber auch wahnsinnig viel Spaß, vor allem wenn es an die Abfahrt geht. Fast 65 km/h verzeichnet mein Tacho, mit dem vielen Gepäck ist das aber eine wacklige Angelegenheit, und da ich keinen Helm trage, gehe ich lieber ein wenig auf die Bremse. Mit meinem Wuschelkopf wird es unter einem Helm einfach zu heiß, und bei einer so langen Reise ist mir Komfort wichtiger als Sicherheit. So unsicher fühle ich mich aber gar nicht. Wenn ich in Deutschland die Treppe herunterfalle, habe ich auch keinen Helm auf, und wenn mich hier auf der Straße ein Lkw erwischt, kann mich ein Helm ebenfalls nicht mehr retten. Trotz des leicht reduzierten Tempos fühlt es sich fast an wie fliegen, und mein durchgeschwitztes T-Shirt trocknet so auch gleich. Bei einer Trinkpause sehe ich, wie sich etwas erst langsam und dann immer schneller von einem Hügel auf mich zubewegt. Erst denke ich an einen wilden Hund, aber als das Tier circa 200 Meter vor mir zum Stehen kommt, sehe ich, dass es dafür viel zu groß ist. Es sieht aus wie ein großer Kojote, aber ich dachte eigentlich, dass es in Europa keine Kojoten gäbe. Wie Kojoten aussehen weiß ich, weil ich in Amerika welche gesehen habe, aber viel Zeit zum Nachdenken bleibt nicht, denn plötzlich entscheidet das Wesen, sich auf mich zuzubewegen. Albert ist schon 300 Meter weiter und bekommt von alldem nichts mit. Ich trete in die Pedale und rufe ihm zu: »FAHR! FAHR!« Er scheint kurz verwirrt, sieht dann aber, warum ich auf ihn zufahre, als gäbe es kein Morgen mehr, und rast ebenfalls sofort los. Ein paar 100 Meter später blicke ich zurück und sehe das Tier gerade noch ins Gebüsch verschwinden. Es ist uns nicht gefolgt – mal wieder richtig Schwein gehabt. Was für ein Tier das war, wissen wir beide nicht.

30 Kilometer, mehrere Bergketten und vor allem 800 Höhenmeter später kommen wir völlig erschöpft in Ierissos an, das an der Ostküste der Halbinsel Chalkidiki liegt, und ich bekomme endlich etwas zwischen die Zähne. Während Albert sich in einer Strandbar mit einem deutschen Urlauber unterhält, lerne ich zwei Polen kennen, die mich auf mein Fahrrad ansprechen. Sie reisen zu zweit durch Europa und haben ihre Räder im Kofferraum. Wenn es ihnen irgendwo gut gefällt, machen sie von dort aus Tagestouren mit dem Rad. Nach der Anstrengung beneide ich sie ein wenig.

Gemeinsam mit Albert suche ich im Internet nach dem wilden Tier, das wir eben gesehen haben, und falle aus allen Wolken, als ich lese, dass es ein Wolf gewesen sein muss. Plötzlich ärgere ich mich über meine Angst und darüber, dass ich ihn nicht länger beobachtet habe, denn oft bekommt man einen freilaufenden Wolf heutzutage nicht zu Gesicht.

»Der hätte uns nichts getan, das sind sehr scheue Tiere«, sagt auch Papa.

»Er war wahrscheinlich einfach nur neugierig, Mist, dass wir kein Foto gemacht haben!«, pflichte ich ihm bei.

Zusammen gucken wir auf die Karte und entscheiden, noch ein Stück weiterzufahren. Bis ins etwa 15 Kilometer entfernte Stratoni wollen wir noch kommen. Die Strecke führt uns erneut über einen Minipass mit 300 Höhenmetern, aber trotz der Anstrengung genießen wir die wirklich traumhafte Landschaft. Der Sonnenuntergang über den Bergen ist dann unsere endgültige Belohnung für die heutigen Strapazen. Beschwingt nehmen wir die letzte lange Abfahrt nach Stratoni und merken schnell, dass es dort leider keinen Campingplatz und keine Pension gibt. Hoffnungsvoll fragen wir in allen Cafés nach einer Übernachtungsmöglichkeit, leider ohne Erfolg. Als wir nach einem Platz für unser Zelt Ausschau halten, werden wir auf der Straße von der Polizei angehalten, die uns streng darauf hinweist, dass Wildzelten hier verboten sei.

Uns bleibt nichts anderes übrig, als in der Dunkelheit weiterzufahren. Bis zum nächsten Ort, Olimpiada, sind es noch mal 20 Kilometer. Natürlich geht es wieder den Berg rauf – dieses Mal aber leider auf Schotterpisten! Irgendwann sind wir mit unseren Kräften völlig am Ende und bekommen einen Lachanfall nach dem anderen. Ich lache vor Schmerzen, und bei der Vorstellung, dass es in Olimpiada erneut keine Unterkunft geben könnte, biegen wir uns förmlich vor Lachen. Irgendwann ist mir dann aber nicht mehr nach Lachen zumute, und ich quäle mich durch die letzten Meter, bis ich direkt am Ortseingang eine Pension entdecke. Bisher war das mit Abstand der härteste Radtag für mich, 95 Kilometer, 1600 Höhenmeter und acht Stunden Sonne haben mich erledigt. Es war aber trotzdem, oder gerade deswegen, der beste Tag bis jetzt. Eben ein echtes Erfolgserlebnis. Die Dusche fühlt sich göttlich an, und bei der Hitze funktioniert es supergut, einfach jeden Abend die dreckigen Klamotten zu waschen und sie über Nacht trocknen zu lassen.

Beim Abendessen kommt Dimitri, der Besitzer der Pension, an unseren Tisch und spricht überraschenderweise nahezu fließend Deutsch. Er erzählt uns, dass das circa 20 Prozent der griechischen Bevölkerung tun, weil sie mal für eine Weile in Deutschland gearbeitet haben. Unsere Gespräche drehen sich die nächsten Stunden um das Reisen, die Kultur und die unglaubliche Umweltverschmutzung im Land. Dimitri freut sich, dass ich durch Griechenland fahre, obwohl das Land in den Medien so schlecht dargestellt wird. Er macht mir Mut für den weiteren Verlauf der Reise: »Nichts geschieht ohne Grund«, womit er auf die Trennung von Fynn anspielt. Espresso und Ouzo gehen aufs Haus. Abends setze ich mich in den Hotelflur, um zu skypen, weil dort das Internet besser ist, merke aber schnell, dass das eine schlechte Idee ist. Denn aus einem Zimmer in der

Nähe kommen immer aufdringlichere Geräusche, und das Bett quietscht laut und stetig. »Da kann sich ja kein Mensch konzentrieren«, sage ich zu meiner Mama, die mich auf dem Bildschirm angrinst, übergebe den Laptop an meinen Vater und gehe schlafen.

Den nächsten Tag ernennen wir zum »Ausfahrtag«, sprich, wir fahren nur ein paar Kilometer, um die Muskulatur zu lockern. Die circa 25 Kilometer nach Asprovalta legen wir in gemütlichem Tempo zurück, die optimale Distanz für mich nach dem anstrengenden Tag gestern. Echte Radsportler würden heute wieder 180 Kilometer fahren und abends noch einen Eiweißshake trinken, was zwar bewundernswert, aber absolut nichts für mich ist. Unterwegs retten wir eine kleine Schildkröte von der Straße und sehen eine riesige Echse im Dickicht kriechen.

Die Nacht auf einem Campingplatz ist stürmisch und von überall kommen Geräusche. Die Wellen sind durch den Sturm wahnsinnig laut, Grillen zirpen, Hunde bellen, und Papa schnarcht mal wieder.

Fünf Kilometer vor unserer Ankunft im Hafen von Kavala sehen wir das Schiff, das uns auf die Insel Thassos bringen soll, anlegen. »Das könnte eng werden«, sagt mein Vater und zieht das Tempo an. Tatsächlich haben wir einige Schwierigkeiten, den Hafen zu erreichen, und kommen völlig abgehetzt als Letzte auf die Fähre gerollt. Nachdem wir die Fahrräder transportsicher gemacht haben, steuern wir als Erstes das Bordbistro an und trinken einen Kaffee. Die Überfahrt dauert etwa 1 ½ Stunden und ist zu meiner Überraschung echt schön. Die Möwen nutzen die Thermik, um ihre Gleitkünste zu beweisen, und werden dafür von Touristen mit Futter belohnt. Gar nicht so dumm, wie sie aussehen, die Jungs!

Nach einem Nickerchen sind wir auch schon da und fahren entlang der Nord- und Westküste bis an den Südzipfel in das ehemalige Fischerdorf Potos. Thassos ist eine Berginsel und genau nach meinem Geschmack. Wunderschöne Bergketten schlängeln sich am Meer entlang und haben traumhafte Buchten gebildet. Ich kann mich überhaupt nicht sattsehen an der schönen Natur. Wir werden oft angehupt, manchmal als Warnung, aber meistens nur zur Begrüßung. Überhaupt werden wir nicht nur auf Thassos, sondern in ganz Griechenland von jedem zweiten Auto begrüßt, was mich unglaublich motiviert. Die Strecke ist durch die Berge natürlich anstrengend, und weil wir bei der Hitze so viel Wasser trinken, müssen wir andauern halten, weil die Blase drückt. Ein paar Kilometer hinter Potos stehen wir plötzlich vor einem Palast. Albert versteht überhaupt nichts, bis ein Gepäckboy angelaufen kommt und uns mit: »Welcome to Thassos, Mr. Starck«, begrüßt. Es ist mir unangenehm, dass er unsere Taschen aufs Zimmer bringt, aber er lässt sie uns partout nicht selbst tragen. Ich hatte meinem Vater nicht erzählt, dass uns ein Resort für die Nacht eingeladen hat. »Du bist doch verrückt geworden«, sagt Albert, freut sich aber sichtlich. Ich verziehe mich in unser riesiges Himmelbett und kümmere mich um die Routenplanung, denn es wird enger als gedacht, rechtzeitig für Alberts Flug nach Istanbul zu kommen. Es warten auf jeden Fall anstrengende Tage auf uns, heute ist aber noch mal Entspannung angesagt. Am nächsten Morgen fahren wir entlang der Küste den gleichen Weg wie gestern und noch 15 Kilometer weiter, weil wir dieses Mal nach Keramoti übersetzen wollen. Es ist extrem heiß, und auf der Fähre gibt es keinen Schatten. Albert filmt die Möwen, die uns wieder die ganze Fahrt lang begleiten, ein Mann spielt griechische Lieder auf seiner Gitarre, und einige Menschen tanzen typisch griechische Tänze dazu. Auf dem Rad geht es dann weiter bis nach Toxotes. Die Stadt ist total ausgestorben, und Tourismus scheint es hier keinen zu geben.

    Am nächsten Morgen geht es früh los. Für heute ist ein Tagesrekord geplant. Etwa 120 Kilometer bis nach Alexandroupoli wollen wir fahren, und die Strecke soll größtenteils flach sein. In Lagos, einem kleinen Naturschutzgebiet, bin ich tief in Gedanken versunken und gucke nur auf den Straßenabschnitt direkt vor meinem Rad, als mich mein Vater aus meinem Trott reißt: »Felix, guck mal!« Ich traue meinen Augen kaum, denn vor uns steht eine große Gruppe wilder Flamingos.

»Ich hätte nie gedacht, dass es in Griechenland wilde Flamingos gibt!« Auch Albert ist völlig baff. Wir gucken uns die staksigen pinkfarbenen Vögel noch eine Weile an, müssen dann aber weiter, weil wir heute noch ein ganz schönes Stück bewältigen wollen. Wir sind gut in der Zeit, aber:

Erstens kommt es anders und zweitens als man denkt.

Bei Kilometer 70 beginnt dann einer der schlimmsten Tage meines Lebens. Ich entscheide mich für eine Abkürzung. Über eine unbefestigte Straße soll es drei Kilometer östlich gehen, das würde uns einen Umweg von 18 Kilometern ersparen. Nach circa zwei Kilometern bleibe ich stehen, da ich auf dem holprigen Weg viel schneller fahren kann als mein Vater, weil mein Tourenfahrrad besser dafür ausgelegt ist. Mein Blick fällt auf meinen Vorderreifen, in dem ich unzählige Dornen entdecke. »Scheiße«, denke ich, ziehe den ersten raus und bin mir sicher: Jetzt zischt es. Ich habe mich getäuscht, es ging noch mal gut. Ich warte auf Albert und warne ihn schon mal vor. »Dad, wenn du jetzt stehen bleibst und die Dornen aus dem Reifen ziehst, hast du einen Platten!«

Aber was bleibt uns schon anderes übrig? Ich ziehe den zweiten Dorn raus, und es geht los. Den dritten – das Zischen wird stärker. Nach dem neunten höre ich auf zu zählen, und Albert hat es noch schlimmer erwischt. Ich flicke mehrere Löcher vorne und hinten, aber Dad zählt insgesamt über 30 Einstiche. Flicken ist hier nicht möglich, also gebe ich ihm meine beiden

Ersatzschläuche. Toll, in der knallenden Sonne zwei Stunden lang Reifen zu wechseln und zu flicken. Mir ist klar, dass nach der Flickaktion wieder einer meiner Reifen Luft verlieren wird, das ist bei so vielen Einstichen ganz normal, und kaum sind wir von dem unbefestigten Weg runter: »ZISCHHHHH!« Es ist zum Verzweifeln, aber da müssen wir jetzt durch. Wir sind gezwungen, noch etliche Male anzuhalten, um meine Reifen zu flicken und selbst nach dem x-ten Mal finden wir noch Dornen im Mantel. Durch das Malheur ist Alexandroupoli in weite Ferne gerückt, und ein Alternativplan muss her. Es sind noch 30 Kilometer bis Komotini, der nächsten größeren Stadt. Das sollte machbar sein. Bis zum Hotel reden wir so gut wie gar nicht, viel zu anstrengend waren die letzten Stunden, aber als wir endlich in Komotini ankommen und eine billige Pension finden, schauen wir uns an und lachen. Es war wirklich ein Horrortag, aber selbst der nimmt mir nicht die Freude an meiner Tour. Eine Reise wie diese hat eben schöne und schlechte Seiten.

Abends ziehen wir los und machen uns auf Schlauchsuche für mein Rad. In einem kleinen Laden werden wir fündig. Das Material ist zwar nicht von allerbester Qualität, wird seinen Zweck aber hoffentlich erfüllen. Unglaublich erschöpft fallen wir gegen 23 Uhr ins Bett, und Albert startet sein allabendliches Schnarchprogramm. »Warum kann ich nicht mal vor ihm einschlafen?«, denke ich, muss mich aber noch um die Routenplanung kümmern, bevor auch ich endlich die Augen schließen kann:

Komotini – Alexandroupoli: 65 km
Alexandroupoli – Malkara: 105 km inklusive Türkei-Grenzübergang
Malkara – Mamaraereglisi: 95 km
Marmaraereglisi – Istanbul Flughafen: 105 km inklusive Istanbul-Verkehr

Ich halte mich selten an Pläne, aber jetzt müssen wir die Route genau so durchziehen, sonst verpasst Albert seinen Flieger. Wir schaffen unser gestecktes Pensum ohne weitere Pannen, und auch die Einreise in die Türkei funktioniert reibungslos. Nur Tati und Miri, die ich in Thessaloniki kennengelernt habe, haben wir in Alexandroupoli knapp verpasst.

Kurz nach dem Grenzübergang kommen uns zwei Radler auf der gegenüberliegenden Seite entgegen. Wir klingeln uns an und bleiben auf gleicher Höhe stehen. Die beiden, ein türkisches Paar namens Rahman und Basak, kommen zu uns. Es stellt sich heraus, dass sie ebenfalls reisen, wir tauschen uns über Routen aus, und ich erfahre, dass die beiden einen Fahrradladen in Istanbul betreiben. Rahman bewundert meine hochwertige Ausrüstung und lässt es sich nicht nehmen, eine kleine Inspektion durchzuführen: »You are crazy – so heavy – respect.«

In der Tat ist mein Gepäck viel zu schwer, und ich beschließe, in Istanbul noch einmal Gewicht zu reduzieren. Basak empfiehlt uns die Küstenstraße, und wir erklären ihr, dass wir gewaltig unter Zeitdruck stehen und auf dem Highway bleiben müssen. Ich vermisse die Küstenstraße sofort, denn auf dem Highway gibt es landschaftlich wirklich rein gar nichts zu sehen. Wir passieren Kesan, das kurz hinter der griechisch-türkischen Grenze liegt, und trudeln gegen Abend in Malkara ein. Man merkt sofort, dass wir heute eine Grenze passiert haben. Der Gesang des Muezzin, der zum Gebet aufruft, übertönt den Lärm der Stadt. Mich überkommt sofort das Gefühl, noch viel weiter weg von zu Hause zu sein als noch vor ein paar Stunden, weil es Ausdruck einer so fremden Kultur ist.

Wir durchqueren mit den bepackten Rädern einen Markt, was sich als ziemlich dumme Idee herausstellt, da es quasi unmöglich ist, das Fahrrad durch die Menschenmenge zu bugsieren. Gleichzeitig kann ich mich aber auch an den bunten Farben, Gerüchen und dem verrückten Gewusel erfreuen. Wir fragen nach einem Hotel, aber niemand kann uns helfen. In einer kleinen Gasse werden wir von drei Jugendlichen angesprochen. Sie scheinen von einer Unterkunft zu wissen und wollen uns hinführen. Ich habe dabei ein mulmiges Gefühl, das sich nach kurzer Zeit bestätigt. Der Anführer der Jungs will mein Rad fahren und reißt es mir beinahe aus der Hand, aber ich lehne ab und ziehe das Fahrrad so fest ich kann an mich. Wir wollen uns gerade von der Gruppe entfernen, als uns ein Mann anspricht: »Seid ihr deutsch?«, fragt er. Er muss die Flagge auf meinem Rahmen gesehen haben. Ich bejahe und erkläre ihm, was wir suchen, woraufhin er die Jungs wegschickt und zu uns sagt: »Ihr seid hier im Zigeunerviertel gelandet, das hätte schiefgehen können, die Jungs hatten keine guten Absichten.« Unser neuer Guide führt uns direkt zum Hotel und stellt uns dem Besitzer Ardar vor, der ebenfalls deutsch spricht. Er hat eine Weile in Nürnberg gelebt und vermisst Deutschland. Es ist wirklich erstaunlich, wie oft ich auf Menschen treffe, die schon eine längere Zeit in Deutschland verbracht haben und durchweg positive Erinnerungen damit verbinden.

Am Abend begegnen Papa und ich zum ersten Mal der türkischen Küche und sind total begeistert. Ich liebe die türkische Esskultur sofort, und mich freut vor allem, dass zu jedem Gericht eine halbe Tonne Brot serviert wird. »Endlich versteht mal jemand die Brotthematik!«, sage ich zu Albert, denn in Deutschland kann niemand nachvollziehen, dass meine Familie zu wirklich jedem Gericht Brot isst. Zu Salat oder Suppe Brot zu reichen ist normal, aber wir essen Brot auch zu Kartoffeln, Pasta, Risotto – einfach zu allem.

Das erste Frühstück in der Türkei ist gut, aber gewöhnungsbedürftig. Es gibt Tee statt Kaffee, Oliven statt Marmelade und ungetoasteten Toast. Meine Kaffeedosis muss ich mir also an der nächsten Tankstelle holen. Auf dem Highway stoppen wir an der ersten Tanke, die wir entdecken. Dort gibt es lediglich Nescafépulver, aber morgens bin ich nicht so anspruchsvoll – Koffein ist Koffein. Sie füllen ein paar Löffel in zwei Espressotassen und gießen es mit heißem Wasser auf. Albert kostet und verzieht das Gesicht. Der Kaffee ist ihm etwas zu bitter. Er fragt nach Zucker und einem Löffel zum Umrühren und wundert sich, dass sich das Pulver gar nicht auflöst und noch im Kaffee schwimmt. Als er die Masse rausholt, dann der Schock: Das sich nicht auflösende Pulver stellt sich als tote Motte heraus. Aber nicht so ein kleines fliegengroßes Ding, sondern ein bestimmt drei Zentimeter großer Falter! Wir geben seinen Kaffee dankend zurück, einen neuen will er nach dieser Überraschung auch nicht mehr. Meine Kaffeesucht siegt, und ich schlürfe mein Getränk genüsslich bis zum Schluss... ohne eine Motte zu verschlucken.

Nach diesem Zwischenfall halten wir einen 22er Schnitt bis nach Marmaraereglisi. Von unserer Umwelt bekommen wir nicht mehr viel mit, aber die Motte ist für heute auch wirklich Highlight genug.

Heute ist es so weit. Der große Tag ist gekommen. Wenn alles nach Plan verläuft, werden wir Istanbul erreichen. Ich habe ziemlich großen Respekt davor, diese riesige Metropole mit dem Fahrrad zu befahren. Wir entscheiden uns nämlich mal wieder, über den Highway in die Stadt zu kommen, da für lange Routenänderungen keine Zeit bleibt. Wir haben Glück, meist ist auf der Straße ein ausreichender Seitenstreifen vorhanden. Je näher wir allerdings der Stadt kommen, desto kleiner wird dieser und verschwindet einige Male sogar ganz. Die Kilometerzahl hinter »ISTANBUL« auf den blauen Schildern verringert sich minütlich, und dann ist es so weit. Wir sind endlich da, und der Verkehr wird immer wilder. Der Weg bis zum Hostel ist unglaublich nervenaufreibend. Alles ist so eng, dass mich der Spiegel eines Kleintransporters an der Schulter touchiert. Zum Glück ist er gerade nicht mit 120 km/h unterwegs wie der Rest der Autos.

Außerdem ist es gar nicht so einfach, das Airport-Hostel in

der Millionenstadt zu finden. Klar hilft mein Radcomputer, aber zwischen einschüchternden Wolkenkratzern findet er keinen Satelliten, und man ist aufgeschmissen. Die Freude ist riesig, als wir dann doch noch das Ziel finden. Hier endet die Tour meines Vaters, und zusammen mit der Erleichterung darüber, dass wir rechtzeitig angekommen sind, kommt der Respekt davor, bald wieder auf mich allein gestellt zu sein.

Ich bin echt erstaunt, wie gut mein Vater sich geschlagen hat und wie fit er ist. Ich bin froh, dass er mich begleitet hat, denn wir hatten eine wirklich tolle Zeit. Außerdem bin ich einfach dankbar für seine Unterstützung, denn er hat mich, nachdem Fynn ausgestiegen ist, wieder aufgebaut und mir in den letzten zehn Tagen die Kraft gegeben, auch alleine weiterzufahren.

Nachdem ich ihn verabschiedet habe, mache ich mich auf Nahrungssuche. Da die Stadt ein bisschen zu groß und unübersichtlich ist, um einfach ohne Plan loszuziehen, wie ich es sonst tue, bin ich froh, dass ich verabredet bin. Vor ein paar Tagen habe ich einen Aufruf auf *Couchsurfing.com* gestartet, ob jemand Lust hat, Zeit mit mir zu verbringen. Nazli hat geantwortet, dass sie mir gerne die Stadt zeigen würde.

Als ich am Taksim-Platz ankomme, einem zentralen Platz und Verkehrsknotenpunkt, dauert es keine zwei Minuten, bis wir uns erkennen. Nazli ist noch kleiner als ich, in ihr steckt aber ausreichend Energie für einen Basketballspieler der NBA. Sie spricht gefühlt hundert Sprachen und studiert, um Übersetzerin zu werden. Wir verstehen uns auf Anhieb supergut, und als sie mich durch verwinkelte Gassen und Hinterhöfe führt, um mir Istanbuls »wahre« Küche zu präsentieren, ist klar, wir werden beste Kumpel. Wir sitzen in einem kleinen Hof auf Plastikstühlen und unterhalten uns den ganzen Abend. An einem Büfett am Eingang des Hofs sucht man sich sein Essen aus, und als ich auf ein, zwei Gerichte zeige, werde ich ausgelacht: »Ich nehme das jetzt mal in die Hand und zeige dir, wie man das hier macht«, sagt Nazli und schickt mich an den Tisch. Ein paar

Minuten später ist der ganze Tisch mit gefüllten Tellern und einem riesigen Korb Brot zugestellt. Zusammen stürzen wir uns auf die bestimmt zehn Gerichte, und ich fühle mich wie im Paradies. »So lecker habe ich, glaub ich, noch nie gegessen«, schwärme ich, und Nazli freut sich sichtlich.

Die nächsten beiden Tage verbringen wir komplett gemeinsam. Nazli zeigt mir ihre Lieblingsflecken, wir picknicken im Park, flanieren über Märkte und gehen in Cafés und Restaurants. Bei unserem Ausflug auf Prince Island verpassen wir die letzte Fähre zurück und machen die Nacht in einem Jazzcafé durch. Wir gehen ins Kino und gucken uns schließlich noch ein paar Sehenswürdigkeiten an. Das alles versuche ich mit der Kamera festzuhalten und probiere mich zum ersten Mal an Zeitraffern. Die Verabschiedung ist herzlich, und wir wissen beide, dass wir in der kurzen Zeit eine Freundschaft fürs Leben geschlossen haben.

Auf dem Weg zum Flughafen muss ich lächeln. Genau aus diesem Grund liebe ich Reisen, um Menschen wie Nazli zu treffen, die mir ihre Kultur zeigen. Die zwei Tage in Istanbul haben mir noch mal deutlich gezeigt, dass alleine reisen auch große Vorteile haben kann. Man ist darauf angewiesen, auf fremde Menschen zuzugehen, um nicht alleine zu sein. Zu zweit ist man oft mit sich beschäftigt, und mit einem Reisepartner an der Seite hätte ich vielleicht nie die Freundschaft mit Nazli geschlossen.

Backpacking

Chiang Mai
Bangkok
Phuket

Kurz vor dem Start spannt sich jeder Muskel meines Körpers an. Ich hasse fliegen. Die Verantwortung für mein Leben in die Hände eines Fremden zu legen, macht mich komplett verrückt. Es braucht nur einen Fehler, und mein noch viel zu kurzes Leben ist vorbei. Ich reiße mich zusammen und versuche an etwas anderes zu denken, aber was mich hier einholt, ist keine klassische Flugangst, sondern die Angst vor dem Sterben. Wieso müssen Menschen sterben? Den ganzen Flug lang drehen sich meine Gedanken nur noch um den Tod. Ich habe noch niemanden aus meinem engsten Umfeld verloren und verdammt große Angst davor. Außerdem wäre ich selbst gerne unsterblich. Das hört sich vielleicht bescheuert an, aber mir ist das Leben so viel wert, wie kann ich mich da mit seinem Ende arrangieren? Einem Ende, das unausweichlich irgendwann eintreten wird. Damit bin ich einfach nicht einverstanden. Mir wird bewusst, wie trotzig es sich anhören würde, würde ich meine Gedanken laut aussprechen. Nicht ohne Grund mache ich Persönliches lieber mit mir alleine aus. Und eine Lösung kann mir ja doch keiner bieten.

Ich bekomme den neunten Stempel in meinen Reisepass und betrete Thailand. 30 Tage darf ich bleiben, sagt mein Einreisevisum. Meine Satteltaschen sind glücklicherweise unter den ersten Gepäckstücken, die auf das Band plumpsen. Das Rad nehme ich am Sperrgepäckschalter in Empfang. Auf einen Blick sehe ich, dass die Kamerahalterung am Lenker verbogen ist, aber ich will jetzt einfach nur weiter und ins Bett.

Draußen trifft mich die schwüle Hitze wie ein Schlag. Der feuchte Film, der sich binnen Sekunden auf meinen Körper legt, erinnert mich an meinen letzten Thailandaufenthalt. Damals habe ich noch am Strand die Füße hochgelegt, jetzt will ich das Land beradeln. Zu gerne würde ich gleich damit beginnen, die Routine würde mir bestimmt Sicherheit geben. Aber ich muss die drei Wochen Wartezeit auf Anselm vorher irgendwie herumbekommen.

Am Taxistand angekommen, lachen sich die Fahrer schon kaputt, als sie mich und mein Rad in der Schlange entdecken. Ich suche mir einen aus, und nach ein paar Minuten Verhandlung heben wir zusammen mein Rad in den Kofferraum. Das erspart mir jede Menge Stress und ist mir die umgerechnet 15 Euro wert. Aus dem Fenster beobachte ich den Verkehr und die unfassbar vielen Menschen, die in Bangkok herumlaufen. Es fühlt sich komisch an, auf einmal in Asien zu sein. In ein paar Flugstunden habe ich mich weiter fortbewegt als in den gesamten letzten 110 Tagen. Ziemlich frustrierend, muss ich zugeben. »War es doch ein Fehler zu fliegen?«, schleicht sich ein Gedanke in meinen Kopf. Ich denke an die Kritik in der Community der Radreisenden. Einige werfen mir vor, dass ich fliege und mich nicht nur mit dem Fahrrad fortbewege. »Nein, ich habe alles richtig gemacht«, entscheide ich. Für mich zählt nur, dass ich mir und meiner Idee treu bleibe. Ich bin meinem Bauchgefühl gefolgt, nicht alleine den Iran zu durchqueren, und freue mich auf das, was kommt. (Mir geht es ums Reisen, nicht darum, einen neuen Rekord aufzustellen).

Der Taxifahrer versucht sich an einem Gespräch. »What do you do with bicycle in this country?«, fängt er an.

»I am cycling around in the world for a year«, antworte ich. »Why would I miss beautiful Thailand?«

Er lacht, bleibt aber weiterhin skeptisch. »Too warm, too warm! I tell you!«

Kopfschüttelnd und mit einem letzten ungläubigen Lachen lässt er mich und das Fahrrad auf dem Bürgersteig vor dem Hostel zurück. Hier wird mein Rad für die nächsten drei Wochen bleiben, so dass ich mich frei bewegen kann. Das Hostel ist supercool eingerichtet. Industrial Style gefällt mir sehr, und ich freue mich schon darauf, mir meine nächste Wohnung oder ein Haus einzurichten. Alles hier erinnert an eine alte Fabrik, und ich fühle mich sofort wohl. Lustig, dass es mich zu Hause immer in die Ferne zieht, in der ich dann doch wieder Ideen für mein Zuhause sammle.

Abends bin ich mit zwei alten Kumpels aus Deutschland auf der Khao San Road verabredet. Sie erfüllen so gut wie jedes Touri-Klischee und passen damit perfekt hierher. Saufen, Mädels und Party, wohin das Auge reicht. Zum Glück liegt mein Hostel in Silom, denke ich und verabschiede mich nach zwei thailändischen Singha-Bier. »Hopp, Starcko, bleib doch noch! One night in Bangkok und so«, grölen sie. Ich täusche Kopfschmerzen vor und gehe. Mit dem ganzen oberflächlichen Getue hier kann ich nichts anfangen. Wenn ich an den Anfang der Reise und die Zeit davor zurückdenke, merke ich, wie sehr ich mich schon verändert habe. Obwohl ich alleine unterwegs bin und man auf einer Party leicht neue Leute kennenlernt, habe ich keine Lust auf Feiern. Keinen Bock auf Alkohol, keinen Bock auf Menschenmengen. Mit neuen Bekanntschaften unterhalte ich mich lieber in Ruhe, am besten bei einem guten Essen. Ich vermisse Nazli, meine neue Freundin aus Istanbul. Außerdem macht mich Bangkoks Wuseligkeit gerade verrückt. Ich will raus aus der Stadt.

Da Inlandflüge in Asien zum Glück spottbillig sind, setze ich mich am nächsten Tag in einen Flieger nach Chiang Mai. Da hat es mir letztes Mal supergut gefallen. Eigentlich wollte ich den Zug nehmen, um wenigstens ein bisschen was von der Landschaft mitzubekommen, aber die Strecke wird gerade ausgebaut, und den Bus tue ich mir nicht an, zumal er teurer als der Flug ist.

Im Flieger sitze ich neben einer Familie. Ein etwa 2-jähriger Blondschopf grinst mich frech an und steckt sich prompt meine Kopfhörer in den Mund. »Titus, Finger weg, das gehört nicht uns!«, schimpft die Mutter und lächelt mich entschuldigend an.

Lachend winke ich ab: »Das ist kein Problem für mich, er darf ruhig mit meinen Sachen spielen.«

Verdutzt guckt sie mich an: »Ach, du bist Deutscher… Hi, Ich bin Julia!«

»Felix«, stelle ich mich vor, und wir unterhalten uns ein bisschen.

Sie ist mit ihren Kindern auf dem Weg nach Chiang Mai, wo ihr Mann mit einem Mietwagen dazustößt. Von dort wollen sie starten und in zwei Monaten Thailand und Malaysia durchqueren. Julia will alles über meine Reise wissen, aber ich bin total neugierig darauf, wie Reisen mit Kindern funktioniert. Ich habe schon immer davon geträumt, später auch mit Kindern mobil zu bleiben und die Welt zu entdecken. Mit der richtigen Frau an meiner Seite wäre ich wahrscheinlich schon mit 20 Papa geworden. Als sich Julia kurze Zeit später mit einem »Kannst du kurz aufpassen?« auf die Toilette verabschiedet, werden Titus und ich beste Kumpels. »Elix mitkommen«, versucht er Julia zu überzeugen, als sie wiederkommt. Ich habe echt Lust auf Familie.

In Chiang Mai schlafe ich in einem gemütlichen Hostel, das perfekt für meine kurze Auszeit ist. Die kleinen Holzhütten liegen verstreut in einem traumhaften Garten, und überall sind Hängematten befestigt. Es gibt sogar eine Riesenschaukel, die sofort auf die Liste für mein nächstes eigenes Domizil kommt. Den anderen Touristen scheint es hier zu langweilig zu sein. Die eine Hälfte zieht schon frühmorgens mit einem Tourguide los, die anderen machen um neun Uhr ihr erstes Bier auf und sind bereits gegen 12 Uhr mittags unerträglich besoffen. Ich genieße den Luxus der Riesenschaukel, solange sie noch halbwegs leise sind, und ziehe los, um mir die Gegend anzugucken, sobald sie anfangen herumzutoben.

Die Natur hier gefällt mir. Ich liebe die Berge, und Chiang Mai ist rundherum von grünen Gipfeln umgeben. Jeden Tag regnet es ein paar Stunden wie aus Eimern, aber es ist trotzdem angenehm warm. Überall wuseln kleine Geckos rum und machen lustige Geräusche. »Geck, geck, geck, geck, geck«, Pause: »Oooo«. Ein paar der Tempel sind sehr schön, aber der bekannteste, der White Temple, der in der Nähe der Stadt Chiang Rai steht, gefällt mir nicht so sehr, er ist mir viel zu kitschig. Ich würde mir gerne einen Roller mieten und auf den mit mehr als 2500 Metern höchsten Berg Thailands, den Doi Inthanon, fahren. Ich will mir aber auch noch etwas aufheben, schließlich werde ich bald mit Anselm wieder hier sein. Wir wollen gemeinsam eine Südostasienschleife machen. Die genaue Route haben wir uns noch nicht überlegt, aber in den Norden Thailands wollen wir unbedingt. Deswegen verlasse ich Chiang Mai nach ein paar Tagen. Ich habe echt Glück, dass Fliegen hier so günstig ist, ich zahle nur 29 Euro für meinen Flug nach Phuket.

Als Erstes will ich ans Meer. Mit einem kleinen Bus aus Blech geht es vom Flughafen in Phuket ins 20 Minuten entfernte Kata Beach. Es knattert, rumpelt und quietscht, und wenn der tiefenentspannte Busfahrer um die Kurve heizt, fliegen mir fast die Ohren weg. Anstelle von Fenstern sind nämlich nur rechteckige Löcher im Seitenblech, und die Rückseite ist komplett offen. Eigentlich ganz angenehm, die tropische Hitze mal nicht zu spüren.

In Kata verbringe ich ein paar schöne Tage am einzigen Surfstrand Thailands. Ohne Fahrrad unterwegs zu sein, hat Vorteile. Am meisten freue ich mich darüber, dass ich nicht ausschließlich durch Muskelkraft von A nach B komme. Ein Wasserfall, der 90 km von der Route abweicht, bedeutet also nicht gleich einen Umweg von zwei Tagen. Außerdem lerne ich in Hostels schneller andere Reisende kennen, und mit dem Rad fallen auch Zeltnächte weg. Gleichzeitig fehlt mir aber das Radeln. Dabei habe ich irgendwie das Gefühl, ein Land intensiver zu erleben, und ich habe viel mehr Kontakt zu Einheimischen.

Ich freue mich darauf, endlich von den Touristenplätzen wegzukommen und wieder in ländlicheren Gebieten unterwegs zu sein. Da Anselm bald da ist, werde ich dann auch nicht mehr so einsam sein.

Auch wenn ich die Thais echt gerne mag, ist es in touristischen Gegenden sehr schwer, eine richtige Verbindung zu ihnen aufzubauen. Irgendwie steht das Geld immer wie unsichtbar zwischen uns. Oft habe ich das Gefühl, nur mit einem Hintergedanken angesprochen zu werden. Die Unterhaltung, die ich daraufhin beginne, geht nur so lange, bis klarwird, dass ich nichts kaufen will. Schlimm, weil das ja nicht mal wirklich ihre Schuld ist, da die Einheimischen auf das Geld der Touristen angewiesen sind.

Zum Glück hatte ich andererseits schon zahlreiche tolle Begegnungen, und so werde ich auch in Phuket Town gut aufgenommen. In der Touristenhochburg ist die Regenzeit noch extrem spürbar. Deswegen ist alles verlassen, und ich kann beobachten, wie man sich überall auf den Menschenandrang vorbereitet. In meinem Hostel bin ich der einzige Gast und freunde mich mit den Mitarbeitern an.

An einem Abend nehmen sie mich mit in eine Karaoke-Bar, in der außer mir nur Asiaten sind. Es ist ziemlich laut, und der ganze Raum freut sich mit der Person, die vorne steht und ins Mikrofon »singt«. Für mich nur ein ziemlich unverständliches Gegröle, aber es macht Spaß, mal bei einer mir so fremden Kultur Mäuschen zu spielen. Meinen neugewonnenen Freunden reicht das nicht. »Come sing with us«, werde ich lautstark angefeuert mitzumachen, und: »Felix, Felix, Felix!«, stimmen irgendwann sogar die anderen Gäste in der Bar ein. Die paar Singha, die ich intus habe, erledigen die restliche Überredungsarbeit, und so hält mir wenig später ein Typ auf dem Podest das Mikro unter die Nase. Einträchtig grölen wir ein Lied, von dem ich weder Melodie noch Text kenne. Der Kater lässt mich den gesamten nächsten Tag lang an den schönen Abend zurückdenken.

Die nächsten Tage sind ziemlich entspannt. Ich lese viel in Reisebüchern und genieße es, wie ein Local behandelt zu werden. Die Taxifahrer und Masseusen haben sich an mich gewöhnt und sprechen mich nicht mehr an. Abends lasse ich mich treiben und probiere an verschiedenen Straßenständen das Nationalgericht Pad Thai. Das sind gebratene Glasnudeln mit Gemüse, Zitrone und Erdnüssen. Das Straßenessen ist hier wirklich unfassbar gut. Die Kocherei hat sich für die nächste Zeit auf jeden Fall erledigt, denn für ein bis zwei Euro bekommt man eine komplette und noch dazu superleckere Mahlzeit.

Umso härter trifft es mich, als ich beim nächsten Versuch, Geld abzuheben, lese: »We're currently unable to process the transaction.« – Wir können die gewünschte Transaktion nicht ausführen. Mein Kreditkarteninstitut hat bemerkt, dass jemand in kurzen Abständen in verschiedenen Ländern Geld abgehoben hat und die Karte kurzerhand gesperrt. Sie können natürlich nicht wissen, dass ich das selbst war, aber jetzt dauert es leider bis zu 48 Stunden, bis mein Konto wieder freigeschaltet ist. Von meinem restlichen Geld kann ich höchstens noch einen halben Tag leben. Das Hostel ist zum Glück schon bezahlt, aber meine restlichen Baht langen nur noch für ein letztes Essen und eine große Packung Brownies. Das ist das Einzige, was mir einfällt, um mich über Wasser zu halten, weil es mir für wenig Geld Masse und Zucker bietet. Schon abends ist mir übel, und das klebrige Zeug geht mir auf die Nerven. Am nächsten Morgen lasse ich das Frühstück ausfallen, aber als nachmittags immer noch kein Geld da ist, halte ich es nicht mehr aus. Ich bekomme keinen Bissen Brownie mehr runter und mache mich auf den Weg zu einem Straßenstand, um zu fragen, ob ich etwas zu essen bekomme, auch wenn ich erst später bezahlen kann. »No money, no food«, ist die Antwort. Das erinnert mich an den hier bekannten Spruch »No money, no Honey«, der unter anderem den Sextourismus augenzwinkernd auf den Arm nimmt.

Am nächsten Stand habe ich mehr Glück. Mi-Thien erzählt mir, dass ich nicht der Erste mit diesem Problem sei. Er lädt mir eine doppelte Portion Fried Rice auf den Teller und kommt hinter seinem Stand hervor, um sich mit mir zu unterhalten. Er ist eigentlich Bauer, und seine Familie lebt auf dem Land. Stolz erzählt er mir von seinem Sohn, der auf die Universität geht. Um das zu finanzieren, muss er am Wochenende zusätzlich zur Landarbeit in der Stadt auf dem Markt arbeiten. »Es macht mir nichts aus, hart zu arbeiten. Darum geht es doch im Leben, seine Kinder zu unterstützen«, sagt er und lächelt mich an. »Wenn ich sehe, wie glücklich Peter ist, ist das Belohnung genug.«

»Das ist sehr schön gesagt«, gebe ich ihm recht und muss über den Namen Peter schmunzeln – die Globalisierung ist also auch hier angekommen.

Als ich Mi-Thien beim Gehen verspreche, am nächsten Tag wiederzukommen und ihm das Geld zu geben, sagt er nur: »Zum Essen, nicht zum Zahlen!« Ich bin berührt von so viel Freundlichkeit und Großzügigkeit.

In den nächsten Tagen regnet es, ich verpasse also nichts am Strand, wenn ich in der Stadt bleibe. Im Hostel wohnen mittlerweile weitere Gäste. Mit Ross, einem Briten, und Nick aus Sri Lanka, der lange Zeit in Amerika gelebt hat, gehe ich zum »Vegetarian Festival«, auch »Fest der neun Kaisergötter« genannt. In den ersten neun Tagen des neunten Monats nach dem chinesischen Mondkalender verzichten die Teilnehmer, um Körper und Geist zu reinigen, auf verschiedene Lebensmittel wie Fleisch, Fisch und Milchprodukte, intensive Gewürze wie Knoblauch, sowie auf Alkohol und Tabak. Außerdem gibt es diverse bunte Prozessionen durch die ganze Stadt. Auf der ersten Zeremonie, die wir besuchen, laufen die Menschen mit großen Lampen durch die Straßen. Das erinnert mich an die Sankt-Martins-Umzüge, die ich als Kind erlebt habe, und sieht wirklich schön aus. Auf der nächsten Prozession bleibe ich nur wenige Minuten, dann wird mir schlecht. Einige Teilnehmer versetzen sich in eine Art Trance, um ein Medium für ihre Götter zu werden. Um dann ihre angebliche Unverwundbarkeit als »Geist« unter Beweis zu stellen, stecken sie sich verschiedenste spitze Gegenstände durch die Wangen oder laufen barfuß über heiße Kohlen. Einer hat mit zwei riesigen Speeren seine Wangen durchbohrt! Dem kann ich absolut nichts abgewinnen. Ich lasse die Jungs auf dem Umzug zurück und mache von nun an einen großen Bogen um das Festival.

Die letzten Tage, bis Anselm kommt, verbringe ich größtenteils vor dem Computerbildschirm. Ich skype mit ihm, um die letzten Dinge zu besprechen, schreibe an meinem Blog und chatte viel mit Selima, einer flüchtigen Bekannten aus Deutschland. Ohne dass ich es wirklich bemerkt habe, ist aus einem kurzen »Servus, wie geht's?« ein langes Gespräch geworden. Wir schreiben mehrmals täglich hin und her. Es ist fast ein bisschen gruselig, wie gut wir uns verstehen, vor allem, weil wir nur über das Internet kommunizieren. Ich schlage Selima vor, mich zu besuchen, glaube aber nicht wirklich daran, dass sie kommt. Einen Tag später antwortet sie mir, dass sie gebucht habe. Sie wird in Kambodscha zehn Tage mit mir und Anselm verbringen und uns in Bussen folgen. Ziemlich cool, dass sie so spontan ist, ich freue mich auf ihren Besuch. Erst mal muss ich aber Anselm über Skype beibringen, dass nur zwei Wochen nach seiner Ankunft noch jemand dazukommt. Verständlicherweise ist er nicht so begeistert: »Ihr macht dann aber nicht den ganzen Tag euer Pärchending, okay?«

»Quatsch, wir sind doch gar kein Paar!«, antworte ich.

»Ich hab einfach keinen Bock, das fünfte Rad am Wagen zu sein«, gibt er zu.

»Ich bin mir ziemlich sicher, dass ihr euch super verstehen werdet«, beruhige ich ihn.

Ich verabrede mich für den nächsten Tag mit Anselm in einem Hostel in Bangkok, plane aber, ihn als Überraschung vom Flughafen abzuholen. Weil ich am nächsten Morgen um sechs Uhr rausmuss, um meinen Flieger zu bekommen, gehe ich früh ins Bett. Ich bin gerade eingeschlafen, als mich ein unerträglicher Lärm hochschrecken lässt. Es hat mehrmals fürchterlich laut geknallt, und die Alarmanlagen von sämtlichen Autos der Straße sind losgegangen. Schnell bin ich auf den Beinen und versuche durch das Fenster hindurch zu erkennen, was los ist. Als ich die vielen Menschen auf der Straße und das Feuerwerk sehe, dämmert es mir. Es ist das Ende des Vegetarian Festivals, was jedes Jahr so groß gefeiert wird wie bei uns Silvester. Ich hatte es vergessen. Beruhigt lege ich mich wieder hin.

Neuzuwachs

Bangkok - Siem Reap
540 km

In Bangkok hole ich mein Fahrrad ab und mache mich mit der Bahn auf den Weg zum Internationalen Flughafen, um Anselm zu überraschen. Ich habe allerdings nicht ganz bedacht, wie verdammt groß der Suvarnabhumi Airport ist. Die ankommenden Reisenden verlassen den Sicherheitsbereich nicht, wie bei uns, je nach Gate durch eine bestimmte Tür, sondern verabreden sich vorher mit den Wartenden an beschilderten Meeting-Points. Blöd nur, dass Anselm nichts davon weiß, dass ich hier bin. Ich müsste in den Ankunftsbereich hinter der Security gehen, um ihn zu finden. Ich erkläre dem Wachmann meine Situation, aber der muss sich an die Sicherheitsvorschriften halten. Kurzerhand lache ich ihn freundlich an und renne los. Ich komme ziemlich weit, bis er sich aus seiner perplexen Starre löst, aber von vorne kommen mir leider drei Wachmänner entgegen, die nicht so erfreut aussehen. Ich gebe auf und mache kehrt. Der Security-Mann am Eingang muss lachen, und ich hoffe, er bekommt keinen Ärger, weil ich ihm entwischt bin.

Jetzt muss ich pokern. Es gibt eine Busstation und drei Taxistände, die viel zu weit voneinander entfernt sind, um alle gleichzeitig zu überblicken. Ich laufe zwischen den Taxiständen hin und her und hoffe, dass sich Anselm für dieses Transportmittel entscheidet. Plötzlich kommt er die Rolltreppe hinuntergefahren. Er ist eher schmal gebaut, schlaksig und über 1,90 Meter groß. Neben meinen süßen 1,72 Metern sieht das sicher lustig aus. Schnell verstecke ich mich und filme ihn, wie er herumirrt und die Taxen sucht. Er macht ein extrem verdattertes Gesicht, als er mich schließlich entdeckt, ist aber superglücklich, dass ich da bin, und wir kümmern uns gemeinsam um den Transport des Rads. Im Hostel laden wir nur schnell Anselms Sachen ab und machen uns auf den Weg zur Khao San Road. Einmal muss er das gesehen haben, und für mich gibt es dort leckeres Essen.

Wir stoßen an. »Auf das, was kommt. Auf eine gute Zeit zu zweit.« Da lässt sich leicht noch ein weiteres Bier drauf trinken.

Ich muss an Fynn denken. Wird es zwischen uns auch solche Schwierigkeiten geben? Wird wieder etwas zwischen uns stehen, wie die Filmerei, wo sich kein Kompromiss finden lässt? Als hätte Anselm meine Bedenken gehört, stellt er sich mitten auf die Straße, um aus einer guten Perspektive zu filmen, und schert sich dabei nicht darum, dass er allen im Weg steht. Crazy Typ, ich freue mich, dass er genauso Lust am Filmen zu haben scheint wie ich. Abends im Bett werden wir uns aber schnell unserer Unterschiede bewusst. Er würde gerne tiefgründige Gespräche führen und fragt mich nach meinem Aszendenten. »Mein was???« Ich pruste los, und Anselm steigt zum Glück mit ein.

Am nächsten Morgen schläft er bis in die Puppen, um sich von dem langen Flug zu erholen. Danach machen wir uns auf den Weg in das größte Einkaufszentrum Bangkoks, weil ich einen Fahrradständer sowie neue Sneaker und Anselm einen Schlafsack braucht. Leider wird nur er fündig, also bestelle ich die Sachen im Internet und lasse sie zu Selima nach Hause schicken, die sie dann mitbringen wird, wenn sie kommt.

Wir haben weiterhin intensiven Kontakt, und ich ertappe mich bei dem Gedanken, ob man sich online verlieben kann, weil ich ständig an sie denken muss. Nur noch acht Tage, bis sie kommt, ich freue mich total. Abends sind Anselm und ich auf einer Party im Flow House, einer Indoor-Surfhalle, eingeladen, inklusive eines Abendessens. Das lassen wir uns natürlich nicht entgehen. Angekommen, stürzen wir uns sofort in die Wellen. Oder die Welle, denn eigentlich ist es nur eine einzige große, künstliche Welle, auf der wir mit kleinen Brettern versuchen zu balancieren. Das ist bestimmt nicht so cool wie echtes Surfen, vor allem längst nicht so schwer, aber macht echt Spaß. Wir verdrücken einen Burger und spülen ihn mit Bier runter. Ein paar Profi-Indoor-Surfer zeigen ihr Können, eine Band spielt live – insgesamt ein gelungener Abend. Um 00 Uhr steigen wir in ein Taxi zum Hostel, und die Party geht ungeplant weiter, denn der Fahrer dreht die Musik laut auf und tanzt total witzig. Vor lauter wildem Rumgefuchtel mit den Armen vergisst er fast zu lenken.

Im Hostel angekommen, verlängern wir um eine Nacht. Eigentlich wollten wir morgen losfahren, aber ich kann Anselm davon überzeugen, dass es sinnvoller ist, ausgeruht und organisiert einen Tag später zu starten. Als wir die Tür zu unserem Zimmer öffnen, kommt uns Gestank entgegen. Nicht so schlimm, dass man es nicht aushalten könnte, aber doch so stark, dass man sich wundert, was hier um Himmels willen so verdammt nach Essigsäure müffelt. Nach kurzer Zeit entlarven wir meine Birkenstock als Übeltäter. »Ich habe wirklich noch nie Fußschweiß gerochen, der so exotisch-sauer stinkt!«, stellt Anselm fest.

»Und ich habe noch niemanden in Birkenstock um die Welt radeln sehen«, kontere ich lachend.

Am nächsten Morgen liegt anstelle von Birkenstocksäure Streit in der Luft. Beim Frühstück erzählt mir Anselm, dass Dreistigkeit immer siege: »Im Flugzeug bestelle ich immer zwei Essen bei den Stewardessen! Das klappt!«

Er merkt nicht, dass ich das eher befremdlich als cool finde. Kurze Zeit später zeigt er auf den großen Koffer einer Frau und sagt: »Alter, mit so einem schweren Ding kann man doch nicht reisen!«

Das nervt mich, wahrscheinlich, weil ich auch immer wieder dafür kritisiert, belächelt oder bevormundet werde, wie viel Gepäck ich dabeihabe.

»Jeder kann doch selbst entscheiden, wie er reisen möchte! Da musst du nicht bewerten und urteilen, ob es deiner Ansicht von Reisen entspricht! Wir haben doch auch total unterschiedliche Ansichten vom Reisen«, entwischt es mir etwas harscher als geplant.

Leider entspricht Letzteres aber absolut der Wahrheit. Anselm hat schon eine Fahrradreise hinter sich und mag es, wie viele Radreisende, sich und anderen sein Durchhaltevermögen zu beweisen. Ich höre immer wieder, dass XY auf seiner Reise unter Brücken geschlafen hat und YZ den ganzen Tag durch strömenden Regen gefahren ist. Das ist auch wirklich bewundernswert, aber überhaupt nicht mein Ziel. Ich werde dann oft kritisiert, weil ich zum Beispiel nicht jeden Tag zelte, sondern mir auch mal ein Bett gönne. »Mir geht es nicht ums Radfahren und Scheißefressen, und das wusstest du vorher!«, stelle ich also vorsichtshalber noch mal klar.

Es bleibt auf jeden Fall Konfliktpotential, aber ich bin froh, dass wir noch mal darüber gesprochen haben. Anselm will auch schon sehr viel mitbestimmen: Die Strecke, wer was einpackt, wann wir was tun. Außerdem möchte er einen Facebook-Post für *Pedal The World* schreiben. Er soll erst mal in Ruhe ankommen. Ich gehe natürlich auf seine Wünsche ein, aber Öffentlichkeitsarbeit bleibt definitiv meine Domäne. Nach Fynn weiß ich ja noch überhaupt nicht, ob es klappt mit uns. Abgemacht haben wir deswegen gleich zu Beginn, dass Anselm am Anfang mehr Kompromisse eingehen muss als ich, weil er zu meiner Reise dazustößt. Ich will aber nicht schon jetzt Streit, den Nachmittag nutzen wir also, um zusammen zu planen, wie es weitergeht. Wir haben ein bisschen Zeitdruck, weil wir rechtzeitig zu Selimas Ankunft in einer Woche in Siem Reap, der Hauptstadt von Kambodscha, sein müssen.

Trotzdem entscheiden wir uns dafür, einen Umweg über den Khao Yai National Park zu machen. Ayutthaya ist unser erstes Tagesziel. Ich schneide mir im Internet die passenden Karten zusammen und lade sie auf meinen Radcomputer. Es gibt aber noch einiges mehr zu tun. Wir packen unsere Sachen zusammen und organisieren uns komplett neu zu zweit. Das nimmt mir meine persönliche Routine, aber es ist wichtig, jetzt eine gemeinsame Gewohnheit zu bekommen.

Am frühen Abend laufen wir zu einem guten Straßenstand in der Nähe, den wir gestern schon ausprobiert haben. Mit Blick auf eine Baustelle verputzen wir zwei Portionen gebratenen

Reis mit Hühnchen, und ich beobachte die Bauarbeiter bei der Arbeit. Die thailändische Arbeitsmentalität funktioniert, soweit ich es beurteilen kann, folgendermaßen: »Hart arbeiten, aber langsam.« Man kann sehen, dass hier alle hart schuften und niemand auf die Idee kommen würde, sich zu beklagen. Gleichzeitig sitzen aber sechs Menschen an einem Job, und besonders organisiert wirkt es auf mich nicht. Ich interessiere mich schon immer für verschiedene Arbeitsweisen und stelle überall Überlegungen an, wo und wie man Prozesse optimieren könnte. Auch meine eigenen Abläufe, beispielsweise das Packen, überprüfe ich immer auf Verbesserungsmöglichkeiten. Gerne würde ich die Arbeiter noch länger beobachten, aber ein Kniffelduell steht auf dem Plan. Anselm gewinnt mit 3:1.

Um acht Uhr klingelt der Wecker – es geht wieder los. Wir reparieren ein paar Kleinigkeiten an unseren Drahteseln und schwingen uns, nachdem die letzte Tasche eingerastet ist, auf den Sattel. Wir kämpfen uns Richtung Norden aus Bangkok heraus, über uns Tausende Stromleitungen, die verworren und verknotet von Mast zu Mast führen. Ich weiß nicht, wie da irgendwer durchblickt. Am Anfang hören wir den Strom sogar durch die Leitungen fließen, aber dann mischt sich das Surren in die allgemeinen Verkehrsgeräusche. Die ersten 20 Kilometer fahren wir wie in Trance und verständigen uns nur durch Zeichensprache. Wir sind die schwächsten im Verkehr und uns dessen in jeder Sekunde bewusst. Die Autofahrer sind hier aber rücksichtsvoller, als ich es je irgendwo auf der Welt erlebt habe. Sie fahren sehr aufmerksam, und jeder zweite winkt und grüßt uns. Trotzdem sind der extreme Verkehr und die Hitze eine Tortur, und der Weg raus aus Bangkok zehrt an uns.

Als wir die Stadt verlassen, fällt eine Last von mir ab. Endlich. Die dreiwöchige Pause war mir zu lang, ich freue mich, wieder unterwegs zu sein.

Um die Mittagszeit halten wir an einem Straßenrestaurant, und obwohl es eigentlich gerade geschlossen ist, zaubert die

Köchin uns ein Gericht mit Reis und Hühnchen. Mittlerweile ist es so unerträglich heiß, dass wir jede Stunde einen kurzen Stopp einlegen müssen. Immer werden wir freudig begrüßt, in diversen heruntergekommenen Hütten nehmen wir kalte Cappuccinos ein und wundern uns darüber, dass niemand bezahlt. Jeder Gast kommt rein und bekommt etwas vorgesetzt. Wenn er fertig ist, steht er auf, grüßt in die Runde und geht. Ist das etwa alles Familie? Es herrscht jedenfalls eine sehr herzliche Atmosphäre, und wir fühlen uns willkommen. In einer der Hütten bietet die Besitzerin Anselm eine Frucht an. »You bite my friend«, erklärt sie ihm, als sie ihm die kleine, grüne Frucht überreicht. Das tut er dann auch und erschreckt sich ziemlich:

»Boah total sauer«, er verzieht das Gesicht. Dann muss auch ich hineinbeißen.

»Abartig sauer«, stimme ich ihm zu und muss husten.

Damit sind wir Belustigung für die ganze Hütte geworden- und wir stimmen ins Gelächter mit ein.

Kurze Zeit später erleidet Anselm einen Kreislaufkollaps oder Hitzschlag, er weiß selbst nicht genau, was los ist. Er ist kreidebleich, zittert und schwitzt am ganzen Körper. Wir ruhen uns im Schatten eine Stunde aus, aber auch danach kann er nicht weiterfahren. Hier können wir aber nicht bleiben, also muss ich eine Lösung finden. Ich lasse ihn mit dem Gepäck zurück und mache mich auf die Suche nach etwas, womit ich Anselm ziehen kann. Dieses eine Mal ist es mein Glück, dass auch hier so viel Müll am Straßenrand ausgekippt wird. Nur wenige Minuten später bin ich zurück und knote aus mehreren Plastik- und Paketbändern eine Schlinge. Die nächsten acht Kilometer ziehe ich ihn bei immerhin 38 Grad hinter mir her. Irgendwann meldet er sich von hinten und sagt, dass es wieder ginge. Dafür bin jetzt ich total im Eimer und habe einen 190er Puls. Die letzten Kilometer bis Ayutthaya sehe ich nicht mehr, was rechts und links von mir ist, sondern nur noch das Hostel vor meinen Augen. Als wir aber endlich in der Stadt ankommen, finden wir es nicht. Total ausgelaugt fragen wir uns durch, aber niemand hat einen Plan. Jeder, den wir fragen, kann kein Englisch lesen und wir anscheinend kein Thailändisch aussprechen.

Beim gefühlt hundertsten Versuch meistere ich die Aussprache wohl endlich, ein junger Mann kennt die Anlage und erklärt uns den Weg. Im Hostel angekommen, genießen wir erst mal den Luxus des schönen und vor allem sauberen Bungalows. Nach der wohlverdienten Dusche haue ich ein paar Zeilen Blog in die Tasten. Die Stadt mit ihren schönen Tempelanlagen gefällt mir, aber wir haben nicht viel Zeit, sie zu besichtigen, weil die Hostelbesitzer uns zum Abendessen eingeladen haben. Wir machen mit den Fahrrädern, ohne Gepäck, einen kleinen Abstecher, um wenigstens eine Anlage kurz anzuschauen. Auf dem Rückweg müssen wir uns beeilen, um noch pünktlich zu sein. »Toll, ich muss noch mal duschen«, lacht Anselm, als wir verschwitzt beim Bungalow ankommen. Dafür ist dann leider keine Zeit, denn wir werden gerufen, sobald wir die Fahrräder abgeschlossen haben.

Jane und Scott sind ein amerikanisches Ehepaar, um die 65 und super nett. Endlich gibt es mal wieder westliches Essen. Pasta! Ich fühle mich wohl und genieße es, dass wir so nett aufgenommen werden. Dann wird es plötzlich ernst. Scott erzählt uns von einem britischen Ehepaar, das vor einem Jahr bei einer Fahrradreise in der Nähe von einem Truck überfahren wurde. Der Fahrer war eingeschlafen. Das macht die Gefahr für uns von einer auf die andere Sekunde greifbarer als je zuvor. Die Truckfahrer schlucken hier Pillen, damit sie nicht schlafen müssen und mehr Geld verdienen. Teilweise fahren sie mehrere Tage und Nächte durch. Das Ehepaar war zur falschen Zeit am falschen Ort, das hätten aber genauso gut wir sein können. Ich muss ganz schön schlucken, denn obwohl ich mir der Gefahr schon vorher bewusst war, ist es doch etwas ganz anderes, wenn einem jemand persönlich von einer wahren Begebenheit berichtet.

Mit der Dämmerung kommen leider auch die Mücken. Sie lieben den Geruch von Schweiß, also haben wir schlechte Karten. Es ist kaum auszuhalten, und wir kratzen uns schon nach wenigen Minuten am ganzen Körper. Also entscheiden wir uns dafür, die heutige Kniffelpartie in unseren Bungalow zu verlegen. Die Eingangstür ist winzig, ich laufe prompt volle Kraft voraus mit dem Kopf gegen den Rahmen. Aua. Leider scheint mein Gehirn davon Schaden genommen zu haben, denn ich haue mir den Kopf an der exakt gleichen Stelle noch mal an, als wir wenig später losziehen, um Bier zu holen. »Das gibt 'ne Beule«, lacht Anselm.

Im 7-Eleven, einem kleinen Shop, den es hier an jeder Ecke gibt, holen wir uns Singha. Es wird hier in 0,65-Liter-Flaschen verkauft, olé olé, die Abkühlung brauche ich jetzt. Es ist immer noch total heiß draußen und vor allem sauschwül. Das verrückte Klima hier führt dazu, dass ich dauerhaft schwitze. Im Bungalow haben wir zwar keine Klimaanlage, sondern nur einen Ventilator, aber der vertreibt wenigstens die Mücken. Normalerweise bin ich da nicht empfindlich, aber hier sind sie wirklich eine Plage. Während wir uns müde kniffeln, lauschen wir dem allabendlichen Gecko-Konzert, und durch die Lücken in den dünnen Bungalowwänden kommt uns ab und zu einer besuchen. Auch meine Kreuzschmerzen melden sich mal wieder. Sitzen geht nicht mehr, also gehen wir relativ früh ins Bett. Seit fast 140 Tagen bin ich nun unterwegs und war noch nicht einen Tag lang schmerzfrei. Ganz schön frustrierend, weil ich nicht weiß, was ich dagegen machen soll. Leider bringt auch die Nacht keine Erholung, da wir zusammen in einem Doppelbett schlafen, in dem Anselm im Schlaf von einer Ecke in die andere rollt. Nachdem ich ein paar Stunden kein Auge zugetan habe, fahre ich ihn an, als mal wieder sein Arm auf mir landet: »Bleib auf deiner Seite oder ich flippe völlig aus!«

»Oh, ääh, sorry, ich dachte, das wär die Mitte«, nuschelt er verschlafen zurück. Er hat sich ziemlich erschreckt, und im nächsten Moment tut es mir schon leid, aber ich brauche einfach meinen Schlaf. »Jo, passt schon, versuch halt ein bisschen Abstand zu halten«, beruhige ich ihn.

Am nächsten Morgen starten wir später als geplant, weil ich kaum Schlaf bekommen habe. Dementsprechend mies ist meine Laune, noch dazu gibt es keinen richtigen Kaffee. Instantkaffee kann ich einfach nicht mehr sehen, dann muss es heute ohne gehen. Als wir endlich auf den Rädern sitzen, ist es schon unerträglich heiß. Nach ein paar Stunden meldet sich dann aber der fehlende Kaffee. Mein Kopf fühlt sich an, als ob er zerspringt, und ich werde unentspannt. Anselm merkt es nicht und labert die ganze Zeit vor sich hin. »Ich bin fest davon überzeugt, dass der Aszendent etwas mit dem Charakter zu tun hat«, fängt er schon wieder von Sternzeichen an. »Du bist immer so still… um wie viel Uhr bist du denn geboren?«

»Wie kann man alles hinterfragen?«, denke ich und sage nichts. Ich schätze seine Direktheit aber auch.

»Mische ich mich schon zu sehr in *Pedal The World* ein?« fragt er nach ein paar Minuten Plapperpause.

»Cool, dass du das von alleine ansprichst«, antworte ich ein bisschen besänftigt. »Weißt du, ich habe so viel Arbeit und Kilometer in mein Projekt gesteckt, bevor ich es zu unserem Projekt mache, will ich erst mal ausprobieren, ob es funktioniert.«

»Verstehe ich, vor allem, nachdem Fynn ausgestiegen ist.«

»Eben«, antworte ich und verfalle wieder in Schweigen.

Die Landschaft wird langsam grüner und der Verkehr weniger. Auch die Hitze ist erträglicher, und wir treten ordentlich in die Pedale, weil wir uns auf den Khao Yai Nationalpark freuen. Am Wegrand verkauft eine ältere Frau frittierte Bananen. Diese geben uns, trotz mangelnder Hygiene der Fritteuse, einen Energieschub – die letzten Kilometer bis zum Nationalpark fliegen wir quasi. Kurz vorher sehen wir einen Geldautomaten, und Anselm fragt: »Soll ich noch schnell was abheben?«

»Nee, wir haben ja noch 1000 Baht, und oben in der Parkverwaltung bekommt man sicher auch noch Geld, falls es knapp wird.«

Am Eingang folgt dann aber die Ernüchterung: Der Park kostet 400 Baht, also 10 Euro Eintritt pro Person, und so haben wir nur noch 5 Euro übrig. Ein Geldautomat ist nicht in Sicht. Davon sollten wir aber etwas zu essen bekommen. Gleich auf den ersten Metern überquert direkt vor uns eine riesige Echse die Straße. Kurze Zeit später taucht der Berg vor uns auf. Ganze 30 km geht es jetzt bergauf. Anselm hat einen deutlichen Vorteil durch seine Klickpedale. Denn dadurch, dass seine Schuhe an den Pedalen befestigt sind, fällt ihm der steile Anstieg leichter. Meine Füße schwimmen in den Birkenstocksandalen, aber wir werden durch die tolle Umgebung belohnt.

Die kleine Straße schlängelt sich kurvig und steil durch den dichten Dschungel. Aus dem Dickicht kommen von rechts und links die verrücktesten Geräusche, und weit und breit ist kein Verkehr zu sehen. Nur auf ein paar vereinzelte Parkbesucher und Einheimische treffen wir, die sich riesig über uns zu freuen scheinen. Sie winken und grüßen lautstark. Auch eine friedliche Affenbande passieren wir. Wer da wen neugieriger beobachtet, ist nicht ganz ersichtlich. Trotzdem ist die Fahrt auf den Berg ein Kampf. Ich habe genug von der Natur und gucke nur noch geradeaus, in Gedanken schon im Bett. Die zweite Affenbande, die wir treffen, ist aber nicht zu übersehen. Der Größte von ihnen, wahrscheinlich der Boss, springt mich plötzlich an und verfolgt uns noch einige Minuten. Ich halte ihn mit meinem Handstativ auf Abstand, während ich einhändig versuche, das Fahrrad auf der Spur zu halten. Ein paar der Affen folgen ihrem Boss. Sie wirken ein bisschen weniger aggressiv und beinahe so, als würden sie uns auslachen. Irgendwann haben wir die Bande abgeschüttelt und freuen uns darüber, dass die Kamera auf dem Stativ angeschaltet war und die Verfolgungsjagd eingefangen hat.

Kurz darauf lichtet sich der Wald, und die Straße führt uns in eine hügelige trockene Graslandschaft. Nach der Dichte im Dschungel ist es angenehm, ein bisschen weiter gucken zu können. Gerade als wir entscheiden, in die Pedale zu treten, weil es bald dunkel wird, entdecken wir circa 50 Meter neben dem Weg eine Elefantenherde auf einer Wiese. Sprachlos halten wir an und staunen. Es gibt nur noch uns und die Elefanten, die sich im Schlamm suhlen. Durch die Beine der Dickhäuter erspähen wir sogar Nachwuchs. In meinem Kopf überschlagen sich die Gedanken, und gleichzeitig bin ich ganz ruhig. Ein unglaublicher Moment und eine Belohnung für all die tristen Tage, die ich schon hinter mich gebracht habe. Nach einer halben Stunde setzen sich die Elefanten langsam in Bewegung, um die Straße zu überqueren. Wir sind gute zehn Meter von ihrem Pfad entfernt und halten die Kamera drauf. Plötzlich rennen die beiden größten Bullen in einer unglaublichen Geschwindigkeit auf uns zu und blasen uns mit ihren Rüsseln ein extrem lautes »Torööö« entgegen. »Nichts wie weg hier«, denke ich und renne los, dicht gefolgt von Anselm. Zum Glück kommen wir mit einem Schock davon, die beiden Dickhäuter lassen von uns ab. Ich hatte selten so eine Angst, und das wirklich unglaublich laute Getröte hat seine Aufgabe erfüllt: uns zu erschrecken. Die Elefanten wollten wahrscheinlich einfach ihre Jungen beschützen. Nach der lautstarken Warnung überqueren sie knappe fünf Meter von uns entfernt friedlich die Straße und verschwinden.

Als wir wenig später in völliger Dunkelheit im Park Office ankommen, wartet schon der nächste Schreck. Unsere Hoffnung, hier endlich auf einen Geldautomaten zu stoßen, bestätigt sich leider nicht. Alle Bungalows und Zimmer im Park sind ausgebucht, und der Campingplatz kostet zwei Euro pro Person. Abendessen fällt also aus, der kleine Verpflegungsstore ist aber sowieso schon zu. Ich bin total erleichtert, dass ich mein Zelt nicht heimgeschickt habe, wie eigentlich geplant, denn sonst hätten wir jetzt ein Problem. Mit einem mulmigen Gefühl suchen wir den Weg zum Campingplatz. Nur die Fahrradlampen beleuchten einen kleinen Streifen Schotterpiste, um uns herum ist völlige Dunkelheit. Vermutlich von Kobras, Affen, Elefanten und anderen hier freilaufenden Tieren beobachtet, erreichen wir den Campingplatz gegen 19 Uhr. Während ich das Zelt aufbaue, fragt Anselm die anderen Camper nach einer Essensspende. Die Ausbeute: eine halbe Tüte Chips, ein Apfel und eine Banane. Ein ziemlich karges Abendmahl nach so einem anstrengenden Tag. Die asiatische Sonne darf man wirklich nicht unterschätzen, ich bin erschöpfter als nach Radtagen, an denen wir das Dreifache der heutigen Strecke zurückgelegt haben. Aber auch die Steigung hat Kraft gekostet. Wenigstens gibt es auf 800 Metern keine Mücken. Unsere Kniffelrunde fällt aus, weil mein Kreuz zu sehr schmerzt, um zu sitzen. Da unsere Beschäftigungsmöglichkeiten durch die Dunkelheit begrenzt sind, legen wir uns früh ins Bett. Zum ersten Mal stört mich Anselm nicht in meiner Ruhe, um über seinen Tag und seine Gefühle zu sprechen. Wir sind beide in Gedanken versunken. Eigentlich kommen wir relativ gut miteinander aus, ich bin gespannt auf die nächste Zeit. Gemeinsam lauschen wir dem Dschungel um uns herum. Neben unserem Zelt hat es sich ein Stachelschwein bequem gemacht. Wie laut Stille sein kann. Hier ein Knacksen, dort ein Grunzen. Eine ein bisschen gruselige, aber vor allem einschläfernde Geräuschkulisse, die nur durch ein Magenknurren ab und an unterbrochen wird. Ich hatte eine schlaflose Nacht neben dem langen Hampelmann erwartet, aber er ist überraschend ruhig. Kurze Zeit später bin ich eingeschlafen.

Am nächsten Morgen weckt mich der Hunger. Ein schreckliches Gefühl, schlechte Laune ist vorprogrammiert. Ohne Kaffee, aber dafür mit einem Becher Fertignudeln vom Park Office im Magen, bauen wir unser Zelt ab. Noch dazu habe ich nur noch nasse oder dreckige Klamotten. Ich wähle das kleinere Übel und werfe mir ein stinkendes T-Shirt über. Heute geht es nur bergab, darauf haben wir uns gestern schon gefreut. »Das darf doch wohl nicht wahr sein«, entfährt es mir ein paar Minuten nachdem wir losgefahren sind. Wir stehen vor einem Anstieg. »So eine Scheiße«, flucht Anselm. »Ich dachte, wir sind auf dem höchsten Punkt.« An manchen Tagen können einem auch solch kleine Dinge die Motivation nehmen. Nach zehn Kilometern haben wir es aber geschafft, und die Aussicht ist unsere Belohnung. Vor uns erstrecken sich dichtbewachsene, dunkelgrüne Hügel, über denen dünne Nebelschwaden aufziehen.

Die nächsten 20 Kilometer geht es bergab durch den Dschungel. Sobald wir rollen, tauchen wir in eine andere Welt ab. Außer dem dichten Grün um uns herum ist nichts zu sehen, das laute Vogelkreischen und -zwitschern kann ich nicht orten, es kommt von überall. Wir flitzen mit fast 60 km/h die Serpentinen herunter, und das ohne Helm. Wenn das Oma wüsste, denke ich. Wieder verfolgt uns ein Affe, aber dieses Mal sind wir viel schneller außer Reichweite, weil es bergab geht. Wir lachen ihn aus, was er wiederum nicht so lustig findet. Wir hören sein Gezeter noch, als wir schon hinter der Kurve verschwunden sind. Unten angekommen, herrscht ein ganz anderes Klima. Es ist nicht mehr so feucht, dafür aber wahnsinnig heiß. Der Schweiß tropft mir immer wieder in die Augen. »Das brennt wie Sau!«, schimpfe ich vor mich hin. Auch der Hunger ist langsam nicht mehr auszuhalten, und ohne Kaffee werde ich bekanntlich zum Muffel. Hinzu kommt noch die Filmarbeit. Alles doppelt zu fahren, macht heute noch weniger Spaß als sonst. Ich fluche vor mich hin, während ich die Kamera aufstelle und zurück zum Fahrrad laufe.

Etliche »Wie weit noch?«, »Hast du noch Wasser?«, »Kannst

du noch?« von Anselm und 40 Kilometer später endlich ein Geldautomat. Wir fallen mit unseren Scheinen über den nächsten Fressstand her. Nach der unbeabsichtigten Fastenzeit schmeckt das Reisgericht köstlich. Schon lachen wir wieder über unsere Naivität, und die schlechte Stimmung ist vergangen. Über die Hauptstraße fahren wir, vorbei an Reisfeldern mit riesigen Rindern, nach Prachin Buri, eine leider sehr industrielle, hässliche Stadt. Wir machen uns trotzdem auf die Suche nach einem Zimmer. Nachdem wir schon eine Weile herumgeirrt sind und etliche Leute nach Hotels befragt haben, hält ein Auto mit einer thailändischen Familie vor uns an.

Das junge Ehepaar mit Kind versteht nicht auf Anhieb, was wir mit »Hotel« meinen, aber nachdem wir mit Händen und Füßen erklärt haben, dass wir auf der Suche nach einem Schlafplatz sind, bedeuten sie uns zu folgen. Plötzlich fängt es an, wie verrückt zu schütten. Anselm hat so etwas noch nie erlebt und guckt verblüfft umher. Die Menschen, an denen wir vorbeikommen, verstehen die Welt auch nicht mehr, weil wir bei dem Wetter fahren und auch noch Spaß dabei haben. Siedend heiß fällt mir ein, dass meine Kamera ohne Tasche auf dem Gepäckträger klemmt. Zum Glück ist mir das gerade noch rechtzeitig eingefallen. Nachdem ich mich vergewissert habe, dass sie noch funktioniert, verstaue ich sie wasserdicht in meiner Satteltasche. Im Guesthouse angekommen, geht die Familie mit uns an die Rezeption und sorgt für einen guten Preis. Wir bedanken uns, so gut es ohne gemeinsame Sprache geht, für die Hilfsbereitschaft. »Schade, dass wir gar nichts über sie erfahren können«, bemerkt Anselm. »Ja, ich hätte sie auch gerne näher kennengelernt, sie waren mir echt sympathisch.«

Auf dem Zimmer schälen wir uns aus unseren nassen Sachen und starten erst mal eine Kleiderwaschaktion. Mit einem Tuk-Tuk fahren wir danach zu einem Food-Court. Das sind kleine Fressmeilen, auf denen sich eine Bude an die nächste reiht. Bei Suppe und Green Curry ist Routenplanung angesagt. In zwei

Mein schwer bepackter Drahtesel – noch mit Hänger

Berge in Osteuropa – irgendwann geht's zum Glück auch wieder runter

Straßenbekanntschaften in der Türkei mit meinem Dad

Anstieg im Dschungel Thailands bei 40 Grad

Wilde Elefanten im Khao Sok Nationalpark

Überschwemmung in Kambodscha

Sonnenaufgang über Angkor Wat

Touristen im Regen

Auszeit in Thailand auf den Four Islands

Endlich eine Lösung gegen Sonne, Staub, Abgase und giftige Dämpfe durch Müllverbrennung

Weihnachten in Chiang Mai

Zeltplatz im Paradies

Chinatown auf Penang

Das beste Butter Chicken der Welt

Selima in den Hügeln von Neuseeland

Der Champagne Pool im Thermalgebiet Wai-o-tapu

Vor dem Lake Alexandrina auf der Südinsel von Neuseeland

Traumhafte Natur

Allabendliches Kochen

Die Golden Gate Bridge in San Francisco

Begrüßung von Dad bei meiner Ankunft

Endlich wieder zu Hause...

Tagen läuft mein Visum aus, bis dahin müssen wir in Kambodscha sein, aber wenn nichts schiefgeht, sollte das gut zu schaffen sein. Nach unserer Kniffelrunde liegen wir im Bett, und ich schlafe sofort ein.

»Bei so einem Regen können wir nicht fahren«, weckt mich Anselm, noch bevor das blecherne Intro von The XX als Weckruf aus seinem Handy ertönt. Tatsächlich schüttet es wie aus Eimern. Eigentlich wollten wir unterwegs ein Café suchen, doch in der Hoffnung, dass der Regen bald aufhört, frühstücken wir im Guesthouse. Leider werden wir nicht erhört. Im Regen loszufahren, ist wahnsinnig demotivierend für mich. Damit sich mein T-Shirt gar nicht erst vollsaugen kann, lasse ich es weg und fahre oberkörperfrei. Nach ein paar Kilometern müssen wir anhalten. Die gesamte Straße steht einen halben Meter hoch unter Wasser. Auch rechts und links haben sich die Felder in einen See verwandelt. Wir fahren trotzdem weiter, und unsere Laune bessert sich, weil es auf einmal riesigen Spaß macht. Bei jeder Pedalumdrehung taucht mein Fuß tief ins Wasser. Auf diese Art werden vielleicht auch endlich meine Schuhe sauber. Anselm hat sich Tüten um die Schuhe gebunden und trippelt vor und zurück, um vorwärtszukommen, anstatt in die Pedale zu treten, damit seine Füße nicht ins Wasser eintauchen. Zum Schreien komisch sieht das aus.

Wir lachen uns kaputt, bis wir den ersten Locals begegnen. In Booten fahren sie durch ihre Felder und betrachten das Ausmaß der Katastrophe. Was für uns ein wahnsinniges Erlebnis ist, ist für sie bitterer Ernst. Die Felder und Äcker im Großteil des Ostens von Thailand bis hin zum gesamten Westen Kambodschas sind überflutet. Der Regen beraubt die Einheimischen ihrer Ernte und damit oft ihrer einzigen Einnahmequelle. Dennoch blicken wir nie in traurige Gesichter. Überall werden wir angelächelt und gegrüßt, und ich spüre, dass das von Herzen kommt. Die Menschen hier wirken trotz der Naturkatastrophe und ihrer Armut zufrieden. Nachdem ich so lange Zeit unterwegs bin, wird mir zum ersten Mal so richtig bewusst, wie gut es uns in Deutschland eigentlich geht. Größtenteils unbehelligt von Naturkatastrophen in diesem Ausmaß leben wir in einer großen Sicherheit. Verrückt, dass man das erst merkt, wenn man so weit von zu Hause entfernt ist. Es ist eben doch ein Unterschied, ob man etwas in den Nachrichten oder mit eigenen Augen sieht. Ich hoffe, ich kann mir die Dankbarkeit, die ich gerade empfinde, noch lange bewahren.

Der Regen lässt an diesem Tag nie wirklich nach, stört nach einiger Zeit aber auch gar nicht mehr.

Ein Auto hält vor uns an, und ein junger Mann beugt sich aus dem Fenster.

»Where you gooo?«, ertönt es in meinem geliebten Akzent.

»Sa Kaeo«, antworte ich und ahme seine lustige Betonung nach.

Und siehe da, zum ersten Mal wird meine Aussprache auf Anhieb verstanden! Der Mann wünscht uns »Good luck«, grüßt mit »Swadikaa« und dankt mit »Kap«. Letzteres wird hier oft und gerne wiederholt. »Kap Kap« kann jedoch außer »Danke« auch »Ja«, »Tschüss« und noch einige andere Dinge, die ich noch nicht verstanden habe, bedeuten.

Langsam melden sich unsere Mägen. Zum Glück finden wir nur wenig später ein Bretterbudenrestaurant am Straßenrand. Es gibt keine Speisekarte, und Englisch versteht auch niemand. Deswegen gucken wir uns um, was die anderen Gäste essen. Viel Auswahl scheint es nicht zu geben. Die meisten essen eine Art Suppe mit komischem Glibber drin. Erleichtert erspähe ich vor einer Frau in der Ecke einen Teller mit Reis und roter Soße. Das sieht für mich stark nach rotem Curry aus. Ich zeige drauf, und Anselm reckt zwei Finger in die Höhe und wählt damit das Gleiche. Gespannt warten wir in unseren Plastikstühlen auf das Essen. Der ganze Raum mustert uns neugierig, aber durchaus wohlgesonnen. Eine riesige Portion dampfender Reis kommt zuerst. Die Schalen mit Curry folgen schnell und duften wunderbar. Anselm hat mitgedacht und nimmt nur einen kleinen Löffel, ich hingegen lade mir gleich eine ganze Ladung in den Mund und erschrecke vor der Schärfe. Meine Augen fangen an zu tränen, und Anselm lacht sich kaputt. Recht hat er. Trotz der Schärfe schmeckt das Essen wirklich einmalig. Mal wieder wurden wir für unseren Mut belohnt und fahren mit dem vielleicht besten Essen Thailands im Bauch weiter.

Der Dauerregen zehrt an uns. Als uns, nachdem wir eine Stunde lang im Schneckentempo durch kniehohes Wasser gefahren sind, ein Truck mit 40 km/h überholt, frage ich in Zeichensprache, ob wir uns dranhängen dürfen. Wir halten uns an zwei Seitenstangen hintereinander fest, und der Laster zieht uns 15 Kilometer weit über die Hauptstraße, bis sie wieder einigermaßen befahrbar ist. Mein Rücken schmerzt extrem, aber ich schiebe die Gedanken daran beiseite. Auf flachen Strecken fahre ich inzwischen durchschnittlich 30 km/h. Zu meinem verbesserten Fitnesszustand kommt auch die Gepäckreduktion hinzu, die das Fahren enorm erleichtert. Trotzdem macht es Freude, einen Fortschritt zu bemerken. Ich will wegen des vielen Verkehrs auf der Hauptstraße und aus Angst vor übermüdeten Truckfahrern nicht nebeneinanderfahren, aber Anselm scheint das nicht zu verstehen. Wenn ich bremse, bremst er auch, trete ich dann in die Pedale, beschleunigt er mit. Um Streit zu vermeiden, sage ich nichts. Völlig verdreckt kommen wir in Sa Kaeo an. Das erste Hotel kostet nur vier Euro, ist aber auch eine Nummer zu schäbig. Es liegt einfach nur eine dünne Bastmatte auf dem Boden, da kann sich mein Rücken sicher nicht erholen. Im zweiten Hotel, das wir uns anschauen, gibt es inklusive Frühstück und WLAN ein Zimmer für zehn Euro. Da schlagen wir zu. Abends fahren wir ein bisschen in der Stadt herum, bis wir etwas Essbares finden, und besprechen, mal wieder bei Green Curry und Singha-Bier, wie es weitergeht. Es ist schön, dass wir schon eine gemeinsame Regelmäßigkeit gefunden haben. Das gibt uns in der Fremde Struktur und Halt.

Ich bin gespannt auf Kambodscha und Laos, Anselm möchte unbedingt nach Vietnam. Wir verschieben eine definitive Entscheidung auf später, um Streit zu vermeiden. Im Bett geht die Diskussion dann aber doch weiter. Ich bespreche eigentlich so gut wie nichts im Leben mit anderen Menschen. Das hat keinen wirklichen Grund, ich bin einfach ein eher schweigsamer Mensch, Plaudern ist nicht mein Ding. Wenn es um etwas Wichtiges geht, mache ich es lieber mit mir selbst aus, und wenn ich es doch bespreche, dann mit jemandem, der mir nahesteht. Anselm will jeden Abend mit mir den Tag Revue passieren lassen. Klar, dass das nicht sonderlich gut zusammenpasst. Er kann das nicht so gut verstehen, aber sein Gequatsche geht mir auf die Nerven, also drehe ich mich um und überlasse ihn seinen Gedanken.

Am nächsten Morgen weckt mich Anselm nicht, weil es regnet, sondern wegen des ausbleibenden Regens: »Los steh auf, ich will früh los, keinen Bock, in der Hitze zu fahren.« Mir macht die Hitze nichts aus, ich will dann aufstehen, wann ich möchte. Ist es doch besser, alleine zu fahren? Ich beuge mich seiner Hektik ausnahmsweise, weil heute mein Visum abläuft. Wir fahren einige Stunden lang den tristen Highway entlang und halten erst gegen Mittag an einer Raststätte, wo wir uns im 7-Eleven Croissants und Kaffee kaufen. Die Klingel an der Tür geht los, wenn man sich ihr auf ungefähr acht Meter nähert. Da der ganze Laden nur aus einem relativ kleinen Raum besteht, bedeutet das, dass es pausenlos »Dingdong« macht. Das Croissant ist gar nicht schlecht und der Kaffee hinterher sogar ziemlich gut.

Mittlerweile ist es wirklich extrem heiß. Meine Haut verträgt eigentlich ziemlich viel Sonne und ist jetzt trotz hohem Lichtschutzfaktor in meiner Sonnencreme knallrot. Man spürt, dass die Grenze nicht mehr weit ist. Der Verkehr nimmt stetig zu, und alles ist irgendwie hektischer. Unsere letzten Münzen haben wir für Essen und Trinken ausgegeben und hoffen mal wieder auf einen Geldautomaten an der Grenze. »Kommt da vorne noch ein Restaurant?«, fragt mich Anselm. So eine typische Frage für ihn.

»Woher soll ich das denn wissen?«, antworte ich kopfschüttelnd.

Ein paar hundert Meter vor der Grenze kommen Scharen von Menschen auf uns zu. »Visa Cambodia here«, spricht uns einer von ihnen an. Mir ist das gleich suspekt, aber trotzdem folgen wir ihm in ein Büro. Dort sieht es hochoffiziell aus, und von Anselm werden sogar Passbilder gemacht. So weit, so gut. Die Kosten für ein Visum betragen dann allerdings 1200 Baht – entsprechend etwa 30 Euro, im Internet habe ich etwas von 20 Euro gelesen. Irgendwas ist hier faul. Vor Betrügern an der Grenze wurden wir gewarnt, also täuschen wir eine Geldholaktion vor und fahren direkt an den Grenzübergang. Alle fahren und laufen kreuz und quer hin und her, niemand kann uns eine klare Antwort darauf geben, wo wir hinmüssen. Also stellen wir uns einfach in die Schlange. Die Fahrräder passen leider nicht durch die Personenschranke, also reihen wir uns hinter den Autos ein. Als der Beamte einen Blick auf meine Papiere wirft, der erste Schreck: Ich habe mich im Datum geirrt und hätte gestern schon ausreisen müssen. Das kostet mich zum Glück nur etwa 15 Euro. Das größere Problem ist, dass niemand weiß, wie er mit uns und unseren Rädern verfahren soll. Es werden nach und nach immer mehr Kollegen und Vorgesetzte geholt, die uns ratlos ansehen. Hinter uns wird die Schlange ungeduldig, und einige Autos beginnen zu hupen. Nach endlosen Diskussionen ist es dann aber geschafft.

Vor uns liegt eine staubige Straße, an deren Ende uns ein großes Tor erwartet. Die Straße ist total voll, so dass es unmöglich ist zu fahren. Kleine Planwägen mit Ziegen, Hühnern oder riesigen verschnürten Plastikpaketen versperren uns den Weg. Vor allem aber ist sie voll von Menschen, die hinter sich mit reiner Muskelkraft Holzwagen herziehen, auf denen sich die unterschiedlichsten Dinge wie Reis, Plastikstühle oder Landarbeitsgeräte türmen. Viele von ihnen tragen einen großen spitzen Strohhut, um sich vor der Sonne zu schützen. So einen brauche ich!

Von nahem sieht der Torbogen noch größer aus. Er ist verziert wie ein Tempel und trägt ein riesiges Schild, auf dem auf Khmer und Englisch geschrieben steht: »Kingdom of Cambodia«. Rechts davor steht ein Gebäude mit der Aufschrift »Grenzpolizei«. Anselm und ich schleppen unsere Räder samt Gepäck die Stufen hoch und stellen uns in die Schlange. Wir sind schon ein paar Plätze vorgerückt, als das Militär auf uns aufmerksam wird und fünf Soldaten auf Anselm und mich zusteuern. Sie scheuchen uns regelrecht aus dem Gebäude und sehen dabei nicht aus, als würden sie Spaß verstehen. Also stellen wir die Räder draußen ab und uns selbst noch mal hinten an. Ich bin nervös. Hoffentlich klaut niemand was, geschweige denn das ganze Rad, denn ein Schloss besitze ich nicht. Ungeduldig warten wir in der Schlange und spähen immer wieder hinaus. Alles dauert Ewigkeiten und wirkt auf mich völlig willkürlich. Als wir endlich dran sind, nimmt uns ein Beamter hinter einer Scheibe die Pässe sowie den vorher von uns ausgefüllten Fragebogen mit Passfoto ab und begutachtet alles eingehend. Dann gibt er alles nach hinten weiter, wo an einem Tisch mehrere Männer in ihre Handys glotzen. Nachdem die Dokumente ein paar Minuten unberührt auf dem Tisch liegen, nimmt einer von ihnen sie in die Hand, guckt gelangweilt drüber und legt sie einen Platz weiter nach links vor seinen Nebenmann. Beim Letzten angekommen, drückt dieser, ohne Begutachtung, einen Stempel rein. Der Polizist hinter der Glasscheibe händigt uns die Pässe aus und bedeutet uns zu gehen. Draußen fällt eine riesige Last von uns ab. Wir freuen uns riesig und gönnen uns erst mal ein kaltes Bier im nächsten kleinen Supermarkt. 7-Elevens sehe ich hier nirgendwo, was mich ein bisschen nostalgisch macht. Ich werde Thailand vermissen. Vor allem die netten Menschen überall, die uns immer mit einer kleinen Verbeugung gegrüßt haben, und das leckere Essen. Gleichzeitig bin ich aber total gespannt auf das, was kommt.

In Poipet, der kambodschanischen Grenzstadt, geht die Hektik weiter. Es gibt extrem viel Verkehr, und an jeder Ecke versucht jemand, uns etwas anzudrehen. Wir kommen im erstbesten Guesthouse unter, ohne vorher das Zimmer anzugucken. Das ist meist ein Fehler, aber uns kann heute nichts mehr schocken, auch nicht das Drecksloch von Zimmer, für das wir immerhin zehn Euro hinblättern. Dafür haben wir Wifi und sogar eine Klimaanlage. Nachdem wir den ganzen Staub von uns abgewaschen haben, der als braune Brühe an meinen Beinen herunterfließt, ziehen wir los, um die kambodschanische Küche zu testen. Meine Birkenstock müssten mal wieder eingeweicht werden, aber ich habe kein Paar mehr zum Wechseln dabei, seitdem ich meine Turnschuhe verloren habe. Selima bringt mir aber ja zum Glück neue nach Siem Reap mit. Im Restaurant treffen wir auf einen interessanten Mann und unterhalten uns lange mit ihm. Soweit ich ihn verstehe, heißt er Hoang-Phang, ist gebürtiger Vietnamese und war schon siebenmal im Gefängnis. Warum, verstehen wir leider nicht, aber dafür erzählt er uns viel über die Verhältnisse im Gefängnis. Es gebe nur sehr sporadisch Essen, manchmal hätte er tagelang nichts bekommen. Gleichzeitig werde man behandelt wie ein Sklave und müsse harte Arbeit verrichten. Deswegen sterben viele Menschen an Unterernährung und Überlastung. Auch weil sie anfällig für Krankheiten werden und die Hygieneverhältnisse unterirdisch seien. Ob es an den Geschichten liegt oder am Hühnchen, das fast nur aus Knochen besteht, weiß ich nicht, jedenfalls bekomme ich kaum einen Bissen herunter.

Nach einer schlaflosen Nacht stehe ich mit noch stärkeren Rückenschmerzen auf, als am Abend zuvor. Das pausenlose Ziehen im Muskel macht mich hektisch und frustriert enorm, weil ich nichts dagegen tun kann. Da muss ich jetzt wohl durch. Beim Auschecken will der Rezeptionist ein Foto mit uns machen und sagt: »Your bicycle is best friend I can see.« Lachend verabschieden wir uns und machen uns auf den Weg.

Es sind 37 Grad im Schatten mit dem kleinen, großen Problem, dass es leider weit und breit keinen Schatten gibt. Von der Strecke erwarte ich auch nicht allzu viel, es soll über die Hauptstraße nach Siem Reap gehen. Bei 50 Grad und mit starken Rückenschmerzen ziehe ich mich in meinen Tunnel zurück, um überhaupt voranzukommen. Ich blende alles um mich herum aus und blicke nur auf die Straße vor mir. Dabei verliere ich auch völlig das Zeitgefühl. Es kommt mir vor, als wären schon mehrere Stunden vergangen. Doch ein Blick auf den Radcomputer sagt mir, dass erst 20 Minuten um sind. Auch der fehlende Ständer nervt jedes Mal, wenn wir für eine Pinkelpause oder etwas zu essen anhalten. Dafür ist die Strecke spannender als gedacht. Ich habe noch nie so viele Kinder auf einem Haufen gesehen! Die meisten sind in Schuluniformen unterwegs, und immer wieder rennen uns einige von ihnen hinterher. Ihr glockenhelles Lachen ist ansteckend, und überall schreien sie uns mit hohen Kinderstimmchen »Hellooooo« oder »How youuu?« zu. Die Kambodschaner haben es schon in kurzer Zeit geschafft, mir genauso sympathisch zu sein wie die Thailänder.

Mein Kreuz spielt leider wirklich nicht mehr mit, aber Pausen machen es nicht besser. Anselm spendet mir netterweise zweieinhalb Stunden lang Windschatten, bis wir in Sisophon ankommen, der Hauptstadt der Provinz. Dort geht dann gar nichts mehr. Ich kann meine Arme nicht mehr oben halten und auf keinen Fall weiterfahren. Busse fahren nicht, weil die Straße überflutet ist, also nehmen wir für 20 Dollar ein Taxi. Pick-ups sind nicht aufzutreiben, und uns bleibt nur die Wahl zwischen mehreren gleich kleinen und alten Schrottkarren. Die ganze Aktion ist wahnsinnig unterhaltend, weil sieben Leute versuchen, unsere beiden Räder in einem Minikofferraum unterzubekommen. Mit gefühlt hundert Seilen werden sie befestigt, und ab geht die Fahrt. Hoffentlich geht das gut! Wegen meines mulmigen Gefühls trage ich alles wertvolle bei mir im Auto, auch wenn das bedeutet, dass ich die Beine nicht ausstrecken kann. Der Fahrer ist ziemlich cool, wir erklären ihm mit Händen und Füßen, was wir vorhaben, und gehen mittags zusammen mit ihm Fried Rice essen. Die Straßenverhältnisse werden schlechter, überall sind Schlaglöcher. Wenn man da mal im falschen Moment zu lange auf sein Navi guckt, liegt man schnell auf der Nase, ich werde aufmerksamer fahren müssen. Wir lassen uns mitten auf der Straße rausschmeißen und checken in das nächste Hostel ein.

Siem Reap ist nach Bangkok zum ersten Mal wieder eine richtige Touri-Stadt. Die Mehrheit der Bevölkerung ist jedoch völlig verarmt, und es gibt viele Straßenkinder. Ob die Kinder obdachlos sind, kann ich nicht erkennen, allerdings ist klar, dass es ihnen nicht sonderlich gutgehen kann. Ich denke an meinen eigenen Kinderwunsch. Er wird mit den Jahren immer stärker, die Vorstellung, eine Familie zu gründen, macht mich unfassbar glücklich. Schon lange spiele ich mit dem Gedanken, zusätzlich zu eigenem Nachwuchs ein oder mehrere Kinder zu adoptieren, denen es nicht so gutgeht wie uns. Darin werde ich heute bestärkt, aber es macht hilflos, dass man trotzdem nicht jeden »retten« kann. Viele von den Kindern versuchen uns etwas zu verkaufen. Vorbeigehen bringe ich nur schwer übers Herz, aber hier sind einfach zu viele Bedürftige, als dass man allen etwas geben kann. Auch kann man nie wissen, ob es förderlich ist, die Kinder in ihrer Bettelei zu unterstützen, indem man ihnen Geld gibt. Ich kaufe trotzdem Dutzende Armbänder und Souvenirs, die ich nicht brauche, und muss sehr stark mit mir kämpfen, das Elend dieser kleinen Menschen hier nicht zu nah an mich heranzulassen.

Unter den vielen Touristen würden wir ohne unser Fahrrad nicht auffallen, in den letzten Städten, die wir durchquert haben, war das noch anders, weil wir oft die einzigen Weißen waren. Das Gewimmel wird mir bestimmt bald zu anstrengend, aber im Moment tut es auch mal gut, unter Menschen zu sein. Anselm und ich haben uns wieder etwas angenähert. Er hat nicht einmal wegen des Taxis gemeckert und sorgt sich stattdessen um meinen Rücken. Ich beziehe ihn mehr in die Planung ein, und das sogar gerne. Eine Ruhepause in Siem Reap wird nötig sein, da sind wir uns einig. Abends kniffeln wir bei Pommes, Sandwich und Bier in einer Bar und haben richtig Spaß miteinander. Ist ja auch ein lustiger Kerl, der lange Anselm, den man nur selten ohne seine riesigen Kopfhörer zu Gesicht bekommt.

Meinem Rücken hat es gutgetan, dass wir zum ersten Mal seit einer Woche ausgeschlafen haben. Für heute hat uns ein riesiges 5-Sterne-Boutique-Hotel eingeladen. Dafür fahren wir circa fünf Kilometer aus der Stadt in Richtung Tonlé Sap, einem riesigen Salzsee in der Nähe. Die Straßen sind ungeteert und voller riesiger Schlaglöcher, die mit Wasser gefüllt sind. Völlig verschwitzt kommen wir im Hotel an, als wären wir den ganzen Tag gefahren. Da kommt uns der Luxus, der uns erwartet, gerade recht. Wir baden im Pool und entspannen einfach mal ganz in Ruhe. Heute landet Selima in Bangkok. Über Land wird sie sich dann mit Bussen durchschlagen und morgen bei uns ankommen. Anselm würde gerne die nächsten Schritte genau planen, aber ich möchte mir getreu meinem Motto »Weniger Planung, mehr Flexibilität« alles offenhalten. Wir einigen uns auf einen Mittelweg und planen die nächsten Tage grob. Wir entscheiden, vorerst eine Fahrradpause einzulegen, um meinen Rücken zu schonen. Da Selima kein Fahrrad hat, passt das ganz gut, und die Tempelanlagen zu besichtigen dauert sowieso mehrere Tage.

Abends im Bett ist die gute Stimmung schon wieder dahin. Ich gucke einen Film, und Anselm will schlafen. »Mach bitte aus jetzt!«, fährt er mich an. Dabei dauert der Film nur noch 15 Minuten, und es ist gerade richtig spannend. »Du hast echt einen Totalschaden«, motze ich zurück und mache aus, weil ich keinen Bock auf Diskussionen habe.

Nach einem überragenden Frühstück mit Crêpes und meinem persönlichen Highlight, einem Wassermelonensaft, fahren wir in die Innenstadt ins Mad Monkey Hostel. Dort herrscht dann das Kontrastprogramm zu unserem Luxushotel. Es scheint ein Partyhostel zu sein, denn alle besaufen sich schon mittags, und am Pool laufen in wahnsinniger Lautstärke die Charts rauf und runter. Anselm ist total genervt von den Leuten und schmollt mit Kopfhörern auf den Ohren. Wer nicht hören will, muss fühlen… ich habe ihm vorher gesagt, dass man immer nur eine Nacht buchen sollte, jetzt müssen wir da eben durch, denn er hat für mehrere Übernachtungen reserviert. Auch ich habe eigentlich keine Lust auf schlaflose Nächte und grölende Besoffene, aber ich halte es wie ein Chamäleon und passe mich an die Situation an. Diese Fähigkeit ist mir wichtig, um mich trotzdem noch an allem freuen zu können, wenn ich zwischen Zeltnächten und Luxushotels hin und her wechsele. Da wir warten müssen, bis wir einchecken können, öffne ich mir erst mal eine kalte Limo und freue mich auf Selima. Das Zimmer ist total dreckig und die Wände schimmeln, aber da es draußen schüttet und mein Muskel schon wieder dichtmacht, lege ich mich ein bisschen aufs Bett.

Abschied und neues Glück

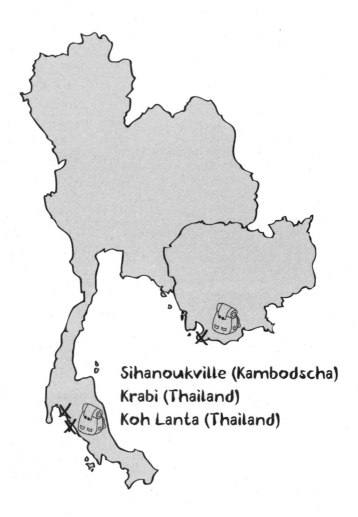

Sihanoukville (Kambodscha)
Krabi (Thailand)
Koh Lanta (Thailand)

Ich muss wohl eingeschlafen sein, denn plötzlich fahre ich vor Schreck hoch, weil es blitzt. Selima steht völlig durchnässt mit ihrem Rucksack vor mir und schießt ein Foto. Sie ist 19, hat hellbraune kurze Haare und von ihrem algerischen Vater einen dunklen Teint und dunkelbraune Augen geerbt.

»Na, das ist ja mal 'ne Begrüßung, du Faulpelz«, lacht sie und hievt ihren riesigen Rucksack von den Schultern. Endlich ist sie da, ich bin sofort verliebt.

Total verschlafen antworte ich: »Komm her«, und strecke meine Arme aus.

Nach einer kurzen Dusche kommt sie dann auch wirklich zu mir gekrabbelt. Sie ist seit Stunden auf den Beinen und durch die Hitze und den gleichzeitigen Dauerregen total erschöpft. »Wie bist du überhaupt reingekommen? Und wo ist Anselm?«, frage ich noch und bin schon wieder eingenickt. Arm in Arm ruhen wir uns aus, es ist verrückt, wie selbstverständlich sich das anfühlt. Irgendwann kommt Anselm rein: »Da bist du ja, Selima! Wie kann es denn sein, dass ich dich verpasst habe?« Er hatte am Empfang auf sie gewartet, muss aber anscheinend genau in dem Moment, in dem sie angekommen ist, auf Toilette gewesen sein. Die beiden umarmen sich und unterhalten sich von Bett zu Bett, während ich ein bisschen an meinem Blog schreibe. Es fühlt sich an, als würden wir uns schon seit Jahren kennen.

Abends machen wir uns zu dritt auf den Weg zur Rooftopbar des Hostels. Dort sitzt am einzigen freien Tisch ein Typ und liest. Als wir fragen, ob wir uns dazusetzen dürfen, ist das Buch schneller zugeschlagen, als wir gucken können, und John, ein Brite, bestellt die erste Runde Bier. Er hat sich ein Jahr Auszeit genommen, um die Welt zu bereisen, und freut sich über unsere Gesellschaft. Ich unterhalte mich ewig mit ihm, und wir bestellen ein Bier nach dem anderen. Währenddessen kümmert sich Selima uns gegenüber auf der Couch um Anselm, der anscheinend Frauenprobleme hat. Ich bin froh, dass sie mir die Gespräche über seine Gefühlswelt abnimmt, denn im Moment ist es mir zu viel, mich mit seinen Problemen zu beschäftigen. Ich freue mich aber, dass er jemanden hat, der ihm zuhört.

Ab und zu gucken Selima und ich uns an und lächeln. Es macht Spaß, dass wir uns beide nicht umeinander bemühen. »Wie lange seid ihr eigentlich schon zusammen?«, fragt mich John plötzlich. Dabei haben wir uns nicht berührt und seit bestimmt zwei Stunden kein Wort gewechselt.

»Guess!«, fordere ich ihn auf zu raten.

»Mhh, ich würde sagen, ungewöhnlich lange, dafür, wie jung ihr seid. Wobei ihr auch noch ziemlich verliebt seid... So circa fünf Jahre?«

»Whaaat?« pruste ich, bekomme einen Lachanfall und antworte, dass wir uns bis heute erst ein Mal gesehen haben.

»Neeee, das glaub ich nicht! Darauf müssen wir trinken!«, ruft er und bestellt die nächste Runde.

Die nehmen wir mit zur Tischtennisplatte, die mitten in der Bar thront und an der Beer-Pong gespielt wird, ein Trinkspiel, bei dem Ping-Pong-Bälle in Becher auf der gegenüberliegenden Seite geworfen werden müssen und in dem ich seit meinem Auslandsjahr in Amerika geübt bin.

Wir fordern die Sieger des letzten Turniers heraus und gewinnen haushoch, dann kommen Anselm und Selima dazu. Anselm will unbedingt mit mir spielen, damit wir als Team »gemeinsam« etwas erreichen. Das klappt weniger gut, denn John und Selima besiegen uns, und sie freut sich riesig, während Anselm versucht, sich seine Enttäuschung nicht anmerken zu lassen. Zwischen zwei Partien bekomme ich meinen ersten, fast beiläufigen Kuss von Selima, und irgendwann wird das Bier auf der Platte durch eine Wodka-Redbull-Mischung ersetzt. Meine Zielkraft lässt deutlich nach, und alles dreht sich. Bier kann ich literweise trinken, aber bei hartem Alkohol bin ich bekanntermaßen verloren. Nach einer weiteren Runde von Kurzen ist bei mir Game over. Mit dem Kopf auf Selimas Schoß liege ich auf der Couch und versuche so weit nüchtern zu werden, dass ich ins Bett gehen kann. »Komm, trink mal ein Glas Wasser«, sagt John und hält mir eins vor die Nase.

»Willl niiiich«, antworte ich und mache wieder die Augen zu.

»So, Felix, wollen wir doch mal gucken, wer schneller trinken kann«, sagt Selima zu mir.

»Schaffst du nie«, antworte ich und richte mich auf.

Mein Glas ist so schnell weggekippt, dass ich gar nicht gemerkt habe, dass sie keins in der Hand hält. Die anderen lachen sich kaputt, und ich entscheide, jetzt ins Bett zu gehen.

»Ich trinke nie wieder auch nur einen Schluck Alkohol«, schwöre ich am nächsten Morgen mal wieder und ernte nur großes Gelächter. Mit einem Riesenkater kämpfe ich mich aus dem Bett, und wir suchen etwas zum Frühstücken. In der Straße vorm Hostel ist viel los, aber auf den ersten Blick sehe ich kein Café. Wir steuern das Restaurant nebenan an, gucken von draußen auf die Karte, entdecken aber nur salzige Gerichte. Es besteht eigentlich auch nur aus Plastikstühlen und einem Hinterraum, der aussieht, als werde dort gekocht und geschlafen. Selima und ich haben gerade direkt gegenüber eine Art Bäckerei erspäht, als Anselm ins Restaurant geht und den Besitzer anspricht: »Do you serve breakfirst?«, aber der arme Kerl starrt ihn nur ahnungslos an. »Breaaaakfiiiiirst«, wiederholt er langsam und doppelt so laut und fügt dann hinzu: »What do you eat in the morning?« Der Besitzer guckt ihn kurz an, als hätte er noch nie eine so dumme Frage gehört, um ihm dann lapidar zu antworten: »Fried rice chicken??« Selima und ich brechen in Gelächter aus, und auch Anselm kann sich nicht mehr halten. Zum Glück finden wir gegenüber in der Bäckerei die leckersten Schokocroissants seit langem.

Nachdem wir gegessen haben, machen wir uns auf den Weg zurück ins Hostel, um uns ein Tuk-Tuk zu organisieren, das uns nach Angkor bringt. Das ist nicht weiter schwer, denn vor unserem Hostel warten bereits fünf Fahrer. »Wir wollten doch mit dem Fahrrad fahren«, sagt Selima und guckt mich verwundert an.

»Wie meinst du? Wohin?«, frage ich.

»Na, gestern Abend haben wir mit John ausgemacht, dass wir alle zusammen mit dem Fahrrad nach Angkor fahren und dort dann auch von Tempel zu Tempel. Ich glaube einmal rum sind es circa 30 Kilometer«, erzählt sie mir.

»Das sind 30 Kilometer zu viel für meinen Brummschädel«, antworte ich und handele mit dem Tuk-Tuk-Fahrer Mr. Va aus, dass er uns für 12 Dollar die Tempel zeigt.

Ich kann mich an nur sehr wenig von gestern erinnern, das ist mir schon lange nicht mehr passiert. Anselm und ich warten draußen, während Selima John wecken geht. Eine Minute später ist sie mit ihm zurück, denn er hat schon seit einer halben Stunde an der Rezeption auf uns gewartet. »Na, wir haben doch gesagt, um halb zehn geht's los«, grinst er uns an. Verdammt trinkfest die Engländer.

Das Tuk-Tuk holpert über schlechte Straßen und durch dichten Dschungel nach Angkor, und ich muss höllisch aufpassen, dass ich mich nicht übergebe. Alleine wäre ich einfach liegen geblieben, aber Selima hat nur zehn Tage in Kambodscha, also reiße ich mich zusammen. Sie hat den ganzen Tag gute Laune und freut sich über alles, was sie entdeckt. »Guck mal!«, ruft sie und strahlt, als wir an einem kleinen Äffchen im Wald vorbeiknattern. Am Eingang entscheiden wir uns für einen Drei-Tages-Pass, um möglichst viele der Tempel besichtigen zu können. 40 Dollar sind ganz schön viel, aber schon nach wenigen Metern merken wir, dass es sich lohnt. Mr. Va ist nicht nur unser Fahrer, sondern erzählt uns viele interessante Dinge über die Gegend. Angkor heißt wörtlich übersetzt »Stadt«, und heute ist damit die ganze Region gemeint, in der früher die Khmer lebten. Auf einem Gebiet von rund 200 Quadratkilometern haben sie nach und nach mehrere große Städte errichtet, in deren Mitte immer ein großer Tempel stand. Die Städte sind mit der Zeit verschwunden, und verteilt im dichten Dschungel stehen nur noch die Tempel, die bis heute instand gehalten werden, nur, damit man sie besichtigen kann. Wir beginnen mit Angkor Wat, der größten Tempelanlage der Welt. Va lässt uns direkt davor raus und zeigt uns, wo wir ihn finden können, wenn wir fertig sind. Selima und John laufen freudig vor, während ich einem kleinen Jungen erst mal eine Flasche Wasser abkaufe. Dann treffe ich auf die anderen, die überwältigt stehen geblieben sind. Jetzt bin auch ich beeindruckt, trotz Kater. Der Tempelkomplex ist monumental groß und gleichzeitig ausgearbeitet bis ins kleinste Detail. Während wir die Anlage durchkämmen, gehen mir viele Fragen durch den Kopf. Wie war es hier wohl früher? Wer lebte hier? Wieso gibt es eigentlich noch keine Zeitreise?

Überall sind Steine, aber trotzdem wird es nie langweilig, denn sie sind alle aufwendig verziert. »Das muss Ewigkeiten gedauert haben!«, sage ich zu Seli und gebe ihr einen Kuss. Ich habe großen Respekt davor, dass die Khmer damals ohne Maschinen gearbeitet haben, und es ist ein überwältigendes Gefühl, hier zu stehen. Als wir rauskommen, wartet Mr. Va in einer Hängematte, die er quer durch sein Tuk-Tuk gespannt hat. Ich würde da überhaupt nicht reinpassen und Anselm erst recht nicht, aber die Kambodschaner sind fast alle extrem klein. Im Laufe des Tages fährt uns Va von Tempelanlage zu Tempelanlage und wartet jedes Mal auf uns. Die Entfernungen sind ziemlich groß, und ich bin froh, dass ich nicht radeln muss. Ich bin mir sicher, dass es mir mein Rücken danken wird. Angkor Wat ist tatsächlich mit Abstand der größte Tempel, aber auch die anderen beeindrucken mich. In einem, der umgangssprachlich Jungle Temple genannt wird, erobert die Natur langsam alles zurück. Die Anlage ist völlig durchwachsen von Bäumen mit teilweise riesigen Baumstämmen, deren Wurzeln sich um die Steine wickeln. Ein Guide erklärt einer Gruppe Chinesen, dass die Bäume und Steine untrennbar miteinander verbunden seien, da sie sich gegenseitig stützen würden. Diese Abhängigkeit kann man irgendwie spüren, der Tempel strahlt eine große Kraft aus.

Die tägliche Regenstunde beginnt heute nicht so plötzlich wie sonst. Im Nieselregen suchen wir Va, der uns vorschlägt, etwas essen zu gehen, solange es regnet. Auf der Fahrt streckt Selima ihren Kopf lachend in den Fahrtwind und wird dabei klitschnass. »Sie hat alles, was ich mir immer gewünscht habe«, denke ich, während ich ihr dabei zuschaue. Mittlerweile schüttet es wie aus Eimern, und auch wir anderen sind nach der circa drei Meter langen Strecke zum Restaurant völlig durchnässt. Gestärkt machen wir uns nach dem Essen auf den Weg zum letzten Tempel für heute. Dort angekommen, entdecken wir große Gesichter in Stein gemeißelt, die man nur sieht, wenn man ganz genau hinschaut. Der eher kleine Tempel ist in die Höhe gebaut. Winzige Treppenstufen schrauben sich in die Höhe. Nicht mal fußbreit sind sie, also müssen wir auf Zehenspitzen hinaufgehen. Von oben hat man dann einen wunderschönen Blick auf den umliegenden Dschungel. Wieder unten, kann es mir aber gar nicht schnell genug gehen, bis wir endlich im Hostel sind, denn mir ist schon wieder schlecht. Als wir ankommen, empfiehlt uns Va früh aufzustehen, um die Sonne über Angkor Wat aufgehen zu sehen. Das hört sich gut an, also verabreden wir uns mit ihm um Viertel nach vier vor dem Hostel. Ich als Morgenmuffel gehe früh ins Bett, an Bier ist heute sowieso nicht zu denken. Um neun Uhr knipst Anselm das Licht aus.

Ich wache noch vor dem Wecker auf. Ein schreckliches Gefühl, wenn man weiß, dass er gleich klingeln wird. Seli grummelt im Schlaf vor sich hin, als ich Anstalten mache aufzustehen, also kuschele ich mich noch mal für fünf Minuten zu ihr.

Draußen wartet Va schon auf uns. Vor dem Tempel gibt es

kleine Kaffeewägen, die auch Croissants verkaufen. Mit Frühstück eingedeckt, stehen wir in der Dunkelheit vor dem See, der uns vom Tempel trennt, und warten auf die Sonne.

Mit uns blicken noch tausend andere Menschen aufs Wasser, denn natürlich ist das Schauspiel nicht, wie von Va angekündigt, ein Geheimtipp, sondern eine der Haupt-Touristenattraktionen von Siem Reap. Der Sonnenaufgang ist aber auch wirklich wunderschön, der Tempel spiegelt sich im Wasser, und jede Minute wechselt die Farbe am Himmel. Wir entschließen uns, jetzt, wo wir schon mal wach sind, auch noch drei weitere Tempel zu besichtigen. Das scheint weniger üblich zu sein, denn diese sind wie ausgestorben, und wir können uns in aller Ruhe umgucken.

John fährt am nächsten Morgen früh weiter nach Vietnam, und wir entscheiden uns dazu, die Radpause zu verlängern und uns die Küste von Kambodscha anzugucken. Die Fahrräder dürfen wir so lange im Hostel unterstellen. Wir können uns nicht dazu aufraffen, noch mehr Tempel zu besichtigen und bleiben im Hostel, bis wir um 19 Uhr in den Nachtbus steigen, der uns nach Sihanoukville bringt.

Die eingebauten Betten des Busses sind winzig klein. Seli und ich teilen uns zwei Matratzen von 50 Zentimetern Breite und 1,60 Meter Länge, doch Anselm hat es noch schlimmer getroffen. Der selbst schon riesige Kerl liegt neben einem zwei Meter großen Kanadier. Die Fahrt ist dann aber zumindest für uns überraschend angenehm. Bis auf ein paar dubiose »Pinkelpausen«, bei denen komische Pakete zu unserem Gepäck eingeladen werden, schlafen wir durch und kommen relativ ausgeruht an. Der Tuk-Tuk-Fahrer, der uns zum Otres Beach II bringt, warnt uns vor Räubern und rät, das Gepäck auf der Fahrt nicht raushängen zu lassen. Keine zwei Minuten später hält er an, weil Autos die Straße versperren, und zeigt auf die vielen Polizeiautos vor uns. »Ich hab's euch gesagt! Überall Räuber«, ruft er, springt aus dem Tuk-Tuk und fachsimpelt lautstark und ketterauchend mit anderen Männern, die auf der Straße herumstehen. Tatsächlich sehen wir wenig später einen Mann von einem Balkon klettern, der von einem Häuserdach zum nächsten springt, begleitet vom lauten Gekreische und Fingerzeigen der Schaulustigen, die sich in der Straße versammelt haben. Die Polizisten versuchen, ihn zu verfolgen, aber nach ein paar Minuten ist er verschwunden, und sie trotten ratlos zur Meute der Schaulustigen zurück. Unser Tuk-Tuk-Fahrer kommt freudig erregt zu uns und sagt: »Wahnsinn oder?« »Absolut verrückt«, antworte ich, und wir lachen uns schlapp.

Der Strand ist zwar schön, aber mit Quallen übersät. Ein bisschen weiter draußen kann man aber angenehm schwimmen. Wir tauschen Kniffel gegen Rommé und liegen den ganzen Tag am Strand rum. Ich merke, dass Selima und die kleine Auszeit mir und meinem Rücken guttun. Bei einer Strandverkäuferin kaufen wir uns gegenseitig Armbänder, und ich frage mich auf der Fahrt in unser Hostel, wie es wohl mit uns weitergeht. Der Hostelbesitzer empfiehlt uns die kleine Insel Koh Tang Kiev, wo es nur ein Baumhaus-Resort geben soll. 20 Dollar sind ziemlich viel Geld für ein Baumhaus, aber wir wollen uns etwas gönnen. Nach einem American Breakfast werden wir am nächsten Morgen mit dem Longtailboot abgeholt und auf die Insel gebracht.

Die Fahrt dauert eineinhalb Stunden, und auf dem Wasser sind wir der Sonne schutzlos ausgesetzt. Den einzigen Schattenplatz überlassen wir Anselm, denn meine Haut verträgt Sonne besser als seine und Selimas sowieso, denn sie hat afrikanisches Blut. Als wir ankommen, sind wir erst mal baff, denn es ist wirklich paradiesisch schön. Joel, der Besitzer des Baumhaus-Resorts, hat die Insel vor fünf Jahren entdeckt und erst mal nur ein Baumhaus für sich selbst errichtet. Mit der Zeit ist daraus ein kleines Hostel entstanden. Durch den Dschungel, vorbei an einer kleinen Schlange und anderen Tieren, laufen Seli und ich Hand in Hand zu unserem kleinen Baumhaus. Anselm schläft in einer Hängematte einer Gemeinschaftshütte am Boden. In unserem

Häuschen gibt es lediglich eine Matratze und ein Moskitonetz, aber mehr braucht man ja auch nicht. Das Netz ist aber ziemlich unabkömmlich, weil Selima eine Moskitoallergie hat. In diesem Klima ist das ziemlich gefährlich. Die kleine Bucht vor unserem Baumhaus gehört uns ganz alleine, denn wir haben Glück und sind die einzigen Gäste. Nachdem wir vom Baumhaus aus den Sonnenuntergang über dem Meer bewundert haben, gehen wir zurück zu den anderen in die Gemeinschaftshütte. Das ist in der Dunkelheit nicht so leicht und wesentlich gruseliger als im Hellen. Von überall kommen Geräusche, und wir laufen mehrmals in Spinnennetze. Joel ist gelernter Koch und zaubert uns ein wirklich leckeres Essen. Man hat aber auch keine andere Wahl, denn es gibt ja keine weiteren Bewohner geschweige denn Restaurants auf der Insel. Außer uns sind nur noch Angestellte da, die mit einem Schlafplatz, Essen und Gras bezahlt werden, das ein paar hundert Meter weiter angebaut wird. Matze, ein Deutscher, hat keinen Cent mehr und kann es sich deswegen nicht mal leisten, nach Hause zu fahren. Hilfe möchte er aber auch nicht. Er empfiehlt uns einen Abstecher zur Grasplantage zu machen, weil dort auch eine Absinthbrauerei sei, aber wir wollen am nächsten Tag schon zurück aufs Festland. Anselm bleibt eine Nacht länger, weil er sich gut mit Matze versteht, und uns ist es auch recht, ein bisschen Zeit zu zweit zu haben.

Auf Joels Empfehlung hin lassen wir uns am nächsten Tag am Otres Beach I absetzen und bereuen die Entscheidung nicht. Ein bisschen weniger touristisch ist es hier, und vor allem herrscht eine entspanntere Stimmung als am Otres Beach II. Ganz in der Nähe finden wir ein Guesthouse mit großem Garten, in dem verstreut kleine runde Lehmbungalows stehen. Ich buche uns ein und melde uns gleich für den Lasagneabend an, der am nächsten Tag stattfinden soll. Etwa 30 Menschen aus ganz Otres kommen dort zusammen und essen jeden Sonntag bei Live-Musik zusammen Lasagne. »Vielleicht spielt Selima ja«, hoffe ich, denn sie ist Sängerin, und ich habe sie noch nie richtig gehört. Irgendwie scheint Otres ein Aussteigerort für Kiffer zu sein. Überall treffen wir Auswanderer, die teilweise schon seit Jahren hier wohnen und dauerhaft zugedröhnt sind. Beim Abendessen in einer Strandbar merken wir schnell, dass Gras hier nicht die einzige Droge ist. Eine Gruppe ziemlich verlebter, aber eigentlich recht junger Menschen zieht eine Nase nach der anderen und trinkt abwechselnd Rum-Cola und ein anderes bräunliches Gesöff, dass wir nicht identifizieren können. Wir genießen es, alleine zu sein, und reden abends im Bett zum ersten Mal Klartext. Immerhin werde ich noch acht Monate unterwegs sein, eine ziemlich lange Zeit dafür, dass wir uns erst seit ein paar Tagen kennen. Wir entscheiden uns dafür, es miteinander zu versuchen. Als ich sie frage, ob sie auf mich warten wird und sie bejaht, fällt mir ein Stein vom Herzen, denn ich spüre, dass Selima die Richtige ist. Nachdem wir mit Bier und Rommé gefeiert haben, liege ich noch eine Zeitlang wach im Bett und denke zum ersten Mal über meine Zukunft im Anschluss an die Reise nach. Darüber, wo und wie ich leben möchte, wer ich sein will. Mein Kinderwunsch ist plötzlich wieder sehr präsent. Könnte der Sinn des Lebens sein, der Menschheit etwas zu hinterlassen? Durch die Erziehung meiner Kinder könnte ich die Welt ein bisschen formen, die ich zurücklasse, wenn ich sterbe. Vielleicht nimmt mir das auch meine Angst vor dem Tod. Ich erzähle Seli von meinen Gedanken und frage sie nach ihrer Meinung. Sie erzählt, dass sie sich schon lange Nachwuchs wünscht und Kinder für sie der Sinn des Lebens sind. Es ist ein schönes Gefühl, jemanden zu finden, der dasselbe vom Leben möchte wie man selbst. Denn natürlich geht es mir nicht nur darum, der Menschheit etwas zu hinterlassen, ich freue mich ganz einfach auch darauf, eine Familie zu gründen. Vor ihrem eigenen Tod hat Selima keine große Angst, jemanden aus ihrem engen Umfeld zu verlieren, fürchtet sie jedoch sehr. Daran will ich überhaupt nicht denken, denn bis jetzt bin ich von schweren Verlusten verschont geblieben. Die gemeinsame Lust auf eine eigene Familie ist beruhigend, aber der Gedanke an den Tod macht mich trotzdem weiterhin unruhig und verfolgt mich in dieser Nacht noch bis in meine Träume.

Am nächsten Morgen ist eine komische Mail meiner Eltern in meinem Postfach. »Meldet euch, es gibt schlechte Nachrichten«, schreibt meine Mutter an Marco und mich. Ich habe sofort das Gefühl, dass etwas mit Oma oder Opa nicht stimmt, obwohl die beiden mit Anfang 70 noch relativ jung und vor allem kerngesund sind. »Wenn was mit den beiden ist, bin ich morgen daheim«, denke ich und laufe zum Strand, um meinen Vater anzurufen. Als Opas Name fällt, laufen die Tränen, und ich bekomme nichts mehr um mich herum mit. Mit Mühe kann ich noch verstehen, dass er einen Herzinfarkt hatte und plötzlich tot umgefallen ist, dann lege ich auf und breche im Sand zusammen. Gesagt zu bekommen, dass er keine Schmerzen hatte, hilft mir jetzt auch nicht weiter. Ich realisiere erst Minuten später, dass die Wellen begonnen haben, mein Handy ins Meer zu ziehen, und meine Hose schon komplett durchnässt ist, aber mir ist alles egal.

Mein Opa ist tot. Mein geliebter Opa ist für immer weg. Unaufhörlich geht es mir durch den Kopf, aber ich will es nicht begreifen. Mein Opa war einer der wichtigsten Menschen für mich. Da meine Eltern viel gearbeitet haben, habe ich als Kind tagsüber viel Zeit bei meinen Großeltern verbracht. Opa war Fußballer mit Leidenschaft, hat mich zu jedem einzelnen Spiel begleitet und war sehr enttäuscht, als ich die Möglichkeit einer Profikarriere nicht genutzt habe. Trotzdem zeigte er mir immer, wie stolz er auf mich war. Selima kommt vorsichtig auf mich zugelaufen. Sie guckt fragend, sagt aber nichts, sondern nimmt meine Hand und geht mit mir zurück in unseren Bungalow. Ich bin ihr dankbar, weil ich noch nicht aussprechen kann, was passiert ist. 1000 Gedanken stürzen auf mich ein, und ich habe Schwierigkeiten, einen klaren Kopf zu bewahren. Die nächsten Stunden bin ich wie im Tunnel, erst im Nachhinein erzählt mir Selima, dass ich mit Klamotten unter der

Dusche stand und mein Handy an die Wand geworfen habe, als ich gemerkt habe, dass es nicht mehr funktioniert. Erinnern kann ich mich daran nicht. Den Abend nutze ich, um mit allen zu skypen und eine Entscheidung zu treffen, ob ich heimfliege oder nicht. Meine Eltern, mein Bruder und meine Cousins sagen: »Egal, welche Entscheidung du triffst, es ist die Richtige.« Dann muss ich all meine Kraft sammeln, weil meine Mutter meine Oma ins Bild holt. Sie ist überraschend gefasst, und ich glaube, sie versteht es noch nicht ganz. Mich überkommt bei ihrem Anblick zum ersten Mal Trauer. Bis jetzt hat die Fassungslosigkeit alle anderen Gefühle verdrängt. Mit Tränen in den Augen sagt sie: »Komm heim, mein Bub.« Ich beschließe, eine Nacht darüber zu schlafen und am nächsten Tag zu entscheiden. Die Trauer macht müde, aber trotzdem liege ich die ganze Nacht wach und denke an gemeinsame Momente mit meinem Opa. Selima bleibt die ganze Zeit mit mir wach und krault mich rund um die Uhr.

Morgens bin ich noch genauso unentschlossen wie am Tag zuvor. Ich skype wieder mit Marco, der gerade in der Nähe von Gibraltar ist. Er weiß auch nicht, was er machen soll, weil er in zwei Wochen sowieso zu Hause ankommen würde. Ich entscheide mich alle fünf Minuten um und verkünde jedes Mal meine Entscheidung. »Ich bleibe. Ich flieg heim. Ich sollte hierbleiben. Ich muss nach Hause.« Ich habe Angst davor, dass ich zu Hause bleibe und das Projekt abbreche, wenn ich jetzt fliege. Gleichzeitig aber auch davor, dass ich es bereuen könnte, wenn ich mich nicht auf der Beerdigung von meinem Opa verabschiedet habe. Zeit vergeht, und ich weiß einfach nicht, was ich tun soll.

Wir setzen uns in einen Nachtbus zurück nach Siem Reap, von wo aus ich eine Stunde später einen Bus nach Bangkok nehmen könnte und einen Flieger erwischen, der mich rechtzeitig für die Beerdigung nach Deutschland bringen würde. Im Bus entsteht die Idee, dass ich Selima nach Thailand begleite, wo sie die nächsten drei Wochen alleine herumreisen wollte, weil ich meine Tour eigentlich nicht länger als eine Woche unterbrechen wollte. Aber jetzt ist alles anders. Wir sind auf einmal ein Paar, und an Fahrradfahren ist nicht zu denken. Im Sattel hätte ich ja überhaupt keine Ablenkung und wäre mit mir und meinen Gedanken allein. Das nimmt mir auch die Entscheidung ab, ob es mit Anselm und mir funktionieren wird, denn egal ob ich bleibe oder heimfliege, weiterfahren kann ich erst mal ausschließen, und er möchte nicht weiter auf der Stelle stehen, weil er gerade erst begonnen hat. Anselm entscheidet sich, noch am selben Tag von Siem Reap aus weiter in Richtung Vietnam zu radeln. Dass sich unsere Wege irgendwann trennen, war aber schon abzusehen. Denn obwohl er ein netter Kerl ist, stimmt die Chemie zwischen uns einfach nicht, und wir haben unterschiedliche Vorstellungen vom Reisen. Nach der stundenlangen und dieses Mal wesentlich anstrengenderen Busfahrt kommen wir, immer noch ohne Entscheidung, an. Erst als ich mit Anselm vor unseren Rädern stehe, ist sie ganz plötzlich gefällt. Ich werde hierbleiben und mir mit Seli eine Auszeit nehmen. Ich spüre, dass mein Opa nicht gewollt hätte, dass ich die Reise unter- und deswegen vielleicht sogar abbreche. Denn wenn ich einmal bei meiner Oma wäre, würde ich es wahrscheinlich nicht übers Herz bringen, sie wieder zu verlassen. Auch Selima wäre dann in Deutschland, was es mir noch schwerer machen würde, mich zurück auf das Rad zu »quälen«. Ich werde von hier Abschied nehmen. Das Hostel lässt mich netterweise erneut mein Fahrrad unterstellen. In einem Café überlegen Selima und ich, wohin es gehen soll, denn Thailand kenne ich schon sehr gut. Gerade erst war ich vier Wochen dort, und mit dem Fahrrad will ich auch noch durchfahren. Da Flüge innerhalb Asiens oft sehr günstig sind, überlegen wir, nach Indonesien oder auf die Philippinen zu fliegen.

Wir entscheiden uns aus dem Bauch heraus für die Philippinen und haben den Mauszeiger schon über dem Feld »Buchen«, als ich ein letztes Mal innehalte und Seli frage: »Ist das wirklich eine gute Idee? Wir wissen überhaupt nichts über die Verhältnisse dort…« Seli surft ein paar Minuten im Netz und findet heraus, dass es relativ kostspielig ist, sich auf den Philippinen fortzubewegen und vor allem lange dauert, so dass drei Wochen nicht ausreichen würden. In Thailand ist Reisen dagegen sehr einfach. Für wenig Geld kommt man auch spontan überall hin, und das passt gut zu meiner planlosen Lage. In einem kleinen Reisebüro erfahren wir, dass schon zehn Minuten später der letzte Bus nach Bangkok geht, und wir ergattern die letzten beiden Tickets. Manchmal fügt sich alles erst im letzten Moment. Schon wieder im Bus zu sitzen, ist die Hölle, und während ich Tränen runterschlucke, kämpft Selima auch noch mit starken Bauchschmerzen. Wahrscheinlich hat sie sich die klassische Magendarmverstimmung eingefangen, die alle Reisenden in Asien irgendwann einholt.

In Bangkok angekommen, merke ich, dass ich unterbewusst immer noch darüber nachdenke, in den Flieger nach Deutschland zu steigen, aber mein Körper trägt mich in die entgegengesetzte Richtung zur Khao San Road. Dort wollen wir einen Bus nach Krabi nehmen und die Küste sowie die verschiedenen Inseln erkunden. Weil es leider keinen Bus mehr gibt, suchen wir uns ein Hostel und fallen erschöpft ins Bett. Dort sprechen wir lange über alles. Es ist nach dem ersten Schock nun doch tröstlich, dass Opa nach seinem schönen Leben schnell und ohne Schmerzen starb und nicht als Pflegefall endete. Ich werde ihn so immer in positiver Erinnerung behalten können. »Ich frage mich, ob es einen Grund dafür gibt, dass er gestorben ist, weißt du?«, sage ich zu Seli und füge hinzu: »Will er vielleicht, dass es mit uns klappt?«

»Hätte es denn sonst nicht geklappt?«, fragt sie zurück.
»Ich weiß nicht, hätte es?«
»Aber jetzt klappt es?«, entgegnet sie verschmitzt.

»Ich weiß nicht, tut es das?«, ärgere ich sie, und wir müssen lachen.

Stumm verfolge ich meine Gedanken noch weiter. Unsere erst zehn Tage junge Beziehung wäre in den nächsten acht Monaten auf eine harte Probe gestellt worden. Es wird auch nach vier Wochen nicht einfach sein, aber der Tod meines Opas hat uns zusammengeschweißt. Durch ihn spüre ich noch mehr, dass ich mein Leben mit Selima teilen will. »Danke, Opa«, schicke ich einen stummen Gruß in den Himmel. Einen weiteren Sinn gefunden zu haben, verschafft mir zum ersten Mal, seitdem ich die schlechte Nachricht bekommen habe, ein bisschen Ruhe. Ich kann endlich schlafen.

Selima und ich wachsen mit jedem Tag, den wir gemeinsam verbringen, enger zusammen. Die Auszeit tut mir gut, und ich kann mich langsam an den Gedanken gewöhnen, dass mein Opa nicht auf mich wartet, wenn ich heimkomme. Mein Onkel wirft für mich bei der Beerdigung mein Fußballtrikot ins Grab, und auf Fotos sehe ich, dass neben dem Sarg ein Bilderrahmen mit einem Foto von mir und Marco stand. Auch er hat sich dazu entschieden, nicht für die Beerdigung heimzufliegen, fährt aber ein bisschen zügiger als geplant in Richtung Heimat, um für Omi da zu sein.

Selima und ich erkunden von Krabi aus mit dem Roller die Gegend und finden winzige verlassene Strände sowie einen kleinen Nationalpark mitten im Dschungel. In natürlichen heißen Quellen lassen wir es uns bei Nieselregen gutgehen. In der Nähe baden wir außerdem im Emerald Pool, einem natürlichen Swimming Pool, in dem fast nur einheimische Kinder herumplanschen. Ein tolles Erlebnis, das nur dadurch geschmälert wird, dass ich auf dem moosigen Rand ausrutsche und mir den großen Zeh breche. Zu allem Übel hat Seli ihren Magendarminfekt an mich weitergegeben, und mich haut er völlig um. Seli verarztet meinen Zeh mit Jod und Eiswürfelverband, holt mir fiebersenkende Tabletten und Schmerzmittel. Sie macht sich die nächsten zwei Tage alleine mit dem Roller auf den Weg, während ich den ganzen Tag schlafe. Wahrscheinlich erholt sich mein Körper auch von der Trauer, denn so viel habe ich noch nie geschlafen. Am ersten Abend kommt Selima mit einem Geschenk zurück. Sie hat mir ein kleines Buch mit Ledereinband gekauft, weil sich die leeren Seiten in meinem Reisetagebuch langsam dem Ende zuneigen.

Spätabends geht es mir dann kurzzeitig so gut, dass wir spontan die ganze Stadt nach Eis durchkämmen und schließlich auch an einer Tanke fündig werden. Die nächtliche Spritztour macht Spaß, zeigt mir aber auch, dass ich doch noch nicht so gesund bin, wie ich dachte. Am nächsten Abend hat Seli wieder eine Überraschung. Sie ist durch Zufall auf ein kleines ausgestorbenes Beachresort direkt an einem kleinen Strand gestoßen, wo ein Bungalow wegen der Regenzeit nur acht Euro pro Nacht kostet. Sie hat uns für eine Woche eingebucht und schon den Transport organisiert. Mit einem Tuk-Tuk werden wir hingebracht, und sie hat nicht zu viel versprochen, es ist wirklich idyllisch. Die Hütten sind einfach, aber schön, und den Strand haben wir für uns ganz alleine. Wir sind die einzigen Gäste und verbringen eine ruhige Woche.

Nur an einem Tag unterbrechen wir unsere erholsame Lethargie, um einen Ausflug auf die Four Islands zu machen. Die Besitzerin der Anlage, Anh, hat uns einen Longtailbootfahrer organisiert, der die beliebte Tour mit uns rückwärts abfährt und uns so an den Touristenmassen vorbeiführt. Auf einem Boot werden normalerweise 25 Personen transportiert, aber wir sind ganz alleine. Immer, wenn wir an einer Insel ankommen, legen die anderen Boote gerade ab, und so verbringen wir einen wunderbaren Tag. Die Inseln sind unbewohnt und von weißem, feinem Sand eingerahmt. Das Wasser ist so klar, dass man bis zum Grund sehen kann, und wir können Ewigkeiten ins Meer laufen, bevor es tiefer wird. Das Meer gleicht hier einer Badewanne. Zwei der Inseln sind bei Ebbe sogar durch eine Sandbank miteinander verbunden. Im Inneren der Inseln entdecken wir eine Natur, wie ich sie noch nie gesehen habe. Dunkelgrüner Dschungel wechselt sich mit saftgrünen Wiesen ab, und überall zwitschern Vögel. Es ist wie eine Mischung aus den Tropen und einem europäischen Wald, denn zwischen den exotischen Pflanzen stehen auch Bäume und Blumen, wie man sie bei uns sieht. Anh hat uns ein Reisgericht vorgekocht, das wir im Schatten einer Palme essen, und uns Schnorchel mitgegeben. In einer Bucht tauchen wir vom Boot aus in die beeindruckende Unterwasserwelt ab, wo ein Fisch an Selis Zeh knabbert. Ihr entfährt vor lauter Schreck ein spitzer Schrei, der unter Wasser ziemlich lustig klingt. Als sie auf der nächsten Insel einem Affen zu nahe kommt und er beim Fauchen seine riesigen Eckzähne zeigt, ist Selima aber plötzlich ganz still. Wir lachen den ganzen Tag, und ich würde am liebsten mein Fahrrad gegen ein Longtailboot eintauschen und Asien vom großen Flussnetzwerk aus erkunden.

Unser Fahrer Tom, der eigentlich Fischer ist, setzt uns später an unserem Strand ab. Wir spüren nicht gleich, dass etwas nicht in Ordnung ist, sondern sprudeln noch vor Lebensfreude. Dann merken wir aber schnell, dass etwas komisch ist. Anhs Enkelkinder wuseln nicht wie sonst überall herum, und es ist merkwürdig still. Im Restaurant finden wir alle, gebannt vor dem Fernseher sitzend, wo sich Schreckliches abspielt. Der Taifun Haiyan hat gewütet und die Ostküste der Philippinen völlig zerstört. Seli und ich gucken uns an, ihr steht der Schock ins Gesicht geschrieben. Genau der philippinische Küstenabschnitt, den es am schlimmsten getroffen hat, hatte uns am meisten gereizt, und wir haben uns erst im allerletzten Moment dagegen entschieden, dorthin zu reisen. Wäre ich weiter Fahrrad gefahren, würde ich mittlerweile mit Anselm in Vietnam sein, wo jetzt die Bevölkerung evakuiert wird, weil der Sturm dort als Nächstes erwartet wird. Anselm wiederum hatte alleine nicht schon wieder Lust auf Meer und ist in einen ungefährlichen Teil des Landes gereist. Die Überlebenden haben ihr Hab und Gut verloren und sind verzweifelt auf der Suche nach vermissten Familienmitgliedern. Sie tun mir wahnsinnig leid und ich fühle mich hilflos, kann nur auf den kleinen Bildschirm gucken und nichts ändern. Ich habe Gänsehaut und muss unweigerlich an meinen Opa denken. Gibt es so etwas wie Schicksal?

Diese Frage stellt sich uns bereits am nächsten Tag erneut. Mit dem Roller sind wir unterwegs von einer Pizzeria zurück zum Resort, als ich auf einmal spüre, wie sich Selima hinter mir bewegt. Ich gucke zurück und sehe, dass sie ihren Helm aufzieht, den wir aufgrund der Hitze immer am Sitz befestigt haben. Ein paar Minuten später beginnt es plötzlich, monsunartig zu schütten. Wir freuen uns über die Abkühlung, fahren aber trotzdem ein wenig vorsichtiger, weil unser Roller sehr dünne Reifen hat. Keine drei Minuten später fahre ich auf eine Kreuzung zu, durch eine ungünstige Bewegung komme ich nur ganz leicht an die Bremse und es zieht mir bei immerhin 30 km/h das Vorderrad unter den Füßen weg. Schnell gucke ich mich um und haste zu Selima, die zwei Meter weiter auf dem Boden liegt. Sie reckt ihren Daumen hoch und ruft: »Alles gut, alles gut«, und mir fällt ein riesiger Stein vom Herzen. Sie ist auf dem Kopf aufgekommen und hat es kaum gespürt, weil sie den Helm trug. Am Ellenbogen und an den Knien sehe ich dann doch tiefe Schürfwunden, auch wenn sie so tut, als wäre nichts passiert. Ihr gesamter Oberschenkel sieht so aus, als würde er ein einziger blauer Fleck werden. Plötzlich spüre auch ich ein Brennen, vor lauter Sorge um Seli habe ich nicht gemerkt, wie demoliert ich aussehe. Schnell überqueren wir die Kreuzung und stellen uns unter, denn mittlerweile schüttet es wirklich wie aus Eimern. Das ist aber gar nicht so unpraktisch für unsere Wunden, wir stellen uns unter die Regendusche und waschen den ganzen Dreck raus. »Puh, das tut weh«, zieht Selima Luft durch die Zähne. Das Adrenalin lässt langsam nach, und das Wasser brennt auf der verletzten Haut, aber wir müssen plötzlich vor Erleichterung und über die Komik der Situation lachen. Ein paar Thailänder fahren vorbei und wundern sich sichtbar über die zwei seltsamen Gestalten, die da prustend und blutend im Regen stehen. Die Apothekerin, die wir anschließend aufsuchen, ist dagegen überhaupt nicht erstaunt. Sie begegnet jeden Tag Touristen, die sich ein »Thailand-Tattoo« zugezogen haben, wie man die Narben, die ein Rollerunfall hinterlässt, hier nennt. Im Hostel verarzten wir einander selbst und humpeln dann auf den Nightmarket, wo wir uns Pad Thai und Crêpes mit Nutella und Banane schmecken lassen.

Für die letzte gemeinsame Woche setzen wir mit der Fähre auf Koh Lanta über, eine entspannte Hippie-Insel. Die Strände sind dort nicht weiß und das Meer nicht türkis, es erinnert eher an einen goldenen Mittelmeerstrand mit tiefblauem Wasser. In einer Bungalowanlage am Strand lassen wir es uns gutgehen, spielen Fußball und Tischtennis und schlürfen Singha. Dass der Abschied näher rückt, verdrängen wir gekonnt. Hier gefällt es uns so gut, dass wir eine Nacht länger bleiben als geplant und einen Flieger nach Bangkok nehmen statt des Busses. In Bangkok können wir es nicht weiter leugnen, der Abschied steht bevor. Die letzten Stunden herrscht angespannte Stimmung. Selima durchkämmt einen riesigen Markt, während ich mir ein Busticket nach Siem Reap besorge und neue Passbilder machen lasse. Am Taxi verabschieden wir uns kurz und schmerzlos, aber als sie weg ist, werden meine Augen feucht. Die erste Nacht alleine ist hart. Ich zweifele an allem, und tausend Gedanken gehen mir durch den Kopf. Schaffe ich das alles? Bin ich wirklich der Typ, der alleine reisen kann?

Halbzeit

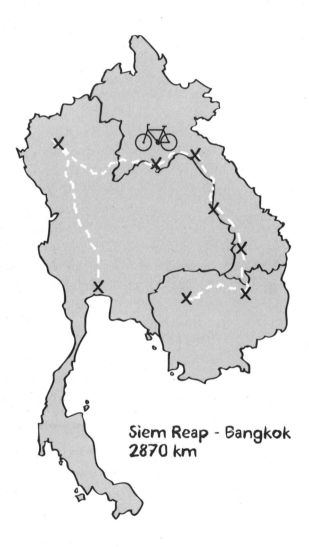

Um sechs Uhr morgens mache ich mich auf den Weg zum Bus, die 13 Stunden Fahrt sind alleine noch unerträglicher. An der Grenze warne ich alle anderen, dass das Visum nicht, wie die Bus-Company behauptet, 30 Euro kostet. Daraufhin werde ich mit einem Roller direkt an die Grenze gebracht, damit ich denen nicht ihr Geschäft versaue. Danach suche ich den Bus vergeblich und glaube sowieso nicht, dass ich wieder einsteigen dürfte. Also muss ich mich um eine Alternative kümmern. Ich treffe Kevin, einen 50-jährigen, sehr reiseerfahrenen Amerikaner, der wirklich schon überall war. Wir teilen uns ein Taxi und führen eine nette Unterhaltung. Als wir angekommen sind, lässt er mich meine Hälfte nicht bezahlen und sagt nur: »Ich zahl natürlich für dich! Danke, dass du deine Geschichte mit mir geteilt hast, gib nicht auf!« Ich bedanke mich, und wir tauschen E-Mail-Adressen aus, um in Kontakt zu bleiben. Ich finde ein Hostel für drei Dollar und hole, nachdem ich mich einquartiert habe, mein Fahrrad im alten Hostel ab. Auf Facebook hat mich der Radladenbesitzer Aing Pisal eingeladen, ihn zu besuchen, also mache ich mit dem Rad einen Abstecher in die Innenstadt. Einen kostenlosen Ketten-, Schlauch- und Ölwechsel später falle ich erschöpft ins Bett. Ich teile mir mein Zimmer mit Damian, einem Polen, und nachts bereue ich, dass ich mal wieder am falschen Ende gespart und kein Einzelzimmer gebucht habe. Damian bekommt Albträume und fängt auf einmal an zu schlafwandeln sowie auf Polnisch rumzubrüllen. »Wer bist du? Wo bin ich?«, schreit er mich an, als ich versuche ihn zu beruhigen.

Morgens packe ich in Ruhe mein Zeug zusammen und gucke mir dann die heutige Route an. Die Planung ist schwierig, weil die Infrastruktur schwer einzuschätzen ist. Auf Google Maps sind in ganz Kambodscha nur ein paar Straßen und Städte, aber kaum Dörfer eingezeichnet, und eine Karte kann ich nicht auftreiben. Ich suche mir ein Dorf etwa 60 Kilometer entfernt aus und fahre ins Ungewisse. Die Sandpiste führt mich durchs absolute Nichts, nur ab und zu durchquere ich einen kleinen Slum mit Holz- und Blechhütten. Dort treffe ich immer auf Kinder, die mich rennend, lachend und kreischend ein Stück begleiten. Ich schenke ihnen meine Pick-up- Schokoriegel, und sie sind völlig fasziniert von den Fotos, die wir gemeinsam schießen. Schon nach kurzer Zeit merke ich, dass ich die Infrastruktur noch deutlich stärker unter- beziehungsweise überschätzt habe, als ich dachte. Es gibt nirgendwo die Möglichkeit, Wasser aufzufüllen, geschweige denn etwas Essbares zu finden. Nach Stunden ohne Flüssigkeit komme ich in dem »Dorf« an, das ich mir als Tagesziel ausgesucht habe, und bin geschockt. Es besteht aus drei Hütten, die noch dazu verlassen sind. Schon völlig dehydriert bleibe ich 15 Kilometer später in einem Ort mit ein paar mehr Hütten vor einer Polizeistation stehen und frage, ob ich dort schlafen könne. Ich hatte auf etwas zu essen gehofft, aber die Polizisten sind nicht besonders freundlich und erlauben mir nur, auf einer Bank vor der Tür zu schlafen. Das ist mir trotzdem lieber, als alleine mit Hunger irgendwo im Nichts im Zelt zu liegen. Auf mein wiederholtes Fragen hin bringen sie mir widerwillig ein Glas Wasser und wollen danach mein Fahrrad woanders hinstellen. Ich habe ein mulmiges Gefühl und bestehe darauf, es bei mir anzulehnen, und zum Glück lassen sie mich gewähren. Verschwitzt und auf einer unbequemen Steinbank liege ich die halbe Nacht wach und werde von Moskitos aufgefressen. Meine Kamera und meinen Laptop habe ich bei mir im Schlafsack.

   Von der Sonne geweckt, will ich mich früh auf den Weg machen, weil 130 Kilometer anstehen. Ich hoffe, dass ich in der Polizeistation meine Wasserflaschen auffüllen kann, denn meine Kehle ist staubtrocken. Doch kaum habe ich alles in den Taschen verstaut, kommen fünf Polizisten auf mich zu und umzingeln mich. Sie halten Gummiknüppel in der Hand und wollen mein Geld. Ich bin geschockt, hole vorsichtig mein Portemonnaie aus der Tasche und achte darauf, dass ich den Blick auf meine Kamera nicht freigebe. Sie holen meine knapp 300 Dollar Bargeld heraus und schmeißen den Geldbeutel in den Sand. Einer murmelt »Sänk you, sänk you«, und dann zischen sie mir auf Khmer etwas zu, was ich nicht übersetzt bekommen muss, um zu verstehen, dass es »Verpiss dich« heißt. Innerhalb von Sekunden muss ich mich entscheiden, was ich tue, und aus Angst vor Dehydration beschließe ich, die 70 Kilometer zurück anstatt 130 Kilometer weiterzufahren. Das »kleinere Übel« ist immer noch schlimm genug. Seit gestern Mittag bin ich, bis auf den Becher Wasser abends, ohne Essen und Trinken unterwegs. Ich spüre, wie ich minütlich schwächer werde, und die 35 Grad und der verdammte Staub überall sind keine Hilfe. Ich befinde mich im absoluten Tunnel und erreiche mit Mühe und Not circa sieben Kilometer vor Siem Reap eine Tankstelle. Ich kann nur noch mein Fahrrad abstellen, bevor mir schwarz vor Augen wird und ich zusammenbreche. Die Mitarbeiter schalten schnell und wecken mich mit ein paar saftigen Ohrfeigen aus meiner Ohnmacht, um mir Wasser einzuflößen. Nach ein paar Minuten geht es mir besser, und ich kann mit wackligen Beinen in das klimatisierte Geschäft gehen und mir mit meiner EC-Karte Schokoriegel kaufen, die meinen Zuckerhaushalt wieder auffüllen. Mir ist immer noch schwindelig, aber ich fahre weiter in die Stadt, weil ich endlich ankommen will.

Den ganzen Tag habe ich meinen Kopf abgeschaltet, aber im Bett stürzt alles auf mich ein. Ich fühle mich einsam, vermisse Selima und hinterfrage die ganze Tour. »Wie soll ich es schaffen, nach Laos zu kommen, ohne Wasser und mit korrupten Polizisten?«, ärgere ich mich über den Überfall. Ich kann nicht verhindern, dass ich das Vertrauen in die Bevölkerung verliere, und bin nicht mehr in der Lage, mir vorzustellen, dass mich jemand unterwegs herzlich empfangen könnte. Das Radfahren und der bloße Anblick meines Fahrrads regen mich auf, ich habe einfach keinen Bock mehr. Verzweifelt schlafe ich trotzdem wenig später ein, viel zu erschöpft bin ich von der körperlichen und emotionalen Anstrengung.

Der nächste Tag lässt mich ein wenig runterkommen. Durch einen Zeitungsartikel über mich in der Lokalzeitung werde ich häufig erkannt, und alle wollen Fotos mit mir machen. Die Leute scheinen von meiner Geschichte gute Laune zu bekommen, was mich daran erinnert, dass ich auch mal Spaß an meiner Reise hatte. Ich frage mich, woran es liegt, dass es gerade nicht so ist, und komme zu dem Schluss, dass Asien nicht zum Radfahren geeignet ist, jedenfalls nicht, wenn man keine Freude daran hat, sich zu quälen. Durch die netten Begegnungen denke ich noch mal an den Überfall zurück. Das Dorf liegt in einer sehr armen Gegend in einem sowieso verarmten Land. Wer weiß schon, wie das Leben der Polizisten aussieht. Hätte ich Schwierigkeiten, meiner Familie abends eine Schale Reis hinzustellen, würde ich auch in Erwägung ziehen, einem vorbeiradelnden Weißen ein wenig von seinem Geld abzunehmen. Die Polizisten haben mir zwar klargemacht, dass es ihnen ernst ist, aber sie haben mich nicht wirklich bedroht, mir meine Kreditkarten gelassen und sich ja sogar bei mir bedankt. Ich würde den Kambodschanern auf jeden Fall Unrecht tun, wenn ich weiterhin misstrauisch bliebe. Ich entscheide mich dazu, mir noch eine Nacht Erholung zu gönnen, und dann mit neuer Kraft in Richtung Laos zu starten. Diesmal aber mit einem riesigen Wasservorrat und etwas zum essen, denn ich stelle mich darauf ein, zu zelten.

Doch es kommt anders. Nach einem superanstrengenden Radtag mit einem Umweg über Reisfelder, damit ich nicht an der Polizeistation vorbeimuss, rolle ich langsam an einem kleinen Häuschen vorbei, vor dem zwei kleine Mädchen im Staub mit ein paar Holzstäben spielen. Sie bemerken mich nicht einmal, also halte ich leise an, um ein Foto von ihnen zu machen, weil sie so schön in ihr Spiel versunken sind. Plötzlich kommt ein sehr alter kleiner Mann aus dem Häuschen, strahlt mich mit einem zahnlosen Lächeln an und winkt mit seinen braungebrannten faltigen Händen. Ich verbeuge mich leicht und winke zurück. Er bedeutet mir mit der Hand zu warten, und humpelt so schnell er kann zurück ins Häuschen, während er etwas ins Innere ruft. Ein paar Sekunden später stehen ein etwa 40-jähriges Ehepaar, eine junge schüchterne Frau von etwa 20 Jahren und ein mürrischer, circa 15-jähriger Junge vor mir, und wir gucken uns neugierig an. Eine Minute lang passiert nichts, bis der Mann, der wahrscheinlich der Vater der Kinder ist, auf mich zukommt und in gebrochenem Englisch fragt, ob ich Arbeit suche. Ich verneine und versuche zu erklären, was ich tue, stoße aber auf völliges Unverständnis. Nach einigem Hin und Her verstehe ich, dass ich mitten auf ihrem privaten Land unterwegs bin und entschuldige mich, aber er guckt mich nur sehr bedauernd an. Immer wenn Wi – so stellt der Mann sich vor – dem Rest der Familie übersetzt, was ich gesagt habe, schnattern sie drei Minuten lang durcheinander. Irgendwann schlägt seine Frau die Hände über dem Kopf zusammen und murmelt etwas mit einem sorgenvollen Gesichtsausdruck, der stark nach »Der arme Junge« aussieht. Ich muss lachen, weil die Situation für mich völlig surreal ist. Da steht eine wirklich arme und einfache Familie vor mir und macht sich meinetwegen Sorgen!

   Mit der Zeit kommt raus, dass sie denken, ich wäre aus meinem Land vertrieben worden. Sie können sich anscheinend nicht vorstellen, dass jemand freiwillig mit einem Fahrrad in einem fremden Land herumfährt. Sie vom Gegenteil zu überzeugen, scheitert jedoch kläglich. Als ich mit dem Fahrrad pfeifend und lachend eine Runde im Hof drehe, um zu zeigen, dass mir das Spaß macht, brechen sie in Gelächter aus und winken mit großen Gesten ab. Da es schon spät ist und langsam beginnt zu dämmern, versuche ich mich zu verabschieden, damit ich in der Nähe irgendwo mein Zelt aufschlagen kann, aber ich hätte mir eigentlich denken können, dass sie mich nicht gehen lassen. Fast beleidigt und mittlerweile komplett ohne Scheu schieben sie mich in ihr Haus, setzen mich auf eine Matte am Boden und bringen mir einen bitteren Tee.

Wi zeigt mir das Haus, und obwohl es nicht allzu groß ist, scheinen sie nicht so arm zu sein, wie ich dachte. Stolz erzählt er mir, dass sie eine ganze Gegend mit Reis versorgen und seit einem Jahr auch außerfamiliäre Mitarbeiter hätten. »Aber wir gehen selbst auch alle aufs Feld«, fügt er hinzu, was die braune Haut und die robusten Hände erklärt. Trotzdem haben sie außer der Küche nur zwei Zimmer. In einem thront ein riesiges Bett, im anderen liegen verstreut Matten auf dem Boden. Nach dem gewöhnungsbedürftigen Essen bin ich müde vom Tag und von der schwierigen Kommunikation mit Händen und Füßen. Nach einem letzten Tee gähne ich, die Tochter versteht sofort und bedeutet mir zu folgen. Sie zeigt auf das Bett, doch ich schüttele den Kopf und weise auf meine Isomatte und meinen Schlafsack. Ich weiß nicht, ob sie versteht, was ich meine, jedenfalls schüttelt jetzt sie den Kopf. So geht das die nächsten paar Minuten, und unser Kopfschütteln wird immer energischer. Irgendwann beschließe ich, einfach meine Matte auszurollen, aber ich habe die Rechnung ohne Tui gemacht, wie sie sich mir irgendwann schüchtern vorgestellt hat. Plötzlich gar nicht mehr schüchtern, nimmt sie mir die Isomatte weg, guckt mich so böse an, wie sie kann, und drückt mich in Richtung Bett. Mittlerweile bin ich so müde, dass ich klein beigebe und mich tausendfach bedanke. Am nächsten Morgen bereue ich meine Entscheidung. Das Bett war zwar wahnsinnig bequem, aber als ich, von der Hitze geweckt, früh in die leere Küche komme, liegt dort eines der kleinen Mädchen in der Ecke auf einer Matte und schläft, und im Staub neben ihr kann ich noch einen Abdruck entdecken, der ungefähr die Größe von Tui hat.

Während ich mein Zeug zusammenpacke, kommt der alte Mann ins Zimmer und bittet mich erneut zu warten. Ich bin gerade dabei, mein Fahrrad zu beladen, als Wi schnellen Schrittes auf mich zukommt. »Du kannst nicht gehen«, sagt er und guckt mich verblüfft an.

»Doch, doch, ich muss weiter«, erwidere ich, »Laos!«.

Noch einmal bietet er mir Arbeit an und sagt jetzt auch noch, ich könne für immer bei ihnen wohnen, wenn ich möchte. Ich freue mich von Herzen über das Angebot, muss aber auch über unsere unterschiedliche Weltansicht lachen, denn Wi lässt mich nur kopfschüttelnd von dannen ziehen. Der alte Mann nimmt seinen Hut ab und schenkt ihn mir, eine Geste, die mich fast zu Tränen rührt. Es ist mir unangenehm, aber ich spüre, dass es unhöflich wäre abzulehnen. Ich ärgere mich darüber, dass ich kein Spielzeug oder Ähnliches für die Kinder dabeihabe, wobei ihnen die Holzstäbe gestern eindeutig zu genügen schienen. Dem süßen Opi gebe ich eines meiner T-Shirts und Wi ein Haarband. Beide freuen sich riesig, ziehen die Sachen sofort an und strahlen. Die anderen sehe ich leider nicht mehr, denn sie sind noch im Dunkeln aufgestanden, um die wenigen sonnenarmen Stunden auf dem Feld auszunutzen. Wi ist extra zum Verabschieden zurückgekommen, und ich sehe ihn gleich wieder loshetzen, als ich mich noch mal umdrehe.

Die nächsten Stunden sind anstrengend heiß, aber ich bekomme nicht besonders viel mit, weil ich mit dem Kopf noch bei Wi und seiner Familie bin. Ich bin beeindruckt von so viel Fleiß und Güte und habe gleichzeitig das Gefühl, dass sie in ihrer Einfachheit eine der glücklichsten Familien sind, die ich je treffen durfte. Ich bin unglaublich froh, dass ich mich dazu entschieden habe, weiterzufahren, und schon zwei Tage nach dem Überfall auf so großzügige Kambodschaner getroffen bin. Das bestätigt mich in meiner Annahme, dass die Polizisten meine Dollar bitter nötig hatten, viel nötiger als ich.

Als ich in dem Ort ankomme, von dem mich eine Fähre nach Stung Treng bringen soll, bin ich froh, endlich wieder Zivilisation vorzufinden. In einem kleinen Laden kaufe ich mir einen eiskalten Mangosaft, der nach den zwei Tagen mit warmem

Wasser göttlich schmeckt. Wenig später legt meine Fähre ab, doch erst als ich mein Fahrrad mit Expandern am Geländer festbinde, bemerke ich die fehlende Fronttasche. Ich muss sie im Laden auf dem Tresen vergessen habe. »Stooop!«, brülle ich instinktiv und dann ein bisschen ruhiger zu einem Mitarbeiter der Fährgesellschaft: »Back, we have to go back!«

»Nein, das geht nicht«, antwortet er.

»Doch, doch wir müssen zurück«, verzweifle ich, denn alle meine Wertsachen sind in der Vordertasche.

Er lässt sich überreden, weil wir gerade erst abgelegt haben, und als ich abgehetzt am Laden ankomme, steht der Besitzer schon davor und hält mir die Tasche hin. Ich checke kurz, ob alles drin ist, bedanke mich und hechte zurück zur Fähre. Das war knapp.

Stung Treng ist eine Transitstadt und es gibt nicht wirklich viel zu sehen, aber von einem anderen Reisenden in meinem Guesthouse bekomme ich den Tipp, auf den Four Thousand Islands die Happy Island zu besuchen, dort wäre es einfach wunderbar.

Morgens wartet eine Überraschung im Gemeinschaftsraum auf mich. Es gibt Brot und Nutella zum Frühstück! Erfüllt, gesättigt und mit sechs Litern Wasser im Gepäck fahre ich los – wer weiß, was kommt. Tatsächlich wird es ein wahnsinnig anstrengender Tag. Staub, Abgase und vor allem der Rauch der Müllverbrennung zehren an meiner Lunge. Es ist sehr heiß, und die Strecke ist, außer ein paar Essensständen, ziemlich öde. Aus dem Nichts taucht die laotische Grenze in Rosa vor mir auf, und obwohl das Land erst Anfang der Neunziger die Grenzen für den Tourismus geöffnet hat, funktioniert der Übergang reibungslos. Einen Stempel und 30 Dollar später spürt man landschaftlich nicht, dass man eine Grenze passiert hat. In Nakasong erinnern mich ein paar Kühe auf einmal stark an Deutschland. Von dort aus kann man mit einem kleinen Boot auf die Insel Don Det übersetzen, aber es ist gar nicht so leicht, meinen Drahtesel auf das Boot zu bekommen und zu fixieren. Unter großem Gelächter schaffen der Fahrer und ich es schließlich, und wir tuckern 20 Minuten lang über den braunen Mekong im Four-Thousand-Islands-Gebiet. In der Bungalowanlage in Don Det angekommen, bin ich völlig erledigt, ein ganzer Tag knallende Sonne hat mich geschlaucht, und die Bootsfahrt hat mir den letzten Rest gegeben. Zum Glück habe ich wenigstens einen Kopfschutz, denn mein neuer Spitzhut tut hervorragend seinen Dienst. Nach einer Dusche gönne ich mir Bier und Burger in einer Bar in der Nähe. Es ist sehr touristisch hier, aber das ist mir nach den Tagen in der Natur auch mal ganz recht. Die anderen Reisenden hier sind allerdings alle hoffnungslos hängengebliebene Kiffer. Sie behaupten zwar durchweg, immer unterwegs zu sein, und nennen sich moderne »Gypsies« oder »Nomads«, wohnen aber meist schon seit einem halben Jahr hier, weil es der beste Ort der Welt sei. »It's so real here«, höre ich des Öfteren. »Was genau?«, frage ich mich.

Am nächsten Tag schaue ich mir die Wasserfälle in der Gegend an, und es macht riesigen Spaß, ohne Gepäck unterwegs zu sein, weil ich superschnell bin. Die Wasserfälle gefallen mir gut, allerdings ertappe ich mich wie immer dabei, dass ich nach ein paar Minuten die Lust verliere. Das heißt aber in keiner Weise, dass mir die Sehenswürdigkeit, die ich gerade besuche, nicht gefällt. Ich gucke mir das tosende Wasser an und genieße es, ein paar Minuten zur Ruhe zu kommen, dann zieht es mich weiter. In der gleichen Bar wie gestern esse ich erst ein Chicken-Mayo-Baguette und eine Stunde später, weil ich das drückende Gefühl im Magen als Hunger interpretiere, noch eine Portion Pommes.

Eine weitere halbe Stunde später ist mir extrem übel, und nachdem ich mich zurück auf mein Zimmer gequält habe, geht es auch schon los. Ich liege zitternd mit Magenkrämpfen und Brechreiz im Bad und kann mich nicht rühren. Die Erlösung kommt mit dem ersten Erbrechen, allerdings hält diese nur fünf Minuten an. Dann rumort es weiter. Ich kämpfe mich hoch in die Bar, weil ich nur dort Internet habe, um mit Seli zu chatten. Hier muss ich aber auch noch dreimal unser Gespräch unterbrechen und schnell zur Toilette hechten. Eigentlich müsste der Magen irgendwann leer sein, aber es geht noch den gesamten Abend im 15-Minuten-Takt weiter. Erst nach Mitternacht falle ich erschöpft ins Bett und bin einsam, denn solche Tage sind alleine wirklich der Horror.

Am nächsten Morgen geht es mir ein wenig besser, aber ich bin immer noch sehr schwach und kann nichts zu mir nehmen. Deswegen verbringe ich den Tag im Bett und nicht auf der Weiterreise. Einen Tag später als geplant nehme ich ein Boot zurück nach Nakasong und muss danach über den öden Highway weiterfahren. Es gibt zwar auch kleinere, unbefestigte Straßen, diese sind aber selten verzeichnet, und ich weiß nicht, wo sie mich hinführen würden. Mein Lichtblick ist, dass mich schon wieder ein Luxus-Resort eingeladen hat, was meinem Gesundheitszustand sicher guttun wird. Ich komme nassgeschwitzt und dreckig an und werde natürlich von allen angestarrt, weil ich noch dazu in Birkenstock und lockeren Sportklamotten unterwegs bin. Umso mehr genieße ich die warme Dusche und den Pool und flöße mir andauernd Tee ein, um meinen Körper wieder fit zu bekommen.

So langsam habe ich genug von Asien. Ich genieße zwar die Zeit hier, aber ich freue mich auch schon auf andere Kontinente und Eindrücke. Die nächsten Tage verschwinden unter dem grau-braunen Schleier, der über jeder asiatischen Stadt liegt, und das einzige Highlight ist ein Glas Nutella, das ich in einem Supermarkt entdecke und innerhalb von zwei Tagen leere. Das Radfahren strengt mich aufgrund der Hitze, des Staubs und der Müllverbrennung enorm an. Meine Lunge leidet wieder mehr, und ich muss alle paar Kilometer anhalten, weil der Husten mich durchschüttelt. Trotzdem bin ich oft neun Stunden im Sattel und schaffe zwischen 120 und 180 Kilometern am Tag. Mit starr auf die Straße gerichtetem Blick fährt es sich eben ein wenig schneller als an der Küste oder in einem Nationalpark. Natürlich würde ich beides zu jeder Sekunde den Straßen vorziehen, die ich im Moment befahre. Der dreckige Mekong immer zu meiner Linken macht es auch nicht viel besser, denn er erinnert mich an die Zeit an der Donau, nur dass ich jetzt flussaufwärts fahre. Laos hat deutlich mehr zu bieten, aber die Highlights liegen immer 150 Kilometer rechts oder links von meiner Route, und ich habe keine Lust, mehrere Tage zu »verlieren«. Abends übernachte ich meistens in Hostels, und touristische Flecken nerven mich nicht mehr so sehr, weil sie mir ein paar richtig nette Bekanntschaften bescheren. Die Städte Thakhek und Savannakhet gefallen mir besonders gut, denn die Architektur, die teilweise noch aus der französischen Besatzungszeit stammt, mischt sich wunderbar mit der asiatischen Kultur. Es macht Spaß, sich mit anderen Reisenden auszutauschen, und die Gedanken an das, was mich auf meiner Reise noch erwartet, lassen mich vergessen, wie öde meine Tage im Moment sind. Nachdem ich jetzt am eigenen Leib erfahre, wie langweilig und gleichzeitig anstrengend es ist, in bevölkerungsarmen Gegenden und auf Sandboden zu fahren, bin ich froh, dass der ursprüngliche Plan, nach Kasachstan zu fahren, nicht aufgegangen ist. Pläne über Bord zu schmeißen hat mir in meinem Projekt bisher nur Gutes gebracht, erst gar keine zu machen, sowieso.

In der Hauptstadt Vientiane will ich eigentlich nur zwei Nächte bleiben, aber es gefällt mir so gut, dass ganze zwei Wochen daraus werden. Nicht die Stadt ist es, die mich überzeugt, sondern die Begegnung, die ich gleich am ersten Abend mache. Schon oft habe ich auf meiner Reise sehr nette Menschen getroffen, aber bis jetzt sind daraus nie sehr innige Beziehungen geworden, weil ich mich nach einem schönen Abend immer am nächsten Morgen verabschiedet habe. Hier in Vientiane hat das Schicksal jedoch eine Gruppe Menschen zusammengewürfelt, wie sie unterschiedlicher nicht sein könnten. Vielleicht verstehen wir uns gerade deswegen so gut. Imran, ein schmächtiger Kerl mit pakistanischen Wurzeln, der von England hierhergeradelt ist, hat es mir besonders angetan. Er hat ein Rad ab und ist radverrückt, was mich normalerweise eher nervt, aber wir sind uns schnell einig, dass jeder selbst am besten weiß, wie die eigene Reise verlaufen soll. Außerdem gibt es noch den Amerikaner Dan, ebenfalls auf dem Fahrrad unterwegs, und Jonas und Ole aus Deutschland, die sich einen Roller gekauft haben, mit dem sie durch Laos cruisen. Vivien, halb Chinesin, halb Schwedin, und Andrew, ein Schotte, der aber auf den Philippinen aufgewachsen ist, seitdem er 18 ist, in Singapur lebt und erst ein Mal in Schottland war, komplettieren die Runde. Jeder Einzelne bleibt viel länger als geplant, weil uns einfach nie der Spaß ausgeht. Ich habe allen beigebracht, dass um 15 Uhr Kuchenzeit ist, und abends wechseln wir uns mit dem Kochen ab. Sobald ich dran bin, bedeutet das, dass ich alle in die Pizzeria in der Nähe einlade. Bald kennen wir Vientiane in- und auswendig, aber da ständig neue Reisende zu uns stoßen, klappern wir die besten Punkte immer wieder ab. Durch den Tourismus gibt es einige schöne Cafés, aber auch typisch laotische Flecken fehlen nicht. So entdecken wir beispielsweise einen Markt mit lebendigen Schildkröten, Fröschen und einigen Eimern, in die ich nicht lange genug reinschaue, um zu erkennen, was darin herumkriecht – alles zum Verzehr bestimmt! Routine langweilt mich überhaupt nicht, im Gegenteil, ich genieße es in vollen Zügen, zum ersten Mal seit Seli weg ist, entspannte Tage mit Menschen zu verbringen, denen ich mehr zu sagen habe als »Hallo« und »Was machst du so?«

In einem Päckchen von Selima liegt endlich ein neuer Fahrradständer. Er war nicht rechtzeitig vor ihrer Abreise aus Deutschland bei ihr angekommen. Mit Schrecken merke ich, dass er nicht passt, aber eine Autowerkstatt in der Nähe macht ihn mir für kleines Geld passend. Sie wollen gar keins annehmen, aber davon will ich nichts hören. Verrückt, wie sich meine Stimmung innerhalb weniger Tage wandeln kann. Ich habe mich mit Vivien und Andrew in Chiang Mai verabredet, um gemeinsam Weihnachten zu feiern. Selima wird in Bangkok dazustoßen, wo wir alle zusammen Silvester feiern wollen. Schon nach wenigen Tagen ohne einander haben wir entschieden, dass wir es nicht länger getrennt aushalten. Plötzlich ist Asien doch nicht mehr so scheiße, und ich habe genug Motivation, um aus Vientiane aufzubrechen. Am Ortsausgang passiere ich einen Markt, und es zerbricht mir das Herz, als ich mehrere Welpen in Käfigen eingesperrt sehe. Ich bleibe stehen und überlege gut zehn Minuten lang, ob ich ein oder zwei mitnehmen soll, aber ich weiß, dass ich so niemals über die Grenze nach Thailand kommen würde.

Die Grenzüberquerung am nächsten Tag verläuft also ohne Hund und ohne Probleme. Die Fahrradpause macht sich bemerkbar, ich brauche ein bisschen, bis ich auf meinem alten Fitnessniveau bin. Da ich aber unbedingt Weihnachten in Chiang Mai verbringen will, strenge ich mich an, jeden Tag mein Kilometerpensum zu schaffen. Die Berge machen es mir schwer, allerdings bin ich wahnsinnig froh, diese Route gewählt zu haben, denn die Natur ist atemberaubend. Nur ein einziges Mal muss ich zelten, an den anderen Tagen werde ich von Familien in kleinen Bergdörfern in ihre Holzhütten eingeladen.

Eine dieser Familien hat einen kleinen Sohn, der noch nie einen Weißen gesehen hat. Er fängt prompt an zu weinen, als er mich sieht, beruhigt sich aber schnell und tastet neugierig meinen mittlerweile extrem langen Bart und meine Locken ab. Vivien und Andrew haben sich einen Roller gekauft und wollten die Abende eigentlich mit mir verbringen, aber nachdem wir zweimal kläglich gescheitert sind, uns zu finden, geben wir auf. Die Dörfer sind im Netz nicht zu finden, und da sie alle gleich aussehen, ist es wirklich schwer, sie zu beschreiben. Vielleicht waren wir aber auch nur zu unterschiedlichen Uhrzeiten im selben Dorf? Je näher ich Chiang Mai komme, desto zivilisierter wird es. Ich passiere kleine Städte und freue mich, wieder in Thailand zu sein. Tatsächlich merke ich erst jetzt, dass ich das Land wirklich vermisst habe. Hier gibt es zwar auch viel Staub und Abgase, aber grundsätzlich ist alles sauberer, und Essen, Schlafen und Fahren sind viel einfacher. Ich glaube aber auch, dass es schön für mich ist, hier zu sein, weil ich vieles schon kenne. Auf so einer langen Reise macht es beispielsweise unfassbar glücklich, zweimal im selben Restaurant zu essen. In Chiang Mai habe ich mich deshalb auch im selben Hostel eingebucht, in dem ich schon vor ein paar Wochen war. Eigentlich wollte ich jetzt mit Anselm hier sein, aber stattdessen warten Vivien und Andrew schon auf mich. Bei einem vom Hostel organisierten Barbecue erzählen wir uns, was wir in den letzten Tagen erlebt haben. Eigentlich sind unsere Geschichten ziemlich deckungsgleich, jedoch wissen wir nicht, ob wir von denselben Dörfern sprechen. Einmal sind wir uns jedoch sicher, denn Andrew erzählt lachend, dass er, als sie sich in einem Dorf suchend umgeschaut haben, von einem jungen Mann angesprochen wurde, der gefragt hat, ob er seinen Bruder suchen würde. Anscheinend hatte ich das Dorf bereits passiert, und da auch Andrew einen Vollbart trägt, sehen wir uns nicht unähnlich. »Warum wart ihr denn langsamer als ich?«, frage ich die beiden verwirrt. Etwas peinlich berührt gucken sie sich an und erzählen dann, dass sie die Berge so schön fanden, dass sie zweimal am selben Ort gezeltet haben. Anscheinend hat es das frisch verliebte Pärchen nicht aus dem Zelt geschafft. »Kein Wunder, dass wir uns nicht gefunden haben!«, lache ich, und die beiden grinsen entschuldigend. Es sei ihnen gegönnt.

Die Tage in Chiang Mai sind fast noch schöner als die in Vientiane, weil die wunderschöne Natur dazukommt. Ich radle die 1676 Höhenmeter auf den Berg Doi Suthep und genieße es, dass Andrew mich vom Roller aus filmt und ich nicht die Kamera aufstellen muss. Er ist Fotograf und fängt ein paar wirklich tolle Szenen ein. Wieder auf dem Hoch meiner Kräfte, überhole ich trotz des Gepäcks eine Gruppe Rennradler. Auch, wenn es mir sonst kein bisschen um Schnelligkeit geht, ist es ein gutes Gefühl zu spüren, dass ich meine Lungenerkrankung überwunden zu haben scheine und mir die Steigung nicht mehr so viel ausmacht wie noch im Allgäu. Zum höchsten Berg Thailands, dem Doi Inthanon, machen wir einen Tagesausflug mit einem gemieteten Auto, denn er ist 90 Kilometer entfernt. Von beiden Bergen hat man eine unglaubliche Aussicht, und in den Tempeln herrscht auf dieser Höhe eine besondere Atmosphäre: das atemberaubende Gefühl, von einem Berg auf die Welt herunterzuschauen, verbunden mit der Stille einer heiligen Stätte. Es ist noch ein bisschen stiller als in einem Tempel in der Stadt.

An einem Abend habe ich mir zusammen mit Andrew Tickets zu einem Muay-Thai-Boxkampf besorgt, dem Nationalsport Thailands. Auch wenn der Kampf sich als Touri-Veranstaltung entpuppt, ist es nicht schwer sich vorzustellen, wie die ursprünglichen, meist illegalen Kämpfe ablaufen, denn die Einheimischen feuern ihre Champions an, was das Zeug hält. Die Kämpfer im Ring sind durchweg minderjährig, und es ist kein schönes Gefühl, ihnen dabei zuzusehen, wie sie sich die Köpfe einschlagen. Der sehr brutale Sport wird dauerhaft untermalt vom lauten Gedudel thailändischer Musik, und nachdem ich wiederholt Schweiß- und Blutspritzer abbekommen habe, weil wir in der ersten Reihe sitzen, habe ich keine Lust mehr. Andrew ist ganz in seinem Element und filmt wie verrückt – durch die Linse ist es wahrscheinlich besser auszuhalten. Nach ein paar Kämpfen, die alle sehr ähnlich ablaufen, hat aber auch er genug.

Am Weihnachtsmorgen taucht plötzlich Dan auf. Er hatte keine Lust, alleine Weihnachten zu feiern, und ist kurzerhand in einen Bus gestiegen und zu uns gefahren. »Schön, dass du da bist, Mann, endlich bin ich nicht mehr alleine mit den Turteltäubchen«, grinse ich ihn an. Andrew und Vivien scheinen auch froh zu sein, mal ihre Ruhe zu haben, deswegen gehen Dan und ich abends alleine essen. Nach ausgiebiger Recherche haben wir ein amerikanisch geführtes Restaurant gefunden, das Truthahn anbieten soll, und tatsächlich gibt es in der kleinen Stube ein Weihnachtsessen für Dans Ami-Herz und den halben Ami in mir. Wir lassen es uns so richtig schmecken, und obwohl wir so weit weg von zu Hause sind und der silberne Lamettavorhang nicht annähernd mit den Schmückkünsten meiner Mutter mithalten kann, kommt Weihnachtsstimmung auf. Nachdem ich kurz nach Hause geskyped habe, laufen wir an den Strand. Dort kaufen wir einer Thailänderin Weihnachtsmützen und Feuerlaternen ab und gucken uns schweigend den Sonnenuntergang an, bis Vivi und Andrew zu uns stoßen. Damit ist das Schweigen beendet, denn Vivien plappert den ganzen Tag, aber das ist gerade gar nicht so schlecht, denn es reißt mich aus meiner Melancholie. Auch, wenn Weihnachten für mich kein besonders wichtiger Tag ist, ist es ein seltsames Gefühl, ihn ohne die Familie zu verbringen. Ich wäre vor allem gerne bei meiner Oma, die bestimmt damit kämpft, zum ersten Mal ohne Opa zu feiern. Als wir unsere Laternen entzünden und in die schwarze Nacht loslassen, schicke ich sie mit guten Wünschen nach oben und hoffe inständig, dass sie ankommen. Die Hitze einer kleinen Fackel bläst die großen Papiertüten auf, und nach anfänglichen Anlaufschwierigkeiten sind all unsere Laternen in der Luft. Der gesamte Himmel ist übersät mit Lichtern, denn außer uns nehmen noch Tausende andere an der Zeremonie teil. Ich verliere meine Laterne nach wenigen Minuten aus den Augen und genieße stattdessen lieber das Lichtermeer.

Über Land, über Wasser

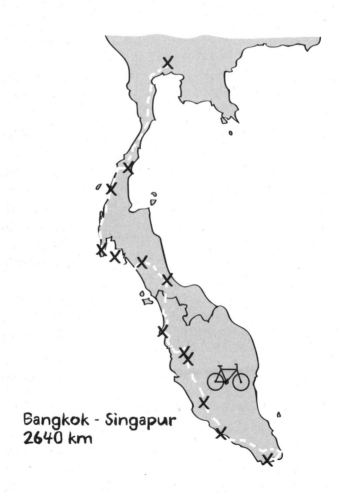

Bangkok - Singapur
2640 km

Das Feuerwerk erleuchtet die gesamte Stadt. Ich stehe inmitten einer riesigen Menschenmenge auf dem Central Plaza, um das neue Jahr zu begrüßen. Nach der Entspannung und Ruhe der letzten Wochen ist Silvester in Bangkok ein ziemlicher Schock. Trotzdem ist es ein schönes Gefühl, gemeinsam mit Tausenden Menschen von zehn runterzuzählen, bis es endlich so weit ist. Unter den Lichtern am Himmel ist irgendwo auch das Flugzeug, in dem Selima sitzt. Sie erlebt Silvester im Landeanflug auf Bangkok und erzählt mir später, dass das Feuerwerk von oben betrachtet winzig klein ausgesehen habe. »Was für ein Jahr«, schießt es mir durch den Kopf. Zum ersten Mal werde ich nicht traurig, als ich an meinen Opa denke. Auch für ihn will ich diese Tour bewältigen, und ich freue mich auf die nächsten drei Wochen mit Selima.

Auf dem Weg nach Bangkok hatte ich endlich einmal Glück mit meiner Route, denn Sukhothai, das für seinen Geschichtspark mit über 1000 Jahre alten Ruinen bekannt ist, lag beinahe direkt auf meinem Weg. Natürlich habe ich mir das nicht entgehen lassen, aber kaum stand ich dort, hatte ich schon das Interesse verloren. »Du bist ausgetempelt«, hat Vivi zu mir gesagt, die zusammen mit Andrew in der Stadt auf mich gewartet hatte, damit wir uns die Tempel gemeinsam ansehen können. »Hast einfach schon zu viele Tempel gesehen.«

Tatsächlich kann mich nach Angkor Wat irgendwie nichts mehr beeindrucken, obwohl ich das sehr schade finde, denn die Ruinen von Sukhothai sind wirklich schön. Andererseits schaue ich mir in Europa auf Städtetrips auch nicht jede Kirche an und habe in den letzten Wochen wahrscheinlich schon mehr Sightseeing gemacht, als in meinem gesamten Leben vor der Reise. Zum Glück ist Selima ähnlich gestrickt wie ich, und so verlassen wir die Hauptstadt bereits an Neujahr. Eigentlich wollten wir noch ein bisschen mit Vivien und Andrew unterwegs sein, aber nachdem ich Seli endlich wiederhabe, möchte ich sie plötzlich überhaupt nicht mehr teilen. Trotzdem habe ich Freundschaften fürs Leben geschlossen und bin mir sicher, dass ich Vivi und Andrew wiedersehen werde.

Da Selima kein Rad hat und mit Bussen und Zügen zurechtkommen muss, buchen wir uns meist morgens ein Hostel, damit wir einen festen Treffpunkt haben. Das macht mich zwar ein bisschen unflexibel, was ich bekanntlich gar nicht leiden kann, aber zu wissen, dass Selima am Zielort auf mich wartet, motiviert ungemein.

Die Hitze, der Staub, der Highway 4, den ich nur selten verlasse – nichts kann mir etwas anhaben. Unterwegs entdecke ich ein Thailand, das ich so noch nicht kannte. Ich komme durch Gebiete, die wenig bis gar nicht touristisch, sondern eher industriell geprägt sind, tagsüber halte ich oft an einer der Malls am Straßenrand. Diese sehen alle gleich aus, erinnern mich total an Amerika und beherbergen vor allem fast alle eine Filiale der gleichen Pizzakette. Nach wochenlangem asiatischem Essen ist ein leckeres Stück Pizza mit reichlich Käse eine wahre Genugtuung. Nachmittags stoppe ich dann meistens an Tankstellen, an denen ein 7-Eleven und ein Café angeschlossen sind, fülle meinen Koffeinhaushalt auf und decke mich mit Wasser ein.

Dadurch, dass wir uns die Hostels und Guesthouses nicht vorher angucken können, landen wir das ein oder andere Mal in einer schmuddeligen Absteige, aber das stört uns nicht besonders, denn wir sind einfach froh, gemeinsam Zeit zu verbringen. Selima schläft oft aus und macht sich erst weit nach mir auf den Weg. Trotzdem brauche ich mit dem Fahrrad natürlich länger, und sie vertreibt sich die Zeit, bis ich ankomme, mit Lesen.

In Chumpon entscheiden wir uns spontan, das schmale Land zu durchqueren und die Westküste entlangzufahren, denn die Inseln im Westen gefallen mir besser als die an der Ostküste. Nur einmal schaffen wir es nicht, im Internet eine Unterkunft zu finden, die für mich mit dem Fahrrad an einem Tag erreichbar ist, also fährt Selima vor bis nach Phuket, und ich stoße zwei Radtage später zu ihr. Auch wenn ich weiterhin auf dem Highway 4 unterwegs bin, bemerke ich, wie sich die Natur verändert. Umgeben von Nationalparks und Stränden macht mir Fahrradfahren richtig Spaß. Morgens entscheide ich mich dazu, sehr früh aufzubrechen, einen kleinen Umweg zu machen und den Highway zu verlassen, denn direkt nebenan ist der Khao Sok Nationalpark. Anstatt bei einer geführten Tour mitzumachen, fahre ich einfach mitsamt meinem Gepäck von oben nach unten durch. Hier soll es, außer Elefanten und Wildschweinen, auch Tiger und Bären geben, aber leider entdecke ich keins der wilden Tiere. Dafür flattern mir handtellergroße Schmetterlinge um den Vorderreifen, und überall schwirren Libellen in den schönsten Farben herum. Gerade noch rechtzeitig vor Anbruch der Dunkelheit komme ich aus dem Eingangstor herausgefahren, denn Wildcampen ist leider verboten. Ich fahre blind drauflos, zurück in Richtung Küste, und finde ein kleines Stück Wald, das nur der Strand vom Meer trennt. Es ist stockdunkel, als ich mein Zelt aufbaue, und ein bisschen unheimlich, aber irgendwie habe ich das Gefühl, dass ich genau hier bleiben sollte.

Ich werde nicht enttäuscht. Morgens aus dem stickigen Zelt zu purzeln und als erste Tat des Tages Abkühlung im Meer zu suchen, ist ein Gefühl von purer Freiheit. Durch die auch nachts unglaublich hohen Temperaturen ist Zelten ziemlich unangenehm, und wenn man nassgeschwitzt aufwacht, ist das Meer eine willkommene Dusche. Am Strand trockne ich in der Morgensonne binnen Sekunden und koche mir dann unter den schattenspendenden Bäumen in Ruhe einen Kaffee.

Selima hat die Nacht in Phuket im Hostel verbracht und denkt, dass wir auch die nächsten Tage dort übernachten und uns die Stadt angucken, aber da sie am nächsten Tag Geburtstag hat, habe ich uns als Überraschung in einem Hotel einquartiert. Bevor wir einchecken, zeige ich ihr jedoch erst mal die Innenstadt mit meinen Lieblingscafés und stelle sie meinen thailändischen

Kumpels vor, die ich vor ein paar Wochen im Hostel kennengelernt habe. In der kurzen Zeit hat sich die Stimmung in Phuket schon verändert. Es ist bereits zu Beginn der Hochsaison sehr viel los, und durch die vielen Touristen sind die Preise und das Stresslevel rasant gestiegen. Wir sind froh, dass wir der Hektik der Stadt entfliehen können, da unser Hotel etwas abgelegen liegt. Als wir ankommen, ist Selima völlig baff. Sie hat ein Hostel erwartet und rennt, als sie unsere kleine Villa entdeckt, wie ein aufgescheuchtes Huhn staunend durch alle Räume. Zum Geburtstagsfrühstück bekommt sie vom Hotelpersonal eine Schokotorte mit ihrem Namen drauf, und der einzige Wermutstropfen in den nächsten Tagen sind die anderen Gäste, denn denen scheint es nicht so gut zu bekommen, so viel Geld auf dem Konto zu haben. Ein russisches Pärchen benimmt sich so sehr daneben, dass wir es vor lauter Fremdschämen kaum aushalten. Sie kaufen innerhalb eines Nachmittags immer neue Magnumflaschen Champagner und bedeuten den Angestellten, sie damit vollzuspritzen. »Wie dreist kann man denn sein?«, regt sich Selima auf, und auch ich kann kaum glauben, wie verschwenderisch und unsensibel sie sich verhalten. Die Angestellten hingegen wundern sich eher über unser Verhalten, unsere Nettigkeit scheint sie zu verunsichern.

Nach drei Tagen nervt uns die Gesellschaft der Bonzen, und das Nichtstun langweilt uns so sehr, dass wir einen Tag früher als geplant aufbrechen. Mit der Fähre setzen wir auf Koh Lanta über und stellen fest, dass durch die Hochsaison alles ausgebucht ist. Nur ein einziger Minibungalow ist noch frei. Als wir unsere Sachen abladen und den Bungalow zum ersten Mal sehen, bekommen wir einen Lachanfall. Nachdem wir es uns die letzten Tage gutgehen lassen haben, hat unser heutiges »Zimmer« etwa die Größe einer Badewanne und ist durch die zwei Zentimeter dicke Ein-Personen-Matratze komplett ausgefüllt. Macht uns überhaupt nichts aus, entscheiden wir und freuen uns, Vivi und Andrew, mit denen wir uns am Long Beach verabredet haben, unsere Lieblingsspots auf der Insel zu zeigen. Es ist schön, noch mal mit Seli am selben Ort zu sein wie schon vor ein paar Wochen. Dieses Mal steht ihr Heimflug nicht unmittelbar bevor, und wir genießen die Insel noch ein bisschen mehr.

Von Koh Lanta nehmen wir eine Fähre, die uns an den Küstenabschnitt vor Trang bringt. Da ich bei einem zufälligen Blick auf meinen Pass gerade noch rechtzeitig gemerkt habe, dass mein Thailandvisum ausläuft, überbrücken wir eine kurze Strecke mit dem Zug. An der Grenze ist es ein bisschen stressig, da alle Passagiere innerhalb von zehn Minuten aussteigen, zu Fuß über die Grenze gehen und danach wieder einsteigen müssen. Mit dem Fahrrad ist das gar nicht so einfach, und die Grenzbeamten sind wie immer nicht begeistert davon, mit einer Situation konfrontiert zu werden, in der sie nicht wissen, was sie tun sollen. Kurz vor der Passkontrolle steht ein riesiges Schild, auf dem erklärt wird, welcher Sorte Mensch das Königreich Malaysia den Eintritt in das Land verwehrt. Als Selima mich darauf aufmerksam macht, dass da unter anderem steht, »hippieske« Reisende in Flatterhosen (genau so eine hat sie an), ohne Unterwäsche oder mit Bikini anstatt BH (zweites trifft ebenfalls auf sie zu), mit wilden Haaren (wilder als meine Mähne geht kaum) und Sandalen (Es sind 35 Grad!) wären unerwünscht, müssen wir uns enorm anstrengen, nicht in einen Lachkrampf auszubrechen, denn die Grenzpolizei steht nur wenige Meter entfernt. Zum Glück geht dann aber alles glatt, und wir stehen wenig später wieder im Zug. Da auch einige Passagiere zugestiegen sind, ist die Platzsuche dieses Mal schwieriger. Als wir uns zu einer älteren Dame auf einen Vierersitz setzen wollen, herrscht sie uns mit einer tiefen, verrauchten Stimme an: »That's my place!« Als Selima freundlich nachhakt, ob sie denn alle vier Plätze benötige, bekommt die Frau einen Wutanfall und unterbricht ihr Gekeife in breitestem Amerikanisch nur, um sich einen Schluck Wodka aus einer nur noch halbvollen 1-Liter-Flasche zu genehmigen. So heiß auf ihre Plätze sind wir dann plötzlich gar nicht mehr.

Da Selima nur noch wenige Tage hat und sich der Ausflug nach Malaysia auch für sie lohnen soll, steigen wir erst 100 Kilometer hinter der Grenze in Butterworth aus, weil wir von dort mit der Fähre die schöne Insel Penang erreichen. Sie bringt uns, ein paar Touristen und Tausende Pendler vom malaysischen Festland auf die küstennahe Insel. Unter den vielen Auto- und Motorradfahrern an Bord entdecke ich auch zwei bis drei Fahrradfahrer – wir sind aber wie immer in der Unterzahl. Teils belustigt, teils skeptisch werden wir von den anderen Passagieren beäugt.

Als wir nur wenig später die Insel erreichen, spuckt die Fähre die Menschenmenge aus, und es dauert keine zwei Minuten, bis alle in unterschiedliche Richtungen verschwunden sind. Wir bleiben in der knallenden Hitze zurück und versuchen uns zu orientieren, nur, um dann doch ohne Plan loszumarschieren. Multikulturell soll sie sein, die überschaubare Hauptstadt George Town. Schon nach wenigen Metern bestätigt sich unsere Erwartung. Mit Erreichen der Hauptstraße betreten wir ein Meer aus Farben und Gerüchen.

Selima ist sofort verliebt, und auch ich fühle mich nach anfänglicher Reizüberflutung wohl. Wir lassen uns treiben und merken uns ein Paar Flecken für die nächsten Tage. Auf halber Strecke zum Hostel machen wir Halt bei einem Inder und genießen Butter Chicken mit frisch gebackenem Naanbrot. Von der abwechslungsreichen Küche auf Penang wurde uns schon viel vorgeschwärmt, doch gleich das erste Essen überzeugt uns so sehr, dass wir in den folgenden Tagen immer wieder herkommen. Ich merke mal wieder, dass ich ein Gewohnheitstier bin. Gefällt mir etwas, bleibe ich dabei. Es ist vor allem in der Ferne schön, sich Routinen zuzulegen, die den Tag strukturieren. Ein kleiner Ausgleich für die ständig wechselnden Einflüsse. Und davon gibt es hier genug.

Geweckt vom Ruf eines Muezzins laufen wir jeden Tag los und erkunden die vielen kleinen Straßen der bunten Stadt. In einigen Ecken fühlt man sich um Jahrzehnte zurückversetzt, irgendwie hat sie es geschafft, ihren ursprünglichen Charme zu bewahren. Gegründet von den Briten, ging die Stadt anschließend durch viele Hände: Inder, Chinesen, Malaysier, aber auch Araber, Portugiesen und Niederländer haben ihre Spuren hinterlassen. Durch die Zuwanderung und die wechselnden Besatzungen gibt es hier verschiedene Kulturen und Religionen auf engstem Raum zu bestaunen. Wir sehen in der Altstadt einen hinduistischen Tempel, der direkt gegenüber von einer kleinen Moschee steht. In derselben Straße besichtigen wir später einen eindrucksvollen buddhistischen Tempel. Von dort sieht man über die Dächer bis zu einem Kirchturm in der Nähe.

In der Mittagshitze legen wir in unserem Hostel die Füße hoch, weil es draußen einfach nicht auszuhalten ist. Oft gehen wir auch in eins der kleinen und schönen Cafés, die es hier überall gibt. Sie sind erstaunlich modern eingerichtet, und ich kann sogar meinen nachmittäglichen Kuchen- und Tortenhunger stillen. Nach einer kurzen Pause zieht es uns aber immer wieder hinaus. In Little India holen wir uns frisch gepresste Säfte und gehen in einen kleinen Schmuckladen. Mir ist das Viertel zu voll und überladen, überall wuseln Menschen herum, die sich lautstark unterhalten, und der Verkehr nervt. Die Bollywoodmusik, die aus allen Läden dröhnt, hören wir noch bis ins benachbarte Chinatown. Hier fahren anstelle der vielen Autos nur ein paar Trishawfahrer Touristen umher.

Die Architektur hat es uns besonders angetan. Die verwinkelten Gassen haben bunte Häuserfassaden mit chinesischen Schildern und britischem Stuck. Doch auch die Moderne hat ihren Einfluss gehabt. Wenn man genau hinguckt, kann man in George Town berühmte Streetart finden. Einiges kannte ich bereits aus dem Netz, in echt ist es aber definitiv noch cooler!

Der Tag von Selimas Rückflug rückt immer näher. Wir ignorieren es bis zuletzt, aber am letzten Tag vor ihrer Abreise ist die

Stimmung ziemlich gedrückt. Zur eigentlich geplanten Bergfahrt zum Ke-Lok-Si-Tempel können wir uns nicht aufraffen. Stumm sitzen wir vor unseren Laptops. Seli kümmert sich auf den letzten Drücker um einen Flug nach Bangkok, von wo aus sie nach Frankfurt starten will, und ich tippe lustlos ein paar Zeilen in meinen Blog. Völlig entnervt springt sie auf einmal auf und sagt: »Lass uns essen gehen, die verdammte Flugbuchung ist schon zum zweiten Mal zurückgekommen, ich mach's nachher.«

Bei unserem letzten Butter Chicken kommt unser Lieblingskoch James mit zwei Mangolassis zu uns, die unsere Stimmung heben sollen. Eigentlich heißt er Djahid, aber viele, denen wir hier begegnen, geben sich westliche Rufnamen. »Why you look so sad today? Food no good?«, versucht er uns mit Späßen aufzumuntern.

»It was wonderful like always«, lachen wir und sagen, dass wir im Gegenteil nur traurig sind, weil wir sein Essen vermissen werden.

Die Stimmung ist ein bisschen entspannter. Trotzdem denke ich an die fünf Monate bis zur Heimkehr, eine zu lange Zeit, um getrennt zu sein. Ich freue mich sehr auf Neuseeland, den Wunsch, mit ihr nach Hause zu fahren, habe ich dieses Mal nicht, aber ich habe gemerkt, wie schön es ist, die Erlebnisse mit jemandem zu teilen. »Warum kann sie nicht einfach mitkommen?«, denke ich.

Zurück im Hostel können wir es nicht weiter hinauszögern. Seli setzt sich wieder vor den Laptop, und ich kann sehen, wie sich ihre Laune sekündlich verschlechtert. »Ja, warum eigentlich nicht«, grübele ich vor mich hin. Kurzerhand werte ich die Probleme bei der Flugbuchung als Zeichen und frage sie, ob sie bei mir bleibt. Selima guckt mich leicht verwirrt an, kennt mich aber gut genug, um zu wissen, dass ich es ernst meine. »Das geht leider nicht, Felix. Ich habe wichtige Termine und außerdem nicht genug Geld.« Ich bin enttäuscht, aber bevor ich noch was sagen kann, sehe ich, wie sich der Gedanke bei ihr festbeißt. Das ist wie mit Schokolade oder Schule schwänzen. Einmal daran gedacht, kann man sich fast nicht mehr dagegen wehren. Ich kann sehen, wie ihr Kopf rattert, und fünf Minuten später sitzt Selima mit dem Kalender auf den Knien bei einem Skype-Gespräch mit ihrem Manager zu Hause. Denn sie wollte sich, sobald sie zurück ist, wieder in die Vorbereitung ihres Albums stürzen. Die beiden einigen sich darauf, dass die anstehenden Aufgaben wie Interviews, Homepage bearbeiten und Songwriting auch vom Ausland aus erledigt werden können. Das ist der Startschuss, den wir brauchen. Es folgt ein organisationsreicher Abend. Mein Geld muss jetzt für uns beide reichen, also werden wir uns einschränken müssen. Selis Erspartes geht in den Flug von Singapur nach Neuseeland, den wir sofort zusammen mit meinem buchen. Einmal ins Rollen gebracht, sind wir nicht mehr zu stoppen.

Ein Fahrrad für Selima muss her, also schreibe ich an den Fahrradhersteller Giant Neuseeland, während Selima schweren Herzens ein Konzert absagt. Aber nichts kann unsere Laune jetzt noch trüben. Wir freuen uns an unserer Spontanität, verwundert, dass wir nicht früher darauf gekommen sind. Jetzt fällt es uns auch nicht mehr allzu schwer, George Town zu verlassen, das wir in den paar Tagen wirklich liebgewonnen haben. Wir werden irgendwann wiederkommen, auch um den Rest der Insel zu besichtigen.

Am nächsten Tag, um dieselbe Uhrzeit, stehen wir auf der Fähre zurück nach Butterworth. Genau jetzt startet der Flieger aus Bangkok – ohne Selima. Ein verrücktes Gefühl. Stornieren ging nicht mehr, aber Verfallenlassen fühlt sich sowieso viel abenteuerlicher an.

Zwei Tage später treffen wir uns am Bahnhof in Ipoh, weil ich mit meiner sehr ungenauen Landkarte das Hotel nicht finden würde. Selima ist mit dem Zug vorgefahren und schon seit einem Tag hier. Bereits von weitem sehe ich sie auf einem Grünstreifen vor dem Bahnhof sitzen und lesen. Das Bahnhofsgebäude ist total gut erhalten und erinnert mich ein bisschen an das Taj Mahal. »Wenn schon das Bahnhofsgebäude aussieht wie ein Tempel, dann muss der Rest der Stadt ja ein Traum sein«, sage ich und umarme sie. »Na, dann warte mal ab«, lacht Seli. Mit ihrem Taxifahrer ist vereinbart, dass ich ihm folge, und da der Verkehr stockt, habe ich ein bisschen Zeit, mich umzusehen. Mit jeder Straße wird es industrieller, und unser Hotel steht schließlich mitten in einem Gebiet, wo es nichts gibt außer Metallzäune und verlassene Wohnhäuser. Ich merke mal wieder, dass ich genug von Asien habe. Ich hatte eine wirklich wundervolle Zeit auf diesem Kontinent und habe auch immer noch schöne Momente, aber ich kann mich einfach für nichts mehr wirklich begeistern. Ich hoffe sehr, dass dieses Gefühl, gesättigt zu sein, nicht auch noch in Neuseeland anhält, habe aber eigentlich keine großen Bedenken, weil dort auch das Radfahren wieder mehr Spaß machen wird. In Malaysia ist es, obwohl ich meistens ein Halstuch vor dem Mund und meinen spitzen Hut auf dem Kopf trage, einfach zu heiß und staubig. Außerdem komme ich nicht durch wirklich schöne Gebiete. Wenn ich Malaysia mehr Zeit geben würde, könnte ich natürlich die landschaftlich schönen Flecken besuchen, denn die gibt es auf jeden Fall. Aber mich zieht es weiter.

Ich fahre die Strecke nach Kuala Lumpur in zwei Etappen. Dort angelangt, bin ich wieder mit Selima am Bahnhof verabredet, die mit dem Zug ankommt, damit ich eine Chance habe, unser Hostel zu finden. Alleine auf der Suche zum Bahnhof verfahre ich mich aber hundertmal und bin ziemlich überfordert mit dem vielen Verkehr. Als ich den Bahnhof und Seli gefunden habe, machen wir gleiches Spiel wie in Ipoh und laden mein gesamtes Gepäck bei ihr im Taxi ein. Leider ist der Taxifahrer dieses Mal nicht so kooperativ und fährt mir irgendwann einfach davon. Die Gebäude in der Innenstadt sind so hoch, dass mein Radcomputer kein Signal bekommt, und ohne meinen Laptop oder ein Handy kann ich noch nicht mal versuchen, irgendwo Internet zu finden, um mich zu orientieren. Ich bin komplett aufgeschmissen. Meine einzige Rettung sind die beiden berühmten Petronas Towers, die die Stadt überragen, weil ich weiß, dass unser Hostel dort in der Nähe ist. Auch ohne Gepäck ist es wahnsinnig anstrengend, in der riesigen, vollen Stadt Fahrrad zu fahren. Als ich endlich die Zwillingstürme erreiche, nutze ich die Gelegenheit gleich, um ein bisschen zu filmen und zu fotografieren. Die Tower sind so hoch, dass es beinahe unmöglich ist, mich, mein Fahrrad und die Turmspitzen auf ein Foto zu bekommen. An der Rezeption unseres Hostels wartet eine belustigte Seli: »Erst habe ich mir Sorgen gemacht, wie du das hinkriegst, so ganz ohne Navigationsmöglichkeit, aber dann dachte ich, das schaffst du schon, früher gab's ja auch noch kein Internet«, lacht sie. »Aber da hatten die Menschen vielleicht eine Stadtkarte oder wenigstens die Adresse ihres Ziels zum Fragen«, antworte ich ziemlich erschöpft vom Tag.

    Nach der entspannenden Zeit an der Küste von Thailand, unserer Lieblingsstadt George Town und den anderen, meist eher kleineren Orten ist Kuala Lumpur für uns beide ein Schock. Anders als auf Penang führen die vielen Eindrücke einfach nur zu Reizüberflutung. In der Innenstadt besorgen wir eine günstige, leichte Isomatte für Seli und kaufen eine Leggins, damit sie ihre Sommersachen für kühle neuseeländische Abende umfunktionieren kann. Sonst meiden wir die Innenstadt, weil sie uns gleichzeitig zu westlich-modern und asiatisch-hektisch ist, und laufen auf der Suche nach Restaurants lieber durch kleinere Viertel. Dort schauen wir uns die Architektur an und entdecken einige schöne, besondere Gebäude, weswegen wir auf klassisches Sightseeing komplett verzichten. Mit dem Essen haben wir leider dreimal hintereinander Pech und bekommen Mahlzeiten, bei denen man schon nach einem Bissen merkt, dass sie vergammelt sind. Auch die von vielen angepriesene Foodstreet ist eher enttäuschend. Das Essen sieht, anders als auf thailändischen Nightmarkets, nicht lecker aus, und nachdem unser Magen bereits verdorben ist, lassen wir von dem Straßenessen lieber die Finger und gönnen uns nur ein paar frische Früchte. Die Straße ist sehr touristisch, und auch auf anderen Märkten sehen wir mehr gefälschte Markenware als »typisch malaysische« Sachen. Eine kulinarische Entdeckung machen wir aber, denn an jeder Ecke und in jedem Restaurant wird Tee Tarik angeboten. Das landestypische Getränk aus kaltem Schwarztee mit Milch und Gewürzen schmeckt überall ein bisschen anders, aber immer gut. Ähnlich dem Tee gibt es auch Iced Coffee und Iced Chocolate, die aber beide ziemlich süß und wässrig sind.

Nach einem Blick auf die Topographie der nächsten Etappe entscheide ich mich, obwohl es ein Umweg ist, für den Highway 1, weil die direkte und kleinere Straße nach Melaka durch die Berge führt und ich bei der Hitze keine Lust auf Steigungen habe. Selbst der Highway geht über längere Strecken kontinuierlich ein bisschen bergauf. Im Auto merkt man davon meist überhaupt nichts, aber auf dem Rad raubt das Kraft und Nerven. Melaka erreiche ich deswegen erst in der Dämmerung, aber wir gucken uns trotzdem ein bisschen in der Stadt um. Sie hat etwas Ähnlichkeit mit George Town, beide Städte stehen auch auf der Liste des UNESCO-Welterbes. Es gibt ein schönes Chinatown mit guterhaltenen Gebäuden, aber vor allem die Altstadt aus der holländischen Kolonialzeit hat es uns angetan. Dort stehen rot-weiße Häuschen, wie es sie auch in den heutigen Niederlanden oft zu sehen gibt, und eine alte Kirche im gleichen Stil. Am nächsten Tag führt mich die Route die ersten 90 Kilometer an der Küste entlang. Es ist sogar ein bisschen windig, und ich genieße die schöne Strecke in vollen Zügen. Nach weiteren 50 Kilometern in Richtung Inland erreiche ich noch vor Selima unser Hotel. Als ich völlig verschwitzt die Eingangshalle betrete, laufe ich erstmal ein paar schick gekleideten Gästen über den Weg, die mich ungläubig und beinahe angewidert mustern. Das Hotelpersonal ist jedoch wahnsinnig freundlich. Alle wollen Fotos mit mir machen und begrüßen mich wie einen Promi, was ich ziemlich befremdlich finde, aber für die Blicke der anderen Gäste, die nun überhaupt nichts mehr verstehen, hat es sich auf jeden Fall gelohnt. Immer wieder bekomme ich auf meiner Reise eine Sonderbehandlung und bin jedes Mal wieder erstaunt darüber, weil es für mich mittlerweile das Normalste auf der Welt ist, mit dem Fahrrad unterwegs zu sein. Aber wo ich auch hinkomme, wird gelacht, der Kopf geschüttelt, ein Foto gemacht, werde ich bewundert, eingeladen und für verrückt erklärt.

In unserem Zimmer wartet dann sogar eine Einladung des Kochs in das chinesische Restaurant des Hauses, wo er uns ein Spezialmenü zubereiten will. Wir gucken uns an und haben beide Panik in den Augen: Das wird wahrscheinlich nicht unbedingt unserem Geschmack entsprechen, aber wir können natürlich auch nicht ablehnen. Nach einer Runde im Pool nehmen wir gespannt in einem abgeschirmten Séparée Platz. Der Koch hat sich wirklich alle Mühe gegeben. Ein Gang nach dem anderen wird uns kunstvoll drapierte Sterneküche aufgetischt, die aber so ausgefallen und sonderbar ist, dass wir daran einfach keinen Gefallen finden können. Da wir uns aber denken können, dass der Koch überprüft, wie voll oder leer unsere Teller zurückgehen, quälen wir pürierte Ente mit Froschlaich, Muschelsorbet, gelben Wackelpudding mit Blüten und viele nicht identifizierbare Dinge in uns hinein. »Auch mal eine Erfahrung«, stöhnt Seli, nachdem wir endlich fertig sind. Ich bin mittlerweile betrunken, weil ich die Speisen nur mit sehr viel Bier runterbekommen habe. Auch wenn das Essen wirklich eine Tortur für mich war, weiß ich zu schätzen, wie viel Mühe der Koch sich gemacht hat. Wir bedanken uns persönlich bei ihm und fallen dann ins Bett – uns ist noch den ganzen Abend lang schlecht.

Am nächsten Tag geht es über die Grenze nach Singapur. Ich werde von einem gutgelaunten Grenzbeamten freundlich begrüßt und nach dem gewöhnlichen Bürokratieprozedere und einem Selfie mit dem Fahrrad durchgewinkt. Ich frage sicherheitshalber nach dem Weg nach Singapur City, woraufhin er mit dem Finger die Autobahn entlangzeigt und antwortet: »Immer weiter, einfach immer weiter!« Ich höre auf ihn, werde aber schon kurze Zeit später von der Autobahnpolizei angehalten. Es folgt wildes asiatisches Geschnatter unter den zwei Polizisten, das ich als Diskussion darüber, wie sie mit mir verfahren sollen, deute. Die beiden sehen aus, als wären sie Schauspieler einer Klischee-Polizeikomödie. Der eine ist eher rundlich und trägt zu seinem Schnurrbart ein Dauergrinsen auf dem Gesicht, der andere ist total dürr und versucht allem Anschein nach durch seinen grimmigen Gesichtsausdruck Autorität herzustellen. Zu mir sind sie sehr freundlich, erklären mir aber, dass Fahrräder auf ihren Autobahnen nicht erlaubt sind und ich nicht weiterfahren dürfe. Stattdessen hätten sie mir für hundert Dollar ein Taxi in die Stadt bestellt, lacht der eine. Der Missmutigere der beiden findet das nicht so lustig und klärt mich auf, dass sie einen Abschleppdienst angerufen haben und ich eine Strafe von 100 Dollar zahlen müsse. »Fine-City«, zwinkert mir der Lustige zu, und auch ich muss lachen. Singapur ist bekannt dafür, für alle möglichen Dinge hohe Geldstrafen zu erheben, und hat deswegen den Spitznamen: »Stadt der Strafen« – »Fine-City«. Dass ich aber nun schon, bevor ich überhaupt richtig da bin, in die Falle getappt bin, ist ziemlich absurd.

Der Abschleppdienst kommt mit einem riesigen Laster, auf dem wir mein Fahrrad fest verschnüren. Ich klettere zu den Jungs nach vorne in die Fahrerkabine, und es dauert gut zehn Minuten, bis sie aufgehört haben zu lachen. »Mit dem Fahrrad«, »Auf der Autobahn«, »Nee, um die Welt!«, prusten sie und japsen nach Luft. Als sich die Männer beruhigt haben, sagt der eine: »Bock auf 'ne Stadtrundfahrt?« – »Ähh, ja klar, wieso nicht«, antworte ich leicht verwirrt, und der Lachkrampf beginnt von vorne: »Wir zeigen dir jetzt unser Singapur!« Dann fahren sie mit mir eine halbe Stunde lang die wichtigsten Sightseeing-Spots und ihre persönlichen Lieblingsorte in Singapur ab. Mit dem Riesenlaster ist das teilweise gar nicht so leicht, aber sie lassen sich nicht aus der Ruhe bringen und ignorieren, wenn sie mal wieder mitten auf der Straße stehen bleiben, sämtliches Gehupe von Taxis, die Anzugträger von Geschäftstermin zu Geschäftstermin bringen. Auch als sie per Funk einen neuen Auftrag bekommen, beschließen die Männer: »Die können auch kurz warten«, und bringen mich tatsächlich bis vor mein Hostel. »Danke, Jungs, ihr seid die Besten!«, freue ich mich darüber, dass mir wenigstens einmal die elende Suche in der Großstadt erspart bleibt. Selbstverständlich will ich ihnen ein Trinkgeld geben, aber sie wollen nichts davon wissen und fahren schnell weg. Ich laufe ein Stück hinterher und halte das Geld in die Luft, weil ich davon ausgehe, dass sie sich nur ein bisschen aus Höflichkeit zieren, doch sie ziehen mit einem letzten Hupen lachend davon. Ich habe in den letzten Wochen schon so oft nach einer vermeintlich hilfsbereiten und selbstlosen Geste die Hand hingestreckt bekommen, dass es mich völlig überwältigt, dass die beiden einfach wirklich nur aus Freude und Nettigkeit meinen Tag gerettet haben. Die paar Dollar Trinkgeld haben mir natürlich nie weh getan. Dafür aber die Erkenntnis, dass die Motivation für die Nettigkeit nur die Münze war, die ich dann natürlich trotzdem in die Hand fallen lassen habe. Umso mehr schatze Ich jetzt die Begegnung mit den beiden Abschleppern, denn ein bisschen Trinkgeld hätte den beiden sicher auch gutgetan.

»Was machst du denn schon hier?«, fragt Selima überrascht, als ich mit meinem Rad, dass ich erst eine steile enge Treppe hochbugsieren musste, vor ihrem Bett stehe, in dem sie gerade sitzt und ein Buch liest. Ich erzähle ihr von meiner teuren, aber dafür sehr besonderen Stadtrundfahrt. »Ich bin selbst erst seit zehn Minuten da«, sagt sie und erzählt: »Also, so was hab ich noch nie erlebt, man bekommt in dieser Stadt nirgendwo ein Taxi! Ich bin eine Stunde herumgelaufen, bis ich endlich eins erwischt habe! Fast alle, die vorbeifahren, sind schon besetzt, an Taxiständen wartet man deshalb bis zu zwei Stunden, und wenn mal eins auf mein Winken hin angehalten hat, hat sich jemand vorgedrängelt. Ich konnte mit meinem schweren Rucksack einfach nicht schnell genug rennen...«

»Dabei fahren überall Taxis rum, wie komisch«, antworte ich. »Die hupen ja auch ständig.«

»Ich weiß, aber die sind einfach alle besetzt. Meine Füße tun vielleicht weh.«

Ganz Singapur ist mit Lampions und Pferdegirlanden geschmückt, weil in wenigen Tagen chinesisches Neujahr ist und das Jahr des Pferdes einläutet. Wir wohnen ausgerechnet in Chinatown, also sind die kleinen Gassen mit bunten Häuschen natürlich ziemlich überfüllt. Das macht uns aber heute nichts aus, und wir mischen uns einfach in das bunte Treiben. Die Lampions sind vor allem abends wunderschön und säumen auch die Allee vor einem riesigen Tempel. Innen ist es zwar recht touristisch, aber wir entdecken auch einige Mönche, die in sich gekehrt beten und singen, und hören ihnen aus einiger Entfernung zu.

Um die Ecke vom Tempel entdecken wir durch Zufall »Erich's Würstelstand«. Er wirbt damit, der letzte Wurststand vor dem Äquator zu sein, und wir können nicht anders, als zu probieren. Erich steht tatsächlich selbst hinter dem Tresen und reicht Seli eine Bratwurst im selbstgebackenen Brötchen und mir ein Fleischkässemmel. »Das glaub ich jetzt nicht, du hast wirklich süßen Senf?«, entfährt es mir. »In Singapur?«

»Ja, freilich«, antwortet Erich, während mich der erste Bissen geradewegs nach Deutschland beamt. Zum Nachtisch gibt es einen Muffin von Erich, mit einem Tee Tarik vom benachbarten Asiaten.

In Little India überrascht uns ein kleines, kantinenartiges pakistanisches Restaurant, in dem nur Einheimische sitzen und in das wir uns zuerst wegen unserer schlechten Erfahrung in Kuala Lumpur nicht reintrauen, mit tollem Essen. Ähnlich wie in Istanbul gibt es sehr viele Gerichte zur Selbstbedienung, und man zahlt pro vollgeladenem Teller einen ziemlich willkürlich festgelegten, aber immer günstigen Preis. Dazu gibt es, ganz nach meinem Geschmack, so viel Brot, wie man schaffen kann. Die Innenstadt meiden wir, obwohl es wirklich erstaunlich ist, wie sauber alles hier ist. Das strenge Reglement und die hohen Strafen scheinen wirklich zu helfen. Kaugummi ist beispielsweise komplett verboten, und das bekommt man auch nirgendwo zu kaufen. Man entdeckt auf den Straßen kein einziges bisschen Müll, und auch Dreck sucht man vergeblich. Hier begegnet man aber vielen europäischen Expats, und auf die haben wir so weit weg von zu Hause keine Lust.

Am Abend vor unserer Abreise starte ich einen Aufruf in der Facebookgruppe »Cycling Singapore«, die ich schon seit einiger Zeit mit Infos über meine Reise versorge. Ich hoffe, dass mir jemand sagen kann, wo ich eine Fahrradbox herbekomme, denn in den Flugbestimmungen steht dieses Mal, dass Fahrräder nur transportiert werden, wenn sie in einem Karton verpackt sind. Noch dazu kommt, dass es keinen Pauschalpreis für Übergepäck gibt und ich für jedes Kilogramm über den erlaubten 23 bezahlen müsste, wenn nicht Selima noch jede Menge freie Kilos hätte. Das Übergepäck hätte mich verrückterweise mehr gekostet als ihr Flugticket – noch eine Bestätigung für mich, dass es die richtige Entscheidung war, dass sie mitgekommen ist. Damit ich das Rad nicht erst am Flughafen auseinanderbauen muss, brauche ich außerdem einen Shuttle oder ein Taxi, das groß genug für die Fahrradbox ist und mich für möglichst wenig Geld die 30 Kilometer zum Flughafen bringt. Da alles dieses Mal ziemlich kompliziert zu sein scheint, ist es ein bisschen sehr optimistisch, dass ich mich erst am Vorabend des Fluges um alles kümmere, aber ich habe mal wieder enormes Glück. Keine fünf Minuten nach meinem Aufruf meldet sich SK. Er betreibe ein Fahrradhostel, das leider gerade renoviert werde, sowie eine Fahrradwerkstatt und würde morgen früh bei uns vorbeikommen und alles organisieren – wenn das okay für uns wäre. Das ist nicht nur okay, das ist mehr, als ich mir je erträumt hätte, antworte ich ihm, und wir verabreden uns für neun Uhr am nächsten Morgen. Pünktlich steht er dann auch vor unserem Hostel und begrüßt uns mit Handschlag. »Ich bin SK«, sagt er und spricht dabei die beiden Buchstaben, die wahrscheinlich die Anfangsbuchstaben seines echten Namens sind, englisch aus. Ich sehe nirgendwo eine Fahrradbox und breche innerlich leicht in Panik aus, sage dann aber so ruhig, wie es mir möglich ist: »Danke, dass du uns hilfst, das ist wirklich total nett von dir! Wo bauen wir denn das Rad auseinander? Und du meintest, du hättest eine Lösung für den Transport?«

Völlig tiefenentspannt antwortet SK: »Jetzt fahr mal einen Gang runter, wir trinken jetzt erst mal einen Kaffee!«

Aus dem Augenwinkel sehe ich Selima grinsen, die gemerkt hat, wie gestresst ich bin, aber irgendetwas an SK löst bei mir aus, dass ich ihm vertraue. Nachdem wir eine Weile mit ihm in einem Café in der Nähe gesessen und unsere Geschichten ausgetauscht haben, nimmt er uns mit um den Block zu seinem Auto. »So, die Box ist hier drin, Werkzeug hab ich dabei, und wenn es euch nichts ausmacht, würde ich euch gerne zum Flughafen fahren«, bietet er freundlich an. Ich bin derart überwältigt von so viel Hilfsbereitschaft, dass ich gar nicht weiß, was ich sagen soll. »Du bist unser Mann, SK«, antworte ich schließlich. »Wirklich, du rettest unseren Tag!« – »Ach was, das mach ich doch gerne«, lacht er. Zusammen bauen wir das Rad auseinander, wobei ich nicht wirklich gebraucht werde. In Windeseile sind Vorderrad und Pedale abgeschraubt, der Lenker quergestellt, das Fahrrad mitsamt ein paar meiner Sachen in der Box verstaut und wir auf dem Weg zum Flughafen. Sein Auto sei nicht groß genug gewesen, also habe er sich eins von einem Freund geliehen, erzählt SK, und ich kann es erneut kaum glauben. Dass sich ein Mensch einen halben Tag lang Zeit nimmt, einfach nur, um zu helfen und noch dazu alles so perfekt organisiert hat! »Ich dachte, es würde ganz schön knapp werden, als du gesagt hast, du willst erst mal Kaffee trinken«, gebe ich zu, »aber wir sind ja viel zu früh!« – »Ich weiß schon, was ich tue«, zwinkert mir SK zu.

Als wir einchecken wollen, erklärt mir der Mann hinter dem Schalter, dass er mir keinen Boardingpass ausstellen könne, weil ich nur einen Hinflug gebucht habe und deswegen kein Visum bekommen würde. Man dürfe nur nach Neuseeland einreisen, wenn man einen Rück- oder Weiterflug vorweisen könne, um zu beweisen, dass man gedenkt, das Land wieder zu verlassen. »Du kannst dir jetzt einen Flug buchen und dich dann noch mal anstellen, aber beeil dich, das könnte knapp werden«, rät mir der Beamte mit Blick auf die ewig lange Schlange. Ich will mich gerade aufregen, als SK einspringt. Nach einer kurzen Diskussion auf Chinesisch hat er geklärt, dass wir einchecken und vor allem das Gepäck aufgeben dürfen und er meinen Boardingpass ausdruckt, den wir dann, ohne uns erneut anzustellen, abholen dürfen, sobald ich meinen Flug gebucht habe. Dadurch sparen wir uns bestimmt eine dreiviertel Stunde Zeit und jede Menge Stress. Nur mit dem Handgepäck setzen wir uns, schon wesentlich entspannter, in ein Flughafenrestaurant, bestellen etwas zu essen, und ich mache mich daran, mir einen Flug zu buchen. Es nervt mich, dass ich mich für ein Datum entscheiden muss und dadurch unflexibel werde. Das Von-Tag-zu-Tag-Planen ist damit zum ersten Mal vorbei. Ich buche mir einen Flug nach Los Angeles in knapp fünf Wochen. Einen Vorteil hat das Ganze allerdings: Mein bester Freund Jonas hat Lust, mich zehn Tage von Los Angeles aus nach San Francisco zu begleiten, und dass er schon so früh das Datum kennt, erhöht die Chance, dass er in der Zeit Urlaub bekommt.

Wir verabschieden uns herzlich von SK, und er verspricht, unsere Einladung anzunehmen und uns in Deutschland zu besuchen. Über Brisbane, wo wir sechs Stunden Aufenthalt haben, fliegen wir nach Auckland. Auch wenn die Flüge anstrengend und lang sind, macht es zu zweit einfach deutlich mehr Spaß als allein. Wir suchen zusammen Filme aus und drücken exakt gleichzeitig auf Start an unseren Bildschirmen, damit wir simultan lachen und mitfiebern können. Wenn einer von uns nicht mehr kann, ist die andere Person damit dran, Kaffee zu organisieren, zu kraulen, das Gate zu finden oder den anderen einfach nur bei Laune zu halten. Das macht Seli zum Beispiel, indem sie mir ausgesprochen detailliert von ihrer Australienreise erzählt. Unser Aufenthalt in Brisbane, wo sie es kaum aushält, dass wir keine Zeit haben, den Flughafen zu verlassen, hat den Redeschwall ausgelöst, aber eigentlich fällt ihr zu jedem Stichwort etwas ein.

»Ich glaube, ich kenne niemanden, der so viel und so schnell reden kann!«, lache ich, als sie nach einer halben Stunde zum ersten Mal Luft holt.

»Sag doch was, wenn es dich nicht interessiert«, antwortet sie leicht beleidigt.

»Nein, nein, ich finde es einfach nur erstaunlich«, beschwichtige ich sie und gebe ihr einen Kuss. »Okay, also wie schon gesagt, unser Bus ging nicht an, und wir standen mitten in der Pampa rum, als dieser megagroße Waran vor uns über die Straße läuft…«, macht sie ohne Anschlussprobleme weiter. Ich lasse mich berieseln und döse vor mich hin.

»Krass oder?«, spricht sie mich irgendwann plötzlich direkt an, und ich antworte schnell: »Ja, total!«

»Hast du überhaupt zugehört?«, fragt sie grinsend.

»Ja, klar! Ich bin nur manchmal abgedriftet«, antworte ich wahrheitsgetreu, woraufhin sie entgegnet: »Na, das ist ja schon mal etwas«, und lacht.

In Gedanken verabschiede ich mich von Asien. Denn auch,

wenn ich oft keine Lust und keinen Nerv mehr hatte, habe ich die Zeit dort genossen. Zum Radfahren zwar nicht wirklich geeignete, aber wunderbare Reiseländer habe ich befahren und gelernt, mich zu arrangieren, wenn mal wieder etwas nicht so funktioniert hat, wie ich es mir vorgestellt habe. Fast fünf Monate hier haben mich gelehrt, dass es Schlimmeres gibt, als den falschen Pizzabelag oder einen Kaffee, der zwei Minuten zu lange braucht. Dass man lernen kann, mit einem Schicksalsschlag umzugehen und die Freude am Leben nicht verlieren darf. Dass zum Sinn des Lebens für mich gehört, genügsam zu sein, weil Glück nicht bedeutet, viel zu haben, sondern glücklich zu sein mit dem, was man hat. Und dass es überhaupt viel mehr ums Sein geht als ums Haben, auch wenn sich das total klischeehaft anhört. Diese Erkenntnisse in die Tat umzusetzen, war und ist aber immer wieder aufs Neue anstrengend. Denn trotzdem hat es mich manchmal wahnsinnig gemacht, dass man sich auf Angaben wie »Der Bus kommt heute und braucht drei Stunden« nicht verlassen kann. Dann auch noch umgeben von Menschen zu sein, die mit einer Engelsgeduld alles weglächeln und die Einstellung »Das klappt schon irgendwie« mit der Muttermilch aufgesogen haben, ist auch nicht immer einfach. Die lange Zeit in einer mir so fremden Kultur haben mir gelangt. Ich bin froh, jetzt in ein westlich geprägtes Land zu fliegen, das, obwohl es am anderen Ende der Welt liegt, doch irgendwie näher an zu Hause ist.

Im Land der Gastfreundschaft

Auckland - Queenstown
1680 km

Unsere Taschen und die Fahrradbox sind bei den letzten Gepäckstücken, die ankommen, aber wir sind trotz der langen Reise ziemlich entspannt und durch die Nacht auf den Sofas des Brisbaner Flughafens auch nicht allzu übernächtigt. Leider sind wir dann aber auch die Letzten in der langen Schlange zur Einreise. Auf dem Einreiseformular kam ich nicht drum herum anzugeben, dass ich mit Fahrrad und Zelt reise, und als wir endlich dran sind, werden wir natürlich sofort rausgezogen. Neuseeland ist sehr penibel mit der Einfuhrkontrolle, da sich etwa am Schmutz meines Fahrrads fremde Krankheitserreger tummeln könnten, die es bisher auf der Insel nicht gibt. Mein Rad und das Zelt werden mir abgenommen und in einen anderen Raum gebracht. Ich habe ein mulmiges Gefühl dabei, da meine Reifen tatsächlich ziemlich dreckig sind. Während unser restliches Gepäck gecheckt wird, reiße ich ein paar Witze mit den Officern und breche so das Eis. »Macht's Radfahren Spaß?«, fragt mich der eine. »Nee, nicht wirklich«, sage ich, und alle lachen. Zehn Minuten später ist alles geklärt, und wir nehmen die Sachen in Empfang. Mein Fahrrad wurde sauber gemacht. »Mal wieder Glück gehabt«, zwinkert mir Selima zu. Vor dem Flughafen freuen wir uns über das angenehme Wetter. Anfang Februar ist hier in Neuseeland Spätsommer, und auch, wenn die Sonne, ähnlich wie in Asien, auf uns runterknallt, macht ein leichter Wind die Hitze erträglich. Zum Glück gibt es günstige Shuttlebusse, die uns ins Hotel fahren und genug Platz für das Rad haben. So muss ich nicht am Flughafen das Fahrrad zusammenbauen. Ich habe richtig gute Laune und freue mich, dass alles so gut gelaufen ist. Zur Feier des Tages gönnen wir uns Steak und Bier und fallen dann gejetlagged ins Bett.

Um 10:30 Uhr klopft jemand rabiat an unserer Tür. In Neuseeland ist Check-out anscheinend meistens schon um zehn Uhr, also sind wir bereits eine halbe Stunde zu spät. Schnell packen wir alles zusammen, ziehen, weil wir völlig unvorbereitet sind, in ein Hostel nebenan und sind 60 Dollar ärmer, die im Moment echt weh tun. Ich habe die Preise hier auf jeden Fall unterschätzt und frage mich, ob es naiv war, trotz geringer Geldmittel nach Neuseeland zu reisen. Auch WLAN gibt es nirgendwo kostenlos, und das brauche ich für meinen Blog. »Irgendwie bekommen wir das hin«, beschließe ich, um meine Sorgen zu verdrängen. Während ich auf einem kleinen Rasenstück mein Rad aufbaue, kauft Selima portables Internet in Form eines Sticks und Mittagessen. Die Bremse des Fahrrads wurde angezogen, ohne dass das Vorderrad montiert war, also muss ich sie aufbiegen, aber sonst hat mein Panzer, wie ich mein stabiles und etwas klobiges Rad gerne nenne, den Flug gut überstanden. Ich frage mich nur, wie es sein kann, dass ich eine Schraube übrig habe… egal, wird schon halten.

Auckland wird von Reisenden meist als Base für verschiedene Ausflugsziele genutzt, doch diese sind meistens so weit weg, dass wir nicht genug Zeit haben, mit dem Fahrrad hinzufahren, und Geld für Busse wollen wir nicht ausgeben. Auf ein Footballspiel haben wir Lust, aber das ist zu teuer, und generell gibt man in Städten viel mehr Geld aus, also entscheiden wir, schon am nächsten Tag aufzubrechen. Wir wollen von Auckland bis nach Queenstown, also einmal von oben nach unten, 1600 Kilometer über beide Inseln Neuseelands. Für eine Reise in den Norden kommen wir irgendwann wieder.

Am nächsten Morgen verabreden wir uns nach einem Muffin-Frühstück bei Giant, wo Selimas Rad auf uns wartet. Die Mitarbeiter sind supernett und haben sogar organisiert, dass wir das Fahrrad auf der Südinsel wieder abgeben können. Als wir das Rad sehen, sind wir aber kurz geschockt. Es hat keinen Gepäckträger und deswegen überhaupt keine Möglichkeit, Gepäck anzubringen – das hatten wir überhaupt nicht bedacht! Wir überlegen kurz und entscheiden dann, dass Selima den Großteil ihrer Sachen im Büro von Giant lassen muss. Sie sucht sich zwei Hosen und zwei T-Shirts raus, trennt sich schweren Herzens von Büchern und den restlichen Klamotten, und ich schnalle mir ihre vier Kilo Gepäck in einem kleinen Rucksack mit Expandern oben auf meine Satteltaschen. Dann verabschieden wir uns und rollen los.

Der Weg aus Auckland raus zieht sich, weil die Stadt eigentlich eine riesige Ansammlung von kleinen Orten ist. Von den 4,5 Millionen Einwohnern Neuseelands leben über drei Millionen auf der kleineren Nordinsel und davon ganze 1,5 Millionen in dem Ballungsraum Auckland. Auf der größeren Südinsel wohnen dagegen nur etwa eine Million Menschen. Wir kommen durch einige Ghettos und halten sogar, ohne es zu wissen, zum Mittagessen in Mangere an, dem Stadtteil, der am gefährlichsten sein soll. Unsere Räder stehen unangeschlossen vor der Tür, während wir uns in einem Imbiss belegte Brötchen schmecken lassen. Immer, wenn wir das später jemandem erzählen, ernten wir fassungslose Blicke. Wir jedoch haben die Umgebung gar nicht als bedrohlich empfunden – vielleicht aber auch einfach nur Glück gehabt.

Mein zusätzliches Gepäck und die paar Tage Pause machen sich bemerkbar, ich habe das Gefühl, dass ich einfach nicht vom Fleck komme. Aber auch Selima ist untrainiert und mehr als einverstanden, als wir nach 40 Kilometern im verschlafenen Drury vor einem Irish Pub anhalten. Daneben ist ein kleiner Spielplatz mit ein bisschen Rasenfläche, und wir entscheiden uns dafür, unseren ersten Radtag mit einem Bier zu feiern und hier später unser Zelt aufzuschlagen. Als wir zu unseren Rädern zurückkommen, hat sich bereits eine Menschentraube gebildet. Ein Mann aus einer Gruppe Senioren, die im Pub ein Bier nach dem anderen getrunken und dabei Rugby und Kricket geguckt haben, fragt uns, wieso um alles in der Welt wir mit dem Fahrrad reisen würden. Ich weiß aus Erfahrung, dass diese Diskussion endlos werden kann, also bin ich froh, von einem barfuß herbeischlurfenden Mann mit einem strohblonden kleinen Mädchen auf dem Arm abgelenkt zu werden. »You got a bed for tonight?«, fragt er uns.

»Wir wollten ehrlich gesagt heimlich irgendwo zelten«, gestehe ich.

»Ach was, schlaft doch bei uns!«, bietet er an, und wir nehmen dankend an. Willie ist ziemlich groß und muskulös, braungebrannt und hat einen langen Bart sowie eine Zottelmähne, die meiner nicht unähnlich ist. Seine ziemlich freche Tochter Ada hat weißblonde Locken, ist knapp zwei und supersüß. Ihr Haus liegt nur etwa 100 Meter entfernt, und auf dem Weg erklärt Willie, dass er uns total gerne im Haus schlafen lassen würde, seine Frau aber hochschwanger sei und es jeden Moment so weit sein könnte. Da sie eine Hausgeburt geplant hätten, wäre das also vielleicht nicht so angebracht, wenn wir dann so nah dabei wären. Ich bin total überwältigt davon, dass es Menschen gibt, die in einer solchen Situation noch so offen sind, Fremde aufzunehmen. Ada entführt Selima sofort zum Spielen und gibt sie etwa zwei Stunden lang nicht mehr her. Die kugelrunde und supernette Carrie kocht uns Abendessen und erzählt uns, dass Willie und sie selbst eine Fahrradreise gemacht haben. Sie seien in England gestartet und bis nach Tansania gefahren. Die Route habe sie durch die Wüste Sudans und Äthiopien geführt. An den Wänden hängen wunderschöne Bilder, die von der Reise erzählen, da Willie Fotograf ist. Afrika reizt mich auch sehr, aber ich möchte dem Kontinent eine eigene Reise widmen und diese auch lieber mit einem Geländewagen bestreiten als mit dem Fahrrad.

Das Bier in unseren Gläsern wird irgendwann durch Whisky-Cola ersetzt, und man merkt, dass Willie geübter Trinker ist. Ich allerdings vertrage nichts mehr, seit ich in Asien statt Bier lieber Fruchtshakes getrunken habe, und fange nach dem zweiten Drink an zu lallen. Zeit fürs Bett, entscheiden wir und schlafen nach einem wirklich schönen Abend zum ersten Mal zusammen im Zelt.

Nachts schüttet es wie aus Eimern, und der Zeltabbau am nächsten Morgen ist eine nervige Angelegenheit. Vor der

Haustür wartet ein sehr süßer Zettel, der uns einlädt, zu duschen und zu frühstücken, denn die Hippiefamilie ist zusammen bei Adas Schwimmkurs. Die Dusche tut gut, und als wir alles zusammengepackt haben, kommt Ada um die Ecke gerannt und brüllt: »Koooommt, koooommt!« Wir folgen ihr verwirrt, und sie führt uns zu einem Strauch im Garten, wo gerade eben ein Schmetterling geschlüpft ist. Er hat sich mühsam aus seinem Kokon geschält und ist noch ganz schwach. Ada steht zum ersten Mal seit gestern ganz still da und strahlt bis über beide Ohren. Wir nehmen der Familie das Versprechen ab, dass sie uns in Deutschland besuchen, und wünschen ihnen alles Gute für die Geburt. Ich merke erst jetzt, wie sehr ich es vermisst habe, Kontakt zu Einheimischen zu haben, mit denen ich ernsthafte und tiefgründige Gespräche führen kann, denn das war in Asien wegen der Sprachbarriere oft nicht wirklich möglich.

Zu Beginn des Tages verfahren wir uns erst mal gründlich, lassen uns aber die Laune nicht verderben und schlagen uns eine kurze Strecke querfeldein durch, damit wir nicht dieselbe Straße zweimal fahren müssen. Dann beginnt auf einmal die Steigung. Willie hat uns vorgewarnt, dass wir heute in den Bombay Hills ganz schön ins Schwitzen kommen werden, aber ich habe unterschätzt, wie steil es wirklich ist. Mit der Sonne im Nacken und dem Gegenwind im Gesicht kämpfen wir uns Hügel um Hügel hinauf und sausen wieder runter, nur, um auf den nächsten Hügel zu stoßen. Das Ozonloch über Neuseeland macht sich bereits bemerkbar – in Asien bin ich meist ohne Sonnencreme ausgekommen, hier spüre ich bereits nach zehn Minuten ein Brennen auf der Haut. Selima kommt, ob ihres fehlenden Gepäcks, gut mit, aber leider haben wir uns mal wieder durch Google Maps täuschen lassen. Die darin aufgeführten Dörfer, in denen wir einen Supermarkt vermuteten, bestehen in der Realität nur aus wenigen Wohnhäusern, und es gibt nicht einmal ein Restaurant. Die Kombination aus dem fehlenden Mittagessen, der Sonne und der körperlichen Betätigung raubt mir die Kraft, und ich werde mit jedem Kilometer schwächer. Ich ärgere mich über unsere Naivität, und auch Selima sieht jedes Mal, wenn ich sie angucke, frustrierter aus. Irgendwann wird es wenigstens flacher, und die hohen Bäume eines Waldes, durch den uns die Straße führt, spenden Schatten, den wir bitter nötig haben.

Weil jetzt noch nicht einmal mehr Häuser, wo wir nach Essen fragen könnten, zu sehen sind, drehen sich meine Gedanken in der nächsten Stunde um wilde Pilze, Beeren und Tierfallen. Nach einigen Kilometern auf der gewundenen Straße taucht, wie das Licht am Ende eines Tunnels, der Waldrand vor uns auf. Wir beschleunigen intuitiv, können aber bis zuletzt nicht sehen, ob dahinter unsere Erlösung wartet. Als wir sie dann aber entdecken, die Raststätte mitten in der Pampa, gibt es kein Halten mehr. Sie ist relativ klein, und da es schon spät ist, sind die Theken fast leergeräumt, aber das kann unsere Freude nicht schmälern. »Was für ein Glück wir immer haben!«, murmelt Selima kopfschüttelnd, während sie abwechselnd in ihren Pie und einen Muffin beißt. Und in der Tat erzählt uns die einzige Mitarbeiterin, dass das Café die letzte wirkliche Möglichkeit für Essen vor Matamata ist und in ein paar Minuten schließt. Das wären noch mal 70 Kilometer gewesen, zusätzlich zu den 60, die wir schon auf dem Buckel haben. Wir entscheiden uns, in der Nähe einen Schlafplatz zu suchen, kaufen vorsorglich zwei Croissants für den nächsten Morgen ein und füllen in der Toilette unseren Duschsack mit warmem Wasser auf.

Als wir die nette Frau fragen, wo wir in der Nähe eventuell unser Zelt aufschlagen können, hoffe ich, dass sie uns die Wiese hinter der Raststätte vorschlägt. Denn ohne Genehmigung wird es hier in der Umgebung schwer, da die gesamte umliegende Natur privates Gelände ist. Sie scheint meine Gedanken zu lesen, denn sie antwortet: »Nein, hier könnt ihr leider nicht bleiben, aber Claude und Rosi freuen sich bestimmt riesig!« Ich gucke sie ein bisschen verwirrt an, und sie fährt fort: »Das ist ein Ehepaar, denen ein riesiges Anwesen etwa zwei Kilometer entfernt von hier gehört. Ich rufe dort an, damit sie Bescheid wissen, und ihr könnt einfach irgendwo auf dem Gelände zelten.«

»Danke, das ist supernett!«, freue ich mich, und wir machen uns auf den Weg. Die Sonne knallt immer noch erbarmungslos auf uns herunter und verbrennt uns die Haut. Beim beschriebenen Platz angekommen, finden wir keinen Schattenplatz zum Zelten und entscheiden uns für einen Flecken neben einem großen Stapel Heuballen, in der Hoffnung, wenigstens am nächsten Morgen im Schatten aufzuwachen. Gerade als wir beide splitterfasernackt auf der Wiese stehen und uns abwechselnd den Duschsack über den Kopf halten, fährt ein Auto vor. Es ist Nathalie aus dem Café. Sie lacht kurz, lässt sich aber nicht aus der Ruhe bringen und erzählt uns, nachdem wir uns ein Handtuch umgewickelt haben, dass Claude und Rosi uns eingeladen haben, sie in ihrem Haus zu besuchen. Wir können weit und breit kein Haus entdecken, nur eine kleine Auffahrt, die in eine Art Dschungel hineinführt. Nachdem wir Nathalie verabschiedet haben, steigen wir auf die unbepackten Räder und machen uns auf die Suche. Der dichte Dschungel ist beeindruckend und schützt uns vor der Abendsonne, der wir vorher so hilflos ausgeliefert waren. Sofort ist es gefühlte zehn Grad kälter, und wir hören Vögel zwitschern. Der kleine Schotterweg schlängelt sich etwa drei Kilometer steil bergab, und während Selima die Sache eher vorsichtig angeht, nehme ich die kleine Downhilltour mit Genuss und Geschwindigkeit. Danach wartet dafür ein ebenso steiler Anstieg. Wir müssen schieben und sind schon kurz davor umzudrehen, als wir ein Auto hören. »Geht das auch schneller? Meine Mutter wartet schon!«, grinst uns ein etwa 40-jähriger Mann auf einem Quad mit Anhänger entgegen. »Nein, Spaß, los, wir laden die Räder auf!« Wir quetschen uns mitsamt Rädern auf den kleinen

Anhänger, und los geht die Holperfahrt. Das macht deutlich mehr Spaß als zu schieben. Nach weiteren drei Kilometern öffnet sich der Dschungel und gibt den Blick auf weite Felder frei. »Ist das alles euer Land?«, frage ich beeindruckt, und Harry antwortet: »So weit das Auge reicht.«

In der Tür des riesigen Hauses wartet eine kleine zapplige, etwa 70-jährige Frau und strahlt bis über beide Ohren. »Kommt rein, kommt rein«, ruft sie, und wir folgen ihr in ein gemütliches Wohnzimmer. »Ich bin Rosi, und der alte Knacker auf dem Sofa ist mein Mann Claude.« Claude hat Schläuche in der Nase und Probleme mit dem Sprechen, weil er wegen seiner Farmerlunge nicht genug Luft bekommt. Die Berufskrankheit entstand, weil er durch die Landarbeit über Jahre hinweg Staub, Dreck und Schimmel eingeatmet hat. Auch auf Stroh reagieren einige Menschen allergisch und entwickeln, wenn sie es auf Dauer ignorieren, eine chronische Lungenerkrankung. Claude winkt uns und sagt mit einigen Verschnaufpausen zwischen den Wörtern: »Schön…, dass…ihr… da… seid.« »Die Ärzte haben ihm schon vor zwei Jahren gesagt, dass er nur noch wenige Wochen zu leben habe, aber mein Claude ist ein zäher Kerl«, erklärt Rosi. Wir bekommen Kaffee und Kuchen und müssen uns in das Gästebuch eintragen, denn anscheinend sind wir nicht die Einzigen, die sich hierherverirren. Rosi ist selbst sehr gerne gereist und einige Male aufgenommen worden, weswegen sie sich immer über Fremde freut, denen sie ein Bett anbieten kann. Das lehnen wir dankend ab, denn unsere Wertsachen sind bei unserem Zelt und geduscht haben wir auch schon, freuen uns aber über die Einladung. Rosi erzählt uns von einigen ihrer Trips, Claude unterbricht und korrigiert sie einige Male, obwohl er gar nicht dabei war. Er selbst hat Neuseeland nie verlassen, ihm haben immer die Geschichten seiner Frau gereicht. Sie erzählt von einer Reise auf die Südinsel mit ihrer Freundin, bei der sie kaum Geld und nur einen kleinen Rucksack dabeihatte und getrampt ist. Geschlafen haben sie meist in Ställen oder Garagen, oft auf dem blanken Boden, denn ein Zelt hatten sie nicht dabei. Wir hatten damit gerechnet, dass die Reise in Rosis Jugend stattgefunden hat, aber auf unsere Frage, wie alt sie damals war, antwortet sie: »Ach, das war grade vor drei Jahren.«

Als ich ein bisschen von meiner Tour berichte, träumt Rosi aber trotzdem: »Ich wünschte, ich wäre noch mal 23.«

Claude antwortet daraufhin: »Ich nicht.« Und eine Atempause lässt er uns auf die Pointe warten: »Oder kannte ich dich da schon?«

Seli und ich sind gerührt davon, wie liebevoll die beiden miteinander umgehen und mit wie viel Humor und Power sie das Leben nehmen. Als einer der bisher schönsten Abende zu Ende geht, kämpft sich Claude von der Couch hoch, um uns an die Tür zu bringen, und die beiden winken uns hinterher, bis wir um die Kurve verschwunden sind. Bei offenem Zelt liegen wir noch eine Weile wach, betrachten den orangeroten Himmel über den Bergen und hängen unseren Gedanken nach. Ich merke, dass es mein Leben entschleunigt, dass wir unseren Rhythmus komplett an die Sonne anpassen. Der letzte helle Himmelsstreif verschwindet hinter den Gipfeln, und wir machen die Augen zu, morgens werden wir vom ersten Lichtstrahl wieder geweckt.

Unsere Glückssträhne geht weiter, denn auch heute werden wir von der neuseeländischen Gastfreundschaft überrascht. Wir müssen nicht einmal fragen, sondern werden regelrecht von der Straße geholt. Kurz vor Matamata hält ein Pick-up uns an und fragt, wohin wir fahren würden. Als wir ihm sagen, dass wir noch etwas essen und dann irgendwo zelten wollen, antwortet der Fahrer prompt: »Auf keinen Fall, ihr kommt jetzt erst mal mit.«

»Wohin denn?«, lache ich, und er sagt: »Na, zum Barbecue, Leute!« Unsere Mägen knurren schon, und so packen wir unsere Räder hinten auf die Ladefläche und klettern zu Deeze ins

Auto. Eine halbe Stunde später sind wir auf einem Bauernhof inmitten einer Gruppe befreundeter Bauern und Soldaten, denn Deeze war früher in der Armee. Wir fühlen uns richtig wohl und freuen uns über eine so authentische Begegnung, die man als Tourist nur selten erlebt. Es gibt massenweise Fleisch, und auch sonst erfüllen die Frauen und Männer viele Klischees. Sie sind allesamt ziemlich dick, trinken Bier wie Wasser und reden und fluchen in derbstem Tonfall und einem Dialekt, den wir kaum verstehen. Jody, der die Farm gehört, fragt Selima, ob sie ihre Kühe sehen wolle, und fährt sie dann mit dem Traktor auf die Weide in der Nähe. Dort präsentiert die Farmerin stolz ihre 150 Kühe, die sie jeden Tag melkt. Auch hier im unberührten Neuseeland ist der Kapitalismus angekommen. Es gibt kaum noch Bauernhöfe und Farmen, die von Familien geführt werden, und der Großteil der Milch kommt von großen Konzernen, die entsprechend den niedrigen Milchpreisen mit ihren Tieren umgehen. Viele Farmer arbeiten jetzt gegen ein schlechtes Gehalt für Konzerne, anstatt ihre Milch selbst zu vertreiben, weil das noch weniger abwerfen würde. Jody ist stolz, dass sie durchgehalten haben – das Geschäft liefe nicht wunderbar, aber sie kämen über die Runden, und das sei mittlerweile in ihrem Beruf selten, erzählt sie. Die Milch, die sie uns zum Kosten gibt, ist auch wirklich die leckerste und frischste, die ich je probiert habe. Connor, der beste Freund von Deeze, erzählt mir, dass er eine noch verrücktere Reise als ich plane. Ende des Jahres möchte er mit seinem Heißluftballon in Etappen von der Mongolei bis nach Deutschland fliegen. Ich lade ihn zu mir ein, und er überlegt tatsächlich, einen Stopp auf einer Wiese in Herxheim einzubauen. Zu den vielen Fliegen, die uns schon die ganze Zeit um die Nase geflogen sind, haben sich Mücken gesellt, und Selima und ich sind erschöpft vom Radfahren. Deswegen fährt uns Deeze nach Matamata, wo wir auf einem Campingplatz übernachten wollen. Das Gemisch aus Dreck, Schweiß und Sonnencreme abzuwaschen, bevor man ins Zelt klettert, ist purer Luxus. Erst nach Mitternacht und mal wieder mit einigen Bier zu viel fallen wir ins Bett.

Die Landschaft, durch die wir am nächsten Tag fahren, ist wunderschön – sanfte saftig-grüne Hügel mit weidenden Kühen und Schafen, wohin das Auge reicht. Als wir an einer kleinen Kuhherde vorbeifahren, rufe ich ihnen zu: »Auf geht's in die Freiheit! Mir hinterher!« Tatsächlich setzen sich die Tiere in Bewegung, werden immer schneller, muhen laut und rennen irgendwann im vollen Galopp neben uns her, bis sie das Ende ihrer Koppel erreicht haben. Selima verschluckt sich hinter mir fast vor Lachen. Die Landschaft motiviert mich zum Radfahren, das mir hier in Neuseeland überhaupt nichts ausmacht. In anderen Ländern war mein Fahrrad für mich vorrangig ein Fortbewegungsmittel, das mich an schöne Orte gebracht und mir ermöglicht hat, tolle Dinge zu erleben. Hier fahre ich jeden Tag durch traumhafte Natur, die das Radeln selbst zu einem Erlebnis macht, denn wir kommen aus dem Staunen nie heraus. Täglich sehen oder erleben wir ein Highlight, und auch Zelten macht mit Selima viel mehr Spaß als allein. Seit sechs Wochen hocken wir jetzt 24 Stunden am Tag aufeinander und streiten uns trotzdem nie. Wir haben uns auch schnell eine gemeinsame Routine zugelegt. Nachdem ich das Zelt aufgebaut habe, ist Seli für die Inneneinrichtung zuständig. Während sie das Zelt morgens zusammenpackt, koche ich uns Kaffee. Mittags machen wir meistens ein kleines Picknick. Wenn wir danach irgendwann an einer Wirtschaft vorbeikommen, gönnen wir uns einen Cappuccino oder ein Eis.

Aber körperlich verlangt uns Neuseeland einiges ab. Nachdem die Bombay Hills ein einziges Auf und Ab waren, kämpfen wir heute mit einer stetigen Steigung. Beinahe die gesamte Strecke geht es bergauf, und als wir eine Stunde lang starken Gegenwind haben, kommen wir nur etwa drei Kilometer voran, obwohl wir so fest in die Pedale treten, wie wir können. Das frustriert enorm, aber wir versuchen unsere gute Laune nicht zu verlieren. Irgendwann haben wir den Pass endlich erklommen. Ab da geht es bis nach Rotorua, unserem Tagesziel, nur noch bergab. Die Straße führt in großen Kurven den Berg hinab, und schon bald entdecken wir den See, an dem die Stadt liegt. Kurze Zeit später sind wir dann auch schon da, denn wir konnten es nicht lassen, ohne zu bremsen den Berg runterzusausen.

Schon von weitem steigt mir ein unangenehmer Geruch in die Nase. In der ganzen Stadt stinkt es nach faulen Eiern, denn durch die hohe thermale Aktivität in der Gegend hängt ein ständiger Schwefelwasserstoffgeruch in der Luft. Bei unserer Ankunft merke ich erneut, dass ich viele Städte in Neuseeland wenig sehenswert finde. Häufig bestehen sie aus reinen Wohngebieten, die durch die kastenförmigen Bauten trostlos wirken. Auf der Suche nach unserem Hostel fahren wir an einem Wendys vorbei, einem amerikanischen Burger-Restaurant, in dem ich während meines Auslandsjahres in Philadelphia häufig gegessen habe. Mit leerem Magen schaffe ich es nicht, daran vorbeizufahren, auch wenn wir eigentlich Geld sparen müssen. Die kühle Sprite schmeckt nach einem anstrengendem Radtag tausendmal besser als sonst, aber die Burger sind längst nicht so gut, wie ich sie in Erinnerung habe. Wahrscheinlich hat sich mein Geschmack einfach verändert. Im Hostel verstauen wir die Räder und fallen dann einfach nur ins Bett.

Am nächsten Tag genießen wir es, dass wir unsere Sachen im Zimmer lassen und mit den unbepackten Rädern losziehen können. Der Hostelbesitzer hat uns nicht nur für zwei Nächte eingeladen, sondern uns auch noch ein Ticket für das »Hells Gate«, den Park mit der höchsten geothermalen Aktivität und angeschlossenem Spa, organisiert. Dort angekommen, sind wir ziemlich beeindruckt. Ein befestigter Weg führt durch die rauchende und blubbernde Landschaft. Immer wieder ist die Erde einfach aufgebrochen, und man sieht von einer kleinen Brücke aus stinkende Dämpfe über dem kochenden, dunkelgrauen Schlamm aufsteigen. In jedem »Pool« gibt es verschiedene natürliche Zusammensetzungen von Mineralien, weshalb alle unterschiedlich heiß sind. Für den Spa wird der Schlamm entnommen und heruntergekühlt, aber nicht mit irgendwelchen Zusatzstoffen versetzt. Die darin enthaltenen Mineralien sollen sehr gesund sein und werden unseren beanspruchten Muskeln bestimmt guttun. Wir bekommen einen kleinen Schlammpool unter freiem Himmel zugewiesen und genießen danach noch ein Bad in schwefelhaltigem Wasser. Ob es an dem heilenden Schlamm oder dem Tag Pause liegt, wissen wir nicht, aber entspannter als vorher sind wir in jedem Fall.

Mal in der Gemeinschaftsküche des Hostels anstatt auf unserem Campingkocher zu kochen und vor allem einen Kühlschrank zur Verfügung zu haben, macht Spaß. Wir nutzen die Chance und kochen mit lauter Sachen, die sonst schlecht werden würden, wie Sahne und Käse, und zum Nachtisch gibt es selbstgemachtes Popcorn und Harry Potter im Fernsehen.

Den Abend können wir dann leider doch nur mäßig genießen, weil unser Vierer-Zimmer extrem stinkt. Der Urheber des Geruches, Randy, ist ein Radreisender aus Kanada. Er erzählt uns dubiose Geschichten von einem verletzten Falken, den er aufgelesen und 200 Kilometer weiter in ein Krankenhaus gebracht habe, ihn dann aber doch töten musste, weil die Verletzungen zu schwer gewesen seien. Die Kette um seinen Hals habe er aus dessen Krallen angefertigt. Außerdem empfiehlt er uns eine »geheime« Stelle in einem Fluss in der Nähe, wo wir ganz einfach Hummer fangen könnten – »... wenn ihr sechs Meter tief tauchen könnt?« Später erzählt uns der Hostelbesitzer, dass man 20 Meter entfernt von der Stelle, die Randy uns beschrieben hat, zum Hummerfangen einfach ins flache Wasser waten könne. Und dass das auch allgemein bekannt sei und er die Halskette von Randy schon in mehreren Läden gesehen habe.

Wai-O-Tapu, das andere berühmte thermale Gebiet in der Gegend, liegt etwa 30 Kilometer in unsere Fahrtrichtung, also checken wir aus und nehmen alle Sachen mit. Anstelle von heißen Schlammquellen gibt es hier, verteilt auf einem riesigen Gebiet, Seen, die durch die Mineralien die verrücktesten Farben haben. Wir passieren einen giftgrünen See, gelangen durch einen Wald an eine Wasserstelle in hellem Türkis und bewundern den schönsten See namens Champagne Pool, in dem dunkelgrünes Wasser von knallorangen Steinen umschlossen ist. Während uns die Natur gestern noch ein bisschen gruselig vorkam, weil sie uns direkt vor Augen geführt hat, wie aktiv die Erde unter uns ist, sind wir heute einfach nur beeindruckt von ihrer sonderbaren Schönheit. Nach dem schönen Ausflug noch 50 Kilometer zu fahren, ist ein bisschen nervig, aber wir gehen es entspannt an und gönnen uns an einer Tankstelle erst mal ein Eis. Prompt werden wir von einem älteren Ehepaar, das auch auf Rädern unterwegs ist, ausgelacht, weil Selima kein Gepäck hat und ich so vollbeladen bin. Es muss aber auch lustig aussehen, wie sie locker und wendig vorfährt und ich dann mit dem vollgepackten Rad hinterherkomme. Die beiden tragen Helme und fragen uns, ob wir noch keinen Ärger bekommen hätten, weil wir ohne fahren. Tatsächlich gibt es in Neuseeland eine Helmpflicht, aber wir haben schon viele Polizisten passiert, die sich alle nicht dafür interessiert haben.

Um uns zu motivieren, verlassen wir den Highway und nehmen einen Radweg entlang des Waikato River. Der Umweg lohnt sich, denn an manchen Tagen fährt es sich in schöner Umgebung einfach besser. In einem Supermarkt entdecken wir unser geliebtes Butter Chicken als Konservenessen. Natürlich schmeckt es nicht so gut wie in Malaysia, aber für ein Essen aus der Dose tatsächlich ziemlich lecker. Wir decken uns mit einigen Büchsen und ein paar Packungen Brot ein und essen die nächsten drei Tage unterwegs nichts anderes. So sparen wir gleichzeitig Geld und schweres Gepäck. Über einen

Radweg neben dem Highway 5 fahren wir in Richtung Napier an der Ostküste, einem schönen Weingebiet. Wir hetzen uns nicht, weil wir die Natur um uns herum bestaunen, und kommen trotzdem relativ gut voran. Selis Popo hat sich an die Belastung gewöhnt, und sie stöhnt nur noch, wenn wir nach einer Pause wieder aufsteigen. Wir treffen unterwegs einige Radreisende, und die meisten halten es ähnlich gemütlich wie wir. Nur ein Ehepaar überholt uns in einem bergigen Gebiet im Stehen fahrend, und der Mann ruft uns zu: »Good effort, guys«, was so viel heißen soll wie »Ihr strengt euch schon ganz gut an, wenn ihr so weitermacht, seid ihr irgendwann auch so schnell wie wir.« Seli und ich lachen uns schlapp über diese Dreistigkeit und verstehen nicht, wie man durch diese Natur fahren kann, ohne einmal nach rechts oder links zu blicken, Fotos zu machen oder kurz anzuhalten, um sich mit anderen Reisenden auszutauschen.

Napier ist eine schöne kleine Stadt mit süßen, bunten Häuschen im Art-déco-Stil, weil die Stadt nach einem Erdbeben 1931 komplett wiederaufgebaut werden musste. Wir haben aber keine Lust auf Stadt und fahren weiter. Der kurze Ausflug in die Zivilisation und ein Besuch in einem schönen Café haben Spaß gemacht, doch wir sind zurück in der Natur sofort wieder ein Stück glücklicher. Weinreben haben wir noch keine entdeckt, weil wir an der Küste entlangfahren. Der Strand ist schwarz, da der Sand aus pulverisiertem Vulkangestein besteht. An einer Stranddusche duschen wir und wollen erst einen Schlafplatz suchen, bevor wir nach Hastings fahren, um einzukaufen.

Wir haben gerade unser Zelt hinter einer kleinen Düne aufgebaut, als zwei grimmige Typen auf Fahrrädern vorbeifahren und uns entdecken. Sie halten an, kommen auf uns zu, und Seli guckt mich entmutigt an, denn Wildcampen ist hier verboten. Bis zu 300 Dollar Strafe werden fällig, wenn man erwischt wird. Die beiden Männer eröffnen das Gespräch: »Was denkt ihr, was ihr da tut?«

»Wir haben keine Kraft mehr, weiterzufahren«, antwortet Seli.

»Also dachtet ihr, ihr macht euch einfach hier breit?«

»Nein, wir wollen nur schlafen und sind morgen gleich wieder weg«, klinke ich mich ins Gespräch ein.

»Und wer soll hinterher eure Scheiße wegmachen?«

»Wir räumen immer alles weg, wir sind umweltbewusste Menschen«, sage ich schlichtend, obwohl ich langsam wütend werde.

»Du hast mich schon richtig verstanden, ich frage, wer eure Scheiße wegmachen soll, oder siehst du hier irgendwo eine Toilette?«

Das verschlägt uns erst mal die Sprache, aber der Mann macht sowieso sofort weiter: »Immer kommt ihr hierher und verdreckt unser schönes Land!«

»Komm schon, lass das doch mal unsere Angelegenheit sein«, versuche ich ihn zu beruhigen, aber er lässt sich nicht erweichen.

»Wenn ihr nicht abhaut, hol ich die Bullen«, droht er uns.

»Nee, ich ruf sie jetzt einfach gleich an, damit sie heut Nacht patrouillieren und ihr euch keinen anderen Platz suchen könnt.«

Nur mit Mühe halte ich einen Wutanfall zurück, und wir packen unser Zeug zusammen. 300 Dollar ist mir das nicht wert, und keine fünf Minuten später sind wir wieder auf den Rädern.

»Was jetzt?«, fragt Seli mich, und ich antworte: »Nach Hastings wollten wir ja sowieso, ich hab riesigen Hunger. Außerdem ist da, glaube ich, ein Campingplatz.«

Wenig später checken wir am Campingplatz ein und zahlen 40 Dollar, doch wir lassen uns die Laune nicht verderben. Für sein Geld bekommt man hier aber auch sehr viel mehr als auf europäischen Campingplätzen. Es gibt einen Pool, eine Küche und einen Grillbereich, den wir natürlich gleich ausnutzen. Wir gönnen uns ein Stück gutes Fleisch, Kräuterbutter, Baguette und Bier. Das Steak ist nach tagelangem Konservenessen geradezu ein geschmacklicher Orgasmus. Beim Spülen unterhalten wir uns zum ersten Mal mit Maoris. Die beiden Frauen sind sehr stolz auf ihre Abstammung und bringen uns ein paar Wörter auf Maori bei, denn sie seien interessiert daran, uns über ihre echte Kultur aufzuklären. Sie erzählen uns von sogenannten »Maori-Erlebnissen«, die man buchen könne. Wir sollen sie meiden, denn es wäre eine reine Geldmacherei und die angeblich traditionellen Maoris Schauspieler, die normalerweise ganz modern leben, wie jeder andere. Die Modernität, die so schwer mit ihrer Kultur vereinbar ist, ihnen aber einfach aufgedrückt wurde, hat ähnlich wie bei den Aborigines in Australien ein großes Alkoholproblem hervorgebracht. Ganz dem Klischee entsprechend, sind auch die beiden noch sehr jungen und übergewichtigen Frauen ziemlich alkoholisiert, obwohl sie auf ihre kleinen Kinder aufpassen müssen. Ihre Männer beobachten uns nur argwöhnisch aus der Ferne und scheinen gar nicht glücklich über die Annäherung. Eine der Frauen wird proportional zu ihrem Rumkonsum immer ausfallender. Was als ihre Version von der Geschichte der Ureinwohner und der Einwanderung begann, endet in ausfallenden Bemerkungen über Weiße. Irgendwie können wir das verstehen, denn die Geschichte gibt ihr leider recht, aber es macht uns traurig, dass die Begegnung so vorbelastet von geschichtlichen Ereignissen ist und wir deswegen nicht wirklich einen Draht zueinander finden. Es ist auch auffallend, dass sich die Maorifamilien nicht mit den anderen Campern mischen.

Wir haben einen schönen Zeltplatz, direkt neben einem Bach, mit eigener Picknickbank unter einem schattenspendenden Baum und bekommen Lust, noch einen Tag zu bleiben. Nach einem entspannten Morgen machen wir nachmittags mit den Rädern einen Ausflug zum Strand und ins Umland. Zum Baden ist es uns zu windig, aber wir unternehmen einen ausgiebigen Strandspaziergang und fahren danach noch ein bisschen zwischen den Weinreben herum. Die Landschaft erinnert mich an zu Hause und macht mir Lust auf eine gute Pfälzer Rieslingschorle.

Zurück auf dem Campingplatz, bin ich in Gedanken noch zu Hause und merke deswegen nicht gleich, dass sich neben uns ein Ehepaar auf Schwäbisch unterhält. Erst als Seli mich anstupst und sagt: »Ist das nicht pfälzisch?«, höre ich genauer hin. »Neeee, aber in der Nähe«, antworte ich. Ein paar Minuten später setzen Petra und Uwe sich zu uns. Sie gehen auf die 60 zu und sind bereits zum zweiten Mal mit einem riesigen Wohnmobil für fünf Wochen in Neuseeland unterwegs. Petra ist supergesprächig, und wir genießen die Gesellschaft. Die beiden wohnen in Karlsruhe, nur fünf Minuten von meinem Bruder und knappe 30 Kilometer von Herxheim entfernt. »Was für ein Zufall«, lacht Petra und lädt uns zum Abendessen ein. Wir steuern Bier bei und freuen uns unglaublich darüber, bekocht zu werden. Wir spielen noch bis spät in den Abend Karten und unterhalten uns. Seli lacht sich die ganze Zeit kaputt, weil sie es nicht von mir kennt, dass mein Pfälzisch mit mir durchgeht, und ich genieße es tatsächlich, mich nicht aufs Hochdeutsch konzentrieren zu müssen. Ein bisschen Heimweh habe ich nach dem Tag voller Erinnerungen an zu Hause schon, aber vor allem bin ich froh über den schönen Abend.

Bevor wir am nächsten Morgen abreisen, kommt Petra auf uns zugerannt und schwärmt von Selimas Stimme. »Ich habe mir gestern Nacht noch deine Lieder auf Youtube angehört, du singst ganz wundervoll!« – »Danke«, freut sich Seli schüchtern, und wir tauschen noch schnell E-Mail-Adressen aus, damit wir uns vielleicht irgendwo verabreden können.

Nach einem Großeinkauf Brot und Konserven starten wir ins Ungewisse, denn die nächsten drei Tage führen uns über einen Pass durch sehr spärlich besiedeltes Gebiet an die Westküste. Sicherheitshalber haben wir genügend Essen und Trinken für die gesamte Strecke dabei. Dadurch bin ich vollbeladen, und zu allem Überfluss schlägt auch der Gegenwind mal wieder in voller Härte zu. Der Pass zwingt uns in die Knie, und wir zicken uns zum ersten Mal an, weil wir beide nicht mehr können und Hunger haben. Zum Glück hält dieser Zustand nur fünf Minuten an, weil wir einander beide nicht böse sein können. Unser Duschsack ist mit Trinkwasser befüllt, und an einem Abend hüpfen wir zum Waschen in einen eiskalten Bach. Selis Gekreische vertreibt wenigstens alle Tiere. Wir sind meistens früh im Zelt, auch wenn es auf den Bergetappen fast keine Mücken gibt, vor denen wir uns schützen müssten. Doch unsere Tage sind so anstrengend, dass wir uns, sobald wir angekommen sind, nicht mehr wachhalten können. Unser Butter Chicken schmeckt uns immer noch, und mir wird erneut bewusst, wie viel Freude das einfache Leben macht.

Obwohl die Strecke von Palmerston nach Wellington genauso lang ist wie die der letzten drei Tage, schaffen wir sie in zwei Tagen. Die Berge haben uns fit gemacht, und wir haben einen ganzen Tag lang Pause vom ständigen Gegenwind. Trotzdem ist das Meer hier stürmischer als auf der anderen Inselseite. Wir fahren meistens an der Küste entlang und machen nur einen Umweg übers Inland, wenn eine Stadt kommt. Die Gegend ist ein bisschen verwegen, mit sanften Hügeln und Häusern, die mich an Nordengland erinnern.

In Wellington, der südlichsten Hauptstadt der Welt, sind wir bei einer Familie eingeladen. Ich habe sie über ein Internetportal gefunden, auf dem sich Fahrradreisende aus aller Welt gegenseitig eine Unterkunft bieten. Die Stadt hat eine landschaftlich außergewöhnliche Lage zwischen dem Naturhafen und grünen Hügellandschaften. Die Familie wohnt in einer Villa im Kolonialstil in einem Vorort. Als wir den steilen Berg nach einem langen Radtag endlich erklommen haben, wissen wir aber sofort, dass es sich gelohnt hat. Von der Terrasse aus hat man einen Blick über Wellington, und das Meer und das Haus sind wunderschön. Die Familienkatze hat gerade Junge bekommen, die noch so klein sind, dass sie umfallen, wenn sie versuchen zu laufen. Eigentlich bin ich nicht so der Katzenfan, aber diese kleinen Flauschbällchen sind so tapsig, dass wir nicht anders können, als den ganzen Abend mit ihnen zu spielen.

Am nächsten Tag tischt uns die Familie ein riesiges Sonntagsfrühstück auf. Ich will schon anfangen, als der Vater mich fragt, ob ich die Ehre übernehmen wolle, das Gebet zu sprechen. Zum Glück ruft eins der Kinder: »Ich will, ich will!«, und rettet mich damit. Alle nehmen sich an den Händen und schließen die Augen. Ich tausche einen Blick mit Seli und sehe, dass sie genauso wenig mit der Situation anzufangen weiß wie ich, gucke aber schnell wieder weg, damit wir nicht lachen müssen. Wir stimmen ins »Amen« mit ein und lassen uns dann Pancakes mit Früchten schmecken. Ich bin nicht ungläubig und denke seit dem Tod meines Opas oft über ein Leben nach dem Tod, Schicksal und Gott nach. Die Regeln aus heiligen Schriften finde ich allerdings oft überholt, und auch mit dem Alleingeltungsanspruch von Religionen habe ich meine Probleme. Viel zu oft sind aus fehlender Toleranz gegenüber anderen Glaubensrichtungen Konflikte und Kriege entstanden. Ich würde aber genau aus dem Grund in so einer Situation nie etwas sagen, denn das geht mich nichts an, und ich respektiere den Glauben anderer.

Die nächste bezahlbare Fährverbindung geht erst am nächsten Tag, weswegen wir uns ein Hostel suchen und den Nachmittag in der Stadt verbringen. Wellington gefällt mir überraschend gut. Die kleinen Einkaufsstraßen sind cool, und die Gassen haben Flair. Es scheint eine ziemlich kulturelle Stadt zu sein, denn überall hängen Plakate für Konzerte und Theaterstücke. Abends entdecken wir in der Innenstadt ein kleines Festival mit Tanzperformances sowie guter Musik und sind froh, das nicht verpasst zu haben.

Auf der Fahrt mit der Fähre gibt es viel zu gucken. Die Sonne scheint, wir haben kaum Wellengang, und der Blick über die grünen Hügel ist traumhaft. Vor allem die Ankunft auf der Südinsel ist toll, weil man schon eine halbe Stunde vorm Anlegen, von Möwen begleitet, durch kleine Inseln und Buchten fährt. In Picton angekommen, starten wir gleich in Richtung Süden. Nach etwa zehn Kilometern durch schöne Weinberge kommen wir an einem Schild vorbei, auf dem »Johannishof – Weinkeller« steht. Über eine kleine Auffahrt gelangen wir in ein Restaurant mit Bierbänken auf der Wiese davor. »Genauso ist es im Sternl«, erzähle ich Seli begeistert von meinem Stammlokal in der Heimat. »Einfach ein paar Tische auf einer Wiese neben einem Weinberg, gutes Essen und eine Rieslingschorle!« Im Johannishof gibt es sogar Riesling, aber die Kellnerinnen gucken mich skeptisch an, als ich zu meinem Weißwein Sprudelwasser und ein großes Glas zum Mischen bestelle. Ich will es ihnen schmackhaft machen und lasse sie probieren, aber sie verziehen das Gesicht und meinen, das wäre eine Verschwendung ihres guten Weins. »Ich hab's versucht, aber wenn ihr nicht lernen wollt!«, lache ich und gebe stattdessen Seli ein Glas, der es ausgesprochen gut schmeckt. Ein bisschen Heimweh überkommt mich bei dem bekannten Geschmack, aber es ist vor allem ein gutes Gefühl. »Jetzt noch 20 Kilometer, dann sind wir zu Hause«, sage ich nach meiner »Sternl-Zwanni-Regel«, und wir fahren wirklich nur noch gemütliche 20 Kilometer bis nach Blenheim. Was sich heute trotz der Berge anfühlt wie eine Spazierfahrt, war am ersten Tag meiner Reise noch harte Arbeit. Immer wieder fällt mir auf, wie sich mein Verhältnis zu Kilometern und Anstrengung stetig ändert. Am nächsten Tag treffen wir wieder auf das Meer. Die Küste ist hier felsig, das Meer wild, und rechts sind die Berge von dunkelgrünem Dschungel bewachsen. Der Wind am Meer vertreibt Mücken und Wolken, und diese Nacht verbringen wir eingewickelt in einen Schlafsack unterm Sternenhimmel im noch sonnenwarmen Sand. Seli zeigt mir das Südkreuz, welches man nur in der südlichen Hemisphäre sehen kann.

Wir sind wie immer nicht wirklich informiert über das Land und völlig verblüfft, als wir an der Küste wilde Robben entdecken. Wir hätten die dunklen Flecken auf den Felsen wahrscheinlich gar nicht bemerkt, wenn nicht parkende Autos und Touristen davorgestanden hätten. Über eine Treppe gelangen wir auf ein Plateau, von wo aus man die Tiere beobachten kann. Die Großen lassen sich im Meer von den Wellen treiben, spielen in der Gischt, die entsteht, wenn das Wasser gegen die Felsen klatscht, oder liegen faul herum und sonnen sich. In den Kratern einiger Felsen hat sich Wasser gesammelt, und in diesen Pools sind die Babys und Jungtiere untergebracht, die noch nicht ins offene Meer dürfen. Wir gucken den Kleinen bestimmt eine halbe Stunde lang beim Toben und Kämpfen zu, bevor wir weiterfahren. Von etwas so Schönem überrascht zu werden, ist überwältigend.

Kurz vor Kaikoura höre ich es plötzlich knallen. Ich halte sofort an und begutachte den Schaden. Eine Speiche meines Hinterrads hat es zerfetzt. Kaikoura ist zwar nur noch vier Kilometer entfernt, aber wenn eine Speiche fehlt, stimmt die Statik nicht mehr, und es gehen schnell noch mehr kaputt, deswegen will ich keinen Meter mehr fahren. Wir versuchen zu trampen, aber es kommen kaum noch Autos vorbei, hinzukommt die einsetzende Dunkelheit, und auf Schieben haben wir keine Lust. Also schlagen wir auf einem Parkplatz neben der Straße unser Zelt auf. Am nächsten Morgen hat sich die Frequenz vorbeifahrender Autos nicht besonders verbessert. In den ersten 20 Minuten kommen nur etwa 15 vorbei, und die meisten sind zu klein für unsere Räder. Plötzlich nähert sich jedoch ein kleiner Reisebus, die Fahrerin grüßt uns mit der Hupe und hält 50 Meter hinter uns an. Heraus steigt eine Frau in den Fünfzigern, und an ihrem Akzent hören wir sofort, dass sie Deutsche ist. Sie heißt Angelika und ist '96 nach Neuseeland ausgewandert, wo sie seitdem als selbständige Reiseveranstalterin arbeitet. Die Räder lassen sich unkompliziert zwischen den Sitzen verstauen, und einen Katzensprung später sind wir in Kaikoura. Angelika freut sich über unsere Gesellschaft und lädt uns noch zu Kaffee und Kuchen ein, wobei sie uns erzählt, dass sie in Christchurch wohne. »Mein Garten steht euch zur Verfügung«, bietet sie an, als wir uns verabschieden, und lässt uns mit einem Hupen auf dem Bürgersteig zurück.

In einem Radladen verspricht man mir, meine Speiche für 36 Dollar bis zum nächsten Tag zu reparieren. Eigentlich sollte ich so etwas selbst erneuern können, weil es nicht zu mir passt, abhängig zu sein, aber ich habe Ersatzspeichen und Reparaturzeug gleich am Anfang mit dem Hänger heimgeschickt, um Gewicht zu sparen, weil ich selten in unzivilisierten Gebieten unterwegs bin. Jetzt habe ich Glück gehabt, dass es nicht mitten auf einem Pass passiert ist. Wir checken direkt neben dem Radladen in ein heruntergekommenes Hotel ein und ärgern uns schon kurz darauf darüber, dass wir am falschen Ende gespart haben. Die Küche, in der wir eigentlich kochen wollten, ist so ekelhaft, dass wir sie nicht mal betreten wollen. Alles ist mit einer dicken Fettschicht überzogen, in der sich der Staub der Jahre gesammelt hat, und es stinkt, als wäre sie seit der Eröffnung nicht geputzt worden. Das gesparte Geld wandert stattdessen in hier berühmtes Fish und Chips für Seli und Burger für mich. Nachmittags machen wir den »Kaikoura Walk«, der aus Kaikoura heraus um eine Landzunge herumführt. In der richtigen Jahreszeit kann man hier sogar Wale beobachten – noch ein Grund, zurückzukommen. Auf dem Rückweg kommen wir eisschleckend an einem orangefarbenen Bulli mit »Zu verkaufen«-Schild vorbei, der auch innen total schön ausgebaut ist. Wir sind sofort verliebt und wollen ihn am liebsten direkt kaufen, wobei Radfahren mir hier wirklich Spaß macht. Ein Bulli passt besser zu einer Reise mit Baby, irgendwann.

Abends sind wir gerade eingeschlafen, als uns ein lauter Alarm wieder weckt. Wir gucken einander verpennt an, nehmen es aber beide nicht ernst. Doch der Alarm hört nicht auf, und kurze Zeit später ertönt in einiger Entfernung der laute, offizielle Alarm der Stadt. Ich erschrecke mich, denn den kenne ich von einer Tsunamiwarnung in Thailand vor ein paar Jahren, und weiß sofort, wenn die Feuerwehr Alarm schlägt, muss wirklich etwas sein. Wir schnappen uns Reisepässe und Festplatten, und schon trommelt es an unserer Tür und jemand ruft: »Raus hier!!!« Als wir auf den Flur rennen, riecht es bereits nach Rauch. Mit tränenden Augen suchen wir den Fluchtweg und stehen wenig später bei den anderen Hotelgästen auf der Straße, gegenüber vom Hotel. Wir sind unter den Letzten, die aus dem Hotel kommen, und ärgern uns darüber, dass wir den ersten Alarm nicht ernst genommen haben. Es hat direkt im Zimmer neben uns gebrannt, und Feuer kann einem plötzlich die Fluchtwege versperren. Die Feuerwehr ist zum Glück sehr schnell da und kann den größten Schaden verhindern. Trotzdem stehen wir fast zwei Stunden barfuß und im Schlafanzug im Nieselregen auf der Straße. Als wir endlich wieder im Bett liegen, können wir vor lauter Schreck noch lange nicht einschlafen.

Nach der unruhigen Nacht starten wir trotzdem früh in Richtung Christchurch, das wir in zwei Tagen erreichen wollen. Die felsige Küste zu unserer Linken wechselt sich ab mit schwarzen Stränden, und anstelle von Kühen passieren wir auf der Südinsel jede Menge Schafe. Gegen Ende unserer Tagesstrecke kommen wir zum ersten Mal, seit wir in Neuseeland sind, in den Regen. Dadurch wird nicht nur die Landschaft in trostlosem Grau ertränkt, sondern unsere Motivation gleich mit. Zum Glück haben wir schon fast 90 Kilometer auf dem Buckel, aber im Regen das Zelt aufzubauen und dann in nassen Klamotten reinzuschlüpfen, ist einfach nur nervig. Deswegen stellen wir uns erst mal eine Weile unter einen Baum und überlegen, was wir essen sollen, denn Kochen ist im strömenden Regen schwierig. Wie aus heiterem Himmel hält ein roter Pick-up mit einem riesigen Rasenmäher neben uns an. Heraus steigt die stämmige Betty, die uns etwas zuruft, das wir nicht verstehen. Als sie näher kommt, sehen wir, dass sie keinen einzigen Zahn mehr im Mund hat. Sie schlägt vor, uns in die Unterkunft des nächsten Ortes zu fahren. Wir nehmen dankend an und fahren mit ihr zu einer Schule, deren Rasen sie vorher noch mähen muss.

Vor der Schule gucken wir Betty beim Rasenmähen zu. Seli schlägt Räder und übt Handstand und findet unter den vielen Steinen des Schotterwegs einen herzförmigen. Den steckt sie mit den Worten »Jetzt hast du auch mal einen von mir…« zu den anderen Glücksbringern in meine Lenkertasche. Nach ein paar Minuten kommt ein kleiner Maorijunge auf uns zugerannt, hinter ihm seine junge Mutter. »Sorry, er wollte nicht stören«, entschuldigt sie sich, aber wir winken ab: »Ach was, er stört kein bisschen!«

»Wollt ihr vielleicht reinkommen und einen Tee trinken? Dann kommt ihr aus dem Regen raus.«, bietet sie an.

»Wohin denn rein?«, fragt Selima, denn außer der Schule und ein paar Kühen ist weit und breit nichts zu sehen.

»Mein Mann ist Hausmeister der Schule, wir wohnen dort drüben in dem kleinen Haus auf dem Gelände.«

Achselzuckend gucken wir uns an: »Ja klar, gerne, danke!«

Wir winken Betty, die mit ihren Ohrenschützern nichts hört. Sie versteht unsere Zeichensprache, sieht aber komischerweise nicht begeistert aus. Im Haus müssen wir der kleinen Familie erst mal erklären, was wir hier abseits vom Highway in der Pampa machen. Als wir bei Betty und ihrem Angebot, uns in ein Hostel zu fahren, angelangt sind, sagt Mary (»Meinen ganzen Namen auf Maori könnt ihr eh nicht aussprechen«) empört: »Das kommt gar nicht in Frage, ihr schlaft natürlich hier! Ihr könnt unser Schlafzimmer haben.«

»Ach Quatsch, wir wollen euch doch nicht das Zimmer wegnehmen«, antworte ich, und wir einigen uns darauf, dass wir auf einem überdachten Stück Wiese vor dem Haus zelten. Seli rennt raus, um Betty Bescheid zu sagen, die sie vor den Maoris warnt und es nicht verstehen kann, dass wir als Weiße ihre Abneigung nicht teilen. Dass ihre Warnung vollkommen unbegründet ist, zeigt sich schnell. Wir werden wie selbstverständlich in die Familie aufgenommen und bekocht und genießen einen sehr lustigen Abend.

Vorurteile sagen stets mehr über den, der sie äußert, als über den, dem sie gelten sollen.

Auf dem Gelände gibt es ein paar Kühe, zwei Gänse, drei Schafe, einen Hund und eine Katze. Der Sohn ist den ganzen Tag draußen bei den Tieren. Beim Spielen mit ihm entdecken wir hinter dem Haus eine kleine Grasplantage, und als er im Bett ist, bietet uns sein Vater Jack eine Pfeife an, aber wir sind schon so müde, dass wir lieber ins Bett gehen.

Nach einem Glas frisch gemolkener Milch verabschieden wir uns am Morgen herzlich und fahren Richtung Christchurch. Dort angekommen, versuchen wir anhand Angelikas Wegbeschreibung ihr Haus zu finden, was unmöglich zu sein scheint. Durch die vielen Umwege lernen wir dafür ein bisschen die Stadt kennen, auch wenn wir am Ende eines Radtags nicht mehr so aufnahmefähig sind. In der Innenstadt kann man noch an vielen Stellen die Folgen der beiden Erdbeben von 2010 und 2011 erkennen. Manche Häuser sind noch nicht wiederaufgebaut, andere, wie eine denkmalgeschützte Kathedrale, eine einzige Baustelle. Angelika erzählt uns, als wir das Haus endlich gefunden haben, einige Details, die wir noch nicht kannten. Nach dem zweiten Erdbeben, dessen Epizentrum nur zehn Kilometer entfernt und dessen Hypozentrum nur fünf Kilometer unter der Erdoberfläche lag, haben alleine in der ersten Woche circa 70.000 Menschen die Stadt verlassen. Bis zu 10.000 Wohnhäuser hätte man abreißen müssen, und etwa

100.000 seien beschädigt und reparaturbedürftig gewesen. Letzteres treibt ihr die Tränen in die Augen. Selima übernimmt das Trösten, immer wieder ist mir aufgefallen, dass die Menschen ihr schnell das Herz ausschütten. Angelika erzählt traurig, dass es extrem viel Versicherungsbetrug gegeben habe. Einige Menschen mit nur kleinen Schäden am Haus hätten sich lange Hotelaufenthalte bezahlen lassen, während andere, nicht so gut abgesicherte, wie sie selbst, jahrelang auf ihr Geld warten mussten. Sie lebten weiterhin in ihren zerfallenen Häusern, auf unwürdigste Weise. Insgesamt habe es durch die Katastrophe eine riesige Umverteilung des Geldes gegeben, wobei sich einige wenige bereichert hätten und die Mehrheit der Menschen nun viel ärmer als vorher sei. Sie selbst ist erst vor kurzem in ihr neues Haus eingezogen und erzählt, dass damit endlich auch der psychische Druck abgefallen sei. Sie wirkt sehr selbständig und unabhängig, macht aber auch einen leicht einsamen Eindruck. Angelika wohnt aber trotzdem lieber hier in ihrem Traumland als in Deutschland bei ihrer Familie. Das Einzige, das ihr fehle, sei gutes Brot, weswegen sie dazu übergegangen sei, selbst zu backen. Nachdem es auch bei uns wochenlang nur weiches Weißbrot gab, stürzen wir uns auf ihr leckeres Vollkornbrot. Ein bisschen kann ich sie verstehen, denn auch ich habe mich in das Land verliebt. Aber für mich hat es auch enorm viel damit zu tun, dass ich mit Selima hier bin. Mir graut es schon ein wenig vor der Zeit in Amerika, denn ich habe keine große Lust darauf, wieder alleine zu reisen. Bevor Angelika uns losziehen lässt, gibt sie uns noch Tipps für die restliche Strecke. Besonders schön soll das Gebiet um den Lake Tekapo sein. Dort sind wir in drei Tagen und wollen uns, wenn es uns gefällt, eine kleine Auszeit gönnen.

Wir haben ziemlich viel Essen dabei, aber irgendwann keine Lust mehr auf Konserven. Auf der Landkarte, die uns Angelika geschenkt hat, suchen wir nach einem größeren Ort, um etwas zu essen, als ein Auto anhält. Eine blonde Frau mit Sonnenbrille lässt das Fenster runter und fragt, ob wir Hilfe benötigen. »Es wär super, wenn Sie uns sagen könnten, wo wir einen Supermarkt oder noch besser ein Restaurant finden«, bittet Selima. »Darf ich euch zum Essen einladen?«, fragt die Frau zurück. Wir folgen dem Auto etwa zwei Kilometer und unterhalten uns unterwegs über die neuseeländische Gastfreundschaft.

»Es macht mich einfach immer wieder fassungslos, wie nett die Menschen zu uns sind«, sage ich zu Selima, die neben mir fährt, weil kaum Verkehr ist.

»Es ist wirklich völlig verrückt… An jedem einzelnen Tag werden wir zum Essen oder Schlafen eingeladen, obwohl wir einfach nur zwei wildfremde Menschen auf dem Fahrrad sind«, stimmt sie mir zu.

»Ich wurde überall auf der Welt nett aufgenommen und oft eingeladen, aber hier werden wir ja sogar vom Rad geholt, wenn wir gar keine Hilfe brauchen«, lache ich, und Selima antwortet, als das Auto vor uns in eine Einfahrt einbiegt: »Das glaubt uns zu Hause niemand!«

Die nette Frau stellt sich als Susi vor, und wir unterhalten uns mit ihrem Sohn und dessen deutscher Austauschpartnerin, die ein Jahr hier verbringt, während Susi uns etwas zu Essen kocht. Das einfache Gericht, Käsetortellini mit Tomatensauce, erscheint uns hier wie ein Festmahl. Da die Familie nur eine Stunde Mittagspause hat, ist es ein schönes, aber kurzes Mittagessen. Wir nutzen noch schnell das WLAN, um uns nach einer Übernachtungsmöglichkeit umzusehen. Die letzte Dusche bei Angelika ist drei Nächte her, und wir haben sie bitter nötig. In einem kleinen Ort finden wir ein Bed and Breakfast. Die Straßenkarte, die wir haben, ist relativ grob, weswegen wir Schwierigkeiten haben, das Haus zu finden. Sobald wir da sind, sehen wir aber sofort, dass sich die Suche gelohnt hat. Das kleine Steinhäuschen mit dem Rosengarten passt wunderbar in die Landschaft, obwohl es sehr untypisch für Neuseeland ist. Das Anwesen könnte eine britische Postkarte zieren, und tatsächlich ist die 75-jährige Landlady aus Wales ausgewandert, um hier ihren Lebensabend zu verbringen, nachdem ihr Mann gestorben ist. In einem urigen Zimmer mit Eisenbett und Leinenbettwäsche werden wir einquartiert, und zum Frühstück gibt es frisch gebackene Scones mit Marmelade und Schlagsahne.

Gut gestärkt und durch die zeltfreie Nacht mit Energie aufgetankt, starten wir zum Lake Tekapo. Auf dem Weg dahin wird die Natur um uns herum immer schöner. In der Ferne können wir schneebedeckte Gipfel erkennen, und unsere Strecke kreuzen immer wieder klare, blaue Flüsse. Am See angekommen, bekommt der Ausdruck »blaues Wasser« aber eine völlig neue Bedeutung. In strahlendem, flächigem Blau erstreckt sich der See vor uns, eingerahmt von grün bewachsenen Hügeln. Die Farbe ist nicht, wie im Meer, Ergebnis einer Spiegelung des Himmels und transparent, sondern das Wasser ist, ähnlich wie beim grünen See in Wai-O-Tapu, durch Mineralien tatsächlich deckend blau gefärbt, da der See aus Schmelzwasser von Gletschern gebildet ist. Unser Campingplatz liegt direkt am Ufer, und wir wissen sofort, dass wir nicht nur eine Nacht bleiben wollen. Unter den Campern sehen wir ein paar Familien, die gemeinsam mit ihren Kindern auf dem Rad unterwegs sind. Wir unterhalten uns mit einer holländischen Familie, die ein sieben Monate altes Baby im Anhänger dabeihat. »Es macht riesigen Spaß«, erzählt uns die Mutter. »Wir müssen uns dem Rhythmus von Johanna anpassen. Wenn sie Hunger hat, spielen will oder nicht mehr kann, müssen wir anhalten. Egal, ob wir eigentlich weiterfahren wollten. Das entschleunigt.«

Am nächsten Tag testen wir mit Zehenspitzen die Temperatur des Wassers und schrecken vor dessen Kälte zurück. Auch der Kieselstrand lädt nicht zu einem Strandtag ein, und wir machen uns mit dem Rad auf den Weg, die Umgebung zu erkunden. Wir fahren einfach los, ohne uns zu informieren, und haben intuitiv die richtige Strecke gewählt, denn nach ein paar Kilometern taucht ein weiterer, viel kleinerer See vor uns auf. Der Lake Alexandrina, wie wir auf einem Schild erfahren, haut uns völlig um. Er ist in verschiedenen Hellbau- bis Türkis-Nuancen marmoriert und fügt sich wie magisch in die Berglandschaft ein. Ein Stück davor steht ein Hügel mit einer Sternwarte darauf. Wir überlegen eine Weile, bevor wir den steilen Berg erklimmen, sind aber einfach zu neugierig auf die Sicht. Oben angekommen, ist der Blick auf den See noch unglaublicher. Dahinter die Bergkette mit weißen Spitzen und zu unserer Linken eine Art Wüstenlandschaft mit Wellen im Boden, wie vergrößerte Maulwurfshügel. Die eher ausgedörrte Landschaft, die hier auf der Südinsel die saftig grünen Wiesen im Norden abgelöst hat, erstrahlt in der Abendsonne beinahe golden. Oben auf dem Mount John ist es so windig, dass wir uns nicht unterhalten können, aber es gibt sowieso genug zu gucken.

Wir haben beide noch keinen Gletscher gesehen und entscheiden uns, den Mount Cook zu besichtigen, obwohl es einen großen Umweg von unserer Route bedeutet. Die Mount Cook Road führt uns entlang des Lake Pukaki direkt vor den Fuß des Bergs, wo wir enttäuscht zu einer weißen Nebelwand aufblicken. Man kann rein gar nichts von dem Gletscher erkennen, also setzen wir unsere Hoffnung auf den nächsten Tag und schlagen unser Zelt in einem versteckten Winkel auf. Tarnung haben wir eigentlich gar nicht nötig, denn der Nebel verdeckt sowieso alles. Nach einer ziemlich kalten Nacht öffnen wir die Zeltwand und schließen sie frustriert wieder. Zu dem Nebel ist noch Regen dazugekommen, und vom Gletscher fehlt, obwohl er direkt vor unserer Nase ist, jede Spur. Dieser Umweg hat sich leider nicht gelohnt.

Zurück auf der Route gen Süden, kurz vor dem Ziel und auf dem Höhepunkt unseres gemeinsamen Fitnesslevels, suchen wir noch einmal die Herausforderung. Wir entscheiden uns auf dem Weg nach Queenstown gegen die Highways 8 und 6 und für den Umweg über Wanaka, damit wir noch einen letzten Pass knacken, bevor es wieder in den Flieger geht. Wir fahren auf Straßen durch die trockene Graslandschaft, haben einen 360° Blick in endlose Weite, kommen aber auch durch sehr bergige Gegenden. Für die knapp 150 Kilometer nach Wanaka lassen wir uns drei Tage Zeit, denn es gibt einfach überall etwas zu sehen. Die Stadt selbst ist nichts Besonderes, liegt aber an einem See und zieht deswegen Touristen an. Dadurch gibt es wiederum schöne Cafés, was uns nach einer längeren Strecke ohne Stadt immer freut. Der Pass nach Queenstown ist wahnsinnig anstrengend, aber wir haben es uns ja ausgesucht. Wir genießen den letzten Radtag zusammen, und mitten in den Bergen knacke ich meine 10.000-Kilometer-Marke. Seli schießt ein schönes Foto von mir und meinem Rad vor den Bergen. Im Hintergrund kann man in einiger Entfernung im Tal Queenstown entdecken. Eigentlich mache ich mir nichts aus Kilometern, aber es ist doch schön, diese unsichtbare Grenze zu überschreiten. Ich bin stolz auf mich, ein seltenes Gefühl.

Auf dem Weg nach Queenstown entdecke ich bereits einige Abenteueraktivitäten. Von einer Brücke, die wir passieren, springen Menschen am Bungyseil 40 Meter tief in eine Bergkluft herab, und wir gucken eine Weile zu, bevor wir weiterfahren. Ich würde gern selbst springen, aber ich weiß, dass das in meinem Budget gerade nicht drin ist. Auch an einem Fluss mit Rafting-Booten, die durch Stromschnellen rangieren, kommen wir vorbei. Queenstown ist als Outdoorstadt bekannt. Im Sommer kann man Downhill, im Winter Ski fahren, und ich fühle mich auf Anhieb wohl. Die Leute, denen man auf der Straße begegnet, sind mir sympathisch, und es gibt coole Bars und Restaurants. Um die Stadt wirklich zu genießen, braucht man allerdings Geld, denn die Aktivitäten haben alle ihren Preis. Zu meiner Reise passt es nicht, viel Geld in eine kurzweilige Aktion zu stecken, denn es geht mehr um den Weg, als um aufregende Unternehmungen. Ich plane aber fest, mit meinem Bruder und unseren Jungs wiederzukommen.

Auf dem Campingplatz verbringen wir die kälteste Nacht seit meiner Abreise. Bei drei Grad liegen wir in allen Klamotten, die wir besitzen, in meinem Schlafsack und machen kein Auge zu. Mein Schlafsack hat bis jetzt immer für uns beide gereicht und würde mich im geschlossenen Zustand auch perfekt gegen die Kälte wappnen, aber als Decke funktioniert die Isolation überhaupt nicht, und wir frieren beide schrecklich. Mit Schmerzen in allen Knochen und Muskeln und völlig übermüdet aufzuwachen, macht keinen Spaß.

Durch reinen Zufall laufen wir morgens Petra und Uwe über den Weg, die mit ihrem Wohnmobil auf demselben Campingplatz stehen. »Das kann doch nicht wahr sein!«, lacht Uwe, als er uns sieht, und wir beschließen, den Abend gemeinsam zu verbringen. »Das muss ich gleich Petra erzählen, das glaubt sie mir nie!« In einem Pub sind wir auf ein Bier verabredet, das wir bei einem Kartenspiel und folkiger Livemusik genießen. »Sing du doch mal«, sagt Petra zu Seli, aber sie antwortet: »Nee, das geht nicht, das ist ja keine offene Bühne, sondern ein Konzert.«

Für einen Euro habe ich im Internet ein Auto gemietet, das wir in fünf Tagen nach Auckland bringen müssen. Unser Glück ist, dass Touristen normalerweise nach Auckland fliegen und das Auto in Queenstown abgeben, wodurch die Firmen viel zu viele Autos im Süden stehen haben und sie sich von Backpackern retournieren lassen, die sich so ein Flugticket sparen. Nachdem wir es abgeholt haben, geben wir in einem Radladen Selimas Rad ab und feiern danach mit einem der berühmten Burger in der Innenstadt. Ich bin stolz darauf, dass sie so lange durchgehalten hat, und weiß, dass der Abschied dieses Mal nicht ganz so emotional wird, weil ich darauf vertrauen kann, dass es mit uns klappt, auch wenn ich noch ein paar Wochen unterwegs bin. Trotzdem wird es hart, sie plötzlich nicht mehr bei mir zu haben, nachdem wir zwei Monate rund um die Uhr zusammen waren. Zum Glück werde ich aber nur eine Nacht alleine sein, bis ich Jonas in L.A. treffe.

Dieses Mal fahren wir über die Westküste in einem kleinen Campervan die Südinsel hoch bis zur Fähre. Wir halten in einem Surfstädtchen an einem Hippiehostel, wo wir für wenig Geld den Van parken und darin schlafen, aber trotzdem Küche und Bad des Hostels benutzen dürfen. Die Überfahrt mit der Fähre findet dieses Mal bei viel Seegang und schlechtem Wetter statt, und um mich rum werden alle, auch Seli, seekrank.

Auf der Nordinsel fahren wir im Westen an einem unüberwindbaren Gebirge vorbei und erhaschen einen Blick auf den Ngauruhoe Vulkan, der in den *Herr der Ringe*-Filmen den Schicksalsberg darstellt. In fünf Tagen 1600 Kilometer mit dem Auto zu fahren, für die man auf dem Fahrrad vier Wochen gebraucht hat, ist verrückterweise fast anstrengender. Wir bekommen nicht so viel von unserer Umgebung mit, und es fühlt sich die ganze Zeit so an, als wäre die gemeinsame Neuseelandreise eigentlich schon vorbei. In Auckland holen wir Selimas Rucksack aus dem Giant-Büro und bedanken uns noch mal für die Unterstützung. Dann schlafen wir auf dem Flughafencampingplatz, weil Selis Flieger frühmorgens geht. Verschlafen wie wir sind, geht der Abschied schnell, was mir ganz recht ist. »Wir sehen uns in Norwegen«, lächelt mir Seli zu, küsst mich und verschwindet hinter der Absperrung.

Nur noch ein Land trennt mich von Europa. Bevor ich dann endlich auf Straßen unterwegs sein werde, die mich nach Hause führen, freue ich mich aber darauf, die beiden Küsten von Amerika zu befahren. Da mein Flieger erst am nächsten Tag geht, habe ich jede Menge Zeit, das Auto abzugeben und mich um mein Rad zu kümmern. Für mehr habe ich keine Motivation. Im Internet kann ich nichts über Air New Zealands Bestimmungen zur Fahrradmitnahme im Flieger finden, und beim Kundenservice geht niemand ans Telefon. Mir schwant nichts Gutes, aber ich beschließe trotzdem, es einfach am nächsten Tag am Flughafen zu klären. Passend zu meiner Stimmung habe ich mir auch noch ein schlechtes Hostel ausgesucht und wache am nächsten Morgen mit circa 200 Bettwanzenstichen auf. Am Flughafen erfahre ich: Das Rad muss in eine Box. In einem drei Kilometer entfernten Radladen besorge ich diese und transportiere sie auf dem Rücken zurück an den Flughafen. Dort schraube ich in der Eingangshalle das Rad auseinander und verstaue es. Die ganze Aktion hat mich sechs Stunden gekostet, und ich ärgere mich über die Willkür der Airlines: »Wieso konnte es denn in Istanbul jemand einfach für mich in den Flieger schieben?«

Schon im Flugzeug vermisse ich das bis jetzt für mich schönste Land der Erde und die tolle Zeit, die ich hier verbracht habe. So gastfreundliche Menschen wie hier habe ich noch nie getroffen. Unzählige Begegnungen und Erlebnisse reicher freue ich mich aber auch auf Amerika und bin gespannt, wie es sich seit meinem Jahr an der Highschool verändert hat.

Ein Stück Heimat

Nach zwölf anstrengenden Flugstunden nehme ich am Flughafen in L.A. mein Fahrrad und mein Gepäck entgegen und warte auf Jonas, der drei Stunden nach mir landet. Meinen besten Freund nach einem dreiviertel Jahr wiederzusehen, ist schön, und zwischen uns ist sofort alles wie immer. Ich freue mich vor allem über seinen Besuch, weil ich weiß, dass Radfahren und einfaches Reisen gar nichts für ihn sind und er nur meinetwegen gekommen ist. In unserem Hostel in Hollywood verstauen wir nur kurz unser Gepäck und ziehen dann los, um zu Abend zu essen. In einem Diner bestelle ich Pizza mit Ranchdressing – früher meine Leibspeise –, aber jetzt schmeckt es einfach nur noch nach dem, was es ist. Ein Stück fettige Pizza mit mayonnaiseartigem Salatdressing. Danach irren wir ewig in Hollywood herum und suchen ein Taxi, das uns an den Rodeo Drive/Sunset Strip bringt. Jonas, den ich meistens »Jones« nenne, stupst mich an: »Ist das nicht einer von diesen berühmten Sternen?« Tatsächlich sind wir schon einige Zeit auf dem »Walk of Fame« unterwegs, ohne es zu merken. Er ist aber auch bei genauerem Hinsehen ziemlich langweilig, und auch der Sunset Boulevard haut uns nicht aus den Socken. Die Stadt an sich ist in meinen Augen ziemlich überbewertet. Alles ist mehr Schein als Sein. Überall wird mit Reichtum, Schönheit und Besitz geprotzt und viel zu dick aufgetragen – mit oberflächlicher Freundlichkeit und Make-up. Gleichzeitig scheint aber niemand wirklich glücklich zu sein, und ein Gespräch geht selten über Smalltalkgeplänkel hinaus. Die langen Flüge haben uns geschlaucht, und wegen des Jetlags fallen wir schon um 22 Uhr erschöpft ins Bett.

Morgens bauen wir nach dem Frühstück im Hof des Hostels unsere Räder zusammen, was bei mir, abgesehen davon, dass ich mal wieder Schrauben übrighabe, problemfrei klappt. Bei Jonas ist jedoch die Kette so blöd von den Ritzeln gesprungen, dass sie sich verklemmt hat und wir stundenlang versuchen, sie herauszufischen. Wir rufen meinen Dad an, um zu fragen, ob er einen Trick kennt, und er bringt uns darauf, dass die Kette ein Schloss haben könnte. Tatsächlich lässt sie sich öffnen und neu draufsetzen, wobei aber leider ein Glied kaputtgeht. Bei einer Probefahrt knackt es laut, und Jonas kann danach die Gänge nicht mehr wechseln, deswegen fahren wir zu einem Radladen um die Ecke. Zwei Stunden später hat das Rad eine neue Kette, und wir machen uns auf den Weg nach Santa Monica. Wir sehen überall fette Autos und Harleys, und Radfahren ist superschwierig. Zudem sind knapp 33 Grad, und uns läuft die Brühe runter. Am Straßenrand entdecken wir eine Waschanlage und können nicht anders, als die Räder und uns mit einem fetten Dampfstrahler abzuspritzen. Wir wollen uns einen Jux erlauben und mitsamt den Rädern durch die Waschanlage spazieren, aber ein Mitarbeiter sieht uns und droht mit einer Strafe, wenn wir sein Verbot nicht ernst nähmen. Ein bisschen grinsen muss er aber selbst. Das Wasser auf der Haut tut gut, und auf den nächsten Kilometern wird das Radeln ein bisschen einfacher. Über die berühmten Straßen von Beverly Hills geht es auf einem Seitenstreifen bis ans Pier von Santa Monica. Dort machen wir auf einer Bank mit Blick aufs Meer eine Pause und fahren dann am Strand entlang weiter in Richtung Norden bis kurz vor Malibu, wo wir auf einem Campingplatz landen. 35 Dollar kostet der Spaß zu zweit, aber Wildcampen ist in Amerika nicht unbedingt zu empfehlen. Vor drei Tagen wurde ein Obdachloser, der mit seinem Schlafsack in den Wäldern Kaliforniens erwischt wurde, von der Polizei erschossen.

Morgens verdrücken wir am Kiosk Croissants, schlürfen einen Kaffee und starten dann in Richtung Norden. Dass das eine schlechte Idee ist, merken wir schnell. Wir haben starken Gegenwind, und nach wenigen Kilometern kommen uns bereits die ersten Radreisenden entgegen.

»Ihr Burschen, was macht ihr denn da?!«, schüttelt einer den Kopf. »Ihr seid in die falsche Himmelsrichtung unterwegs!«

»Ja, das ist uns auch schon aufgefallen«, antworte ich, »aber das kann sich ja noch ändern.«

»Ich glaub, da muss ich dich enttäuschen«, entgegnet der Typ entschuldigend. »Es ist allgemein bekannt, dass der Wind hier grundsätzlich südwärts bläst, deswegen fahren alle den Pacific Coast Highway runter und nicht hoch.«

Manchmal wäre ein bisschen Planung doch von Vorteil, denke ich, aber daran lässt sich jetzt nichts mehr ändern. Kurz vor Oxnard kommen wir an einem Luftwaffenstützpunkt vorbei, der die Stadt zu einer relativ unspektakulären Militärstadt macht. Davor halten wir kurz an, und ich platziere meinen Laptop auf dem Lenker, um mir die Straßenkarte darauf anzusehen. Über uns kreist ein Aufklärungsflieger, und alles ist ein wenig gruselig, bis Jonas im richtigen Moment ein Foto schießt, auf dem ich mit Laptop vor dem Maschendrahtzaun mit Flieger im Hintergrund stehe und aussehe, als würde ich mich in die Base hacken. Das Bild bringt uns zum Lachen, aber wir fahren trotzdem schnell weiter, als ich mir mit dem Weg sicher bin.

In einem kleinen Ort, wo wir eigentlich nur eine Pause machen wollten, können wir uns kaum noch bewegen, und es ist klar, dass wir die 20 Kilometer bis zum nächsten Campingplatz nicht mehr packen. Wir suchen eine günstige Pension, aber die sind alle ausgebucht, also bleibt nur noch ein Tennisclub mit Hotel. Es sieht ziemlich schick aus, deswegen sprechen wir, bevor wir reingehen, ab, wie viel es kosten darf. »Jeder 50 Dollar wäre okay, wenn sie Free WiFi und einen Pool oder so haben – das gönnen wir uns«, beschließt Jonas. »Inklusive Frühstück wäre das gerade noch okay – aber nur das eine Mal«, gebe ich zurück. Drinnen erfahren wir von der Rezeptionistin, dass die Nacht 120 Dollar kostet und WLAN und Frühstück extra berechnet werden. Noch dazu ist Check-out schon um zehn Uhr. Wir gucken uns an, lachen und sagen: »Klar, wir nehmen es.« Es ist schön, jemanden an der Seite zu haben, der ähnlich tickt wie ich. 60 Dollar pro Person tun natürlich weh, aber ab und zu will ich mir etwas gönnen. Dabei ist mir egal, ob »man« das auf einer Fahrradreise macht oder nicht. Auch unser Fahrtempo ist ähnlich, und da Jonas genauso kaffeesüchtig ist wie ich, braucht er ebenso viele Pausen. Er ist neben Selima der einzige Mensch, mit dem ich so etwas noch mal machen könnte. Die Filmerei ist mit ihm sogar noch einfacher als mit Seli. Er begleitet mich nur so kurz, dass es sich nicht lohnt, ihn im Film zu zeigen. So kann er vorfahren und die Kamera aufstellen – und ich dann einfach durchs Bild fahren.

Der Pacific Coast Highway ist der amerikanische Teil der legendären Panamericana, die von Alaska bis nach Feuerland führt, immer dicht an der zerklüfteten Küste entlang, durch einige der spektakulärsten Landschaften Amerikas. Links von uns ist das Meer, oft mit schönen Stränden und Surfern auf riesigen Wellen, und wir fahren an Nationalparks und schöner Natur zu unserer Rechten vorbei. Nur der ständige Gegenwind und der Verkehr, der viel stärker ist als angenommen, nerven. Es sind viele Wohnmobile und noch mehr Trucks unterwegs, die keinerlei Interesse zeigen, uns als adäquate Verkehrsteilnehmer zu akzeptieren. Da der Seitenstreifen zum Ausweichen sehr knapp ist und wir die Lastwagen wegen des Gegenwinds teilweise nicht hören, kommt es zu einigen brenzligen Situationen.

Gegen Nachmittag höre ich es auf einmal links von mir laut zischen. Ich halte an, schaue suchend über das Meer und entdecke eine kleine Walfamilie. Ich versuche Jonas Bescheid zu sagen, der vor mir fährt, aber er hört mich wegen des lauten Winds nicht. Ein paar Minuten schaue ich den Tieren zu, die abwechselnd Fontänen aus ihren Blaslöchern schießen und wieder untertauchen, dann sind sie vorbeigezogen. Jonas hat nicht gemerkt, dass ich angehalten habe, und ist schon ein gutes Stück weitergefahren. Ich beeile mich, um schnell aufzuholen und zu berichten, und wir beginnen, die Wale gemeinsam zu suchen. Tatsächlich holen wir sie ein und schauen den riesigen Tieren von einer Haltebucht aus gebannt nach, bis sie verschwunden sind.

In Ocean Mesa landen wir auf einem Campingplatz, allerdings ähnelt der, ebenso wie viele Campingplätze in Neuseeland, eher einer Safari Lodge und hat neben riesigen Sanitäranlagen und Feuerstellen sogar eine Sauna. Obwohl der Platz mit 100 Wohnmobilen fast vollbesetzt ist, begegnen wir keiner Menschenseele. »Wahrscheinlich haben die in ihren 15 Meter langen Dingern eine eigene Sauna«, lacht Jonas und liegt damit vermutlich gar nicht so falsch. Es ist komisch, nach der Zeit in Neuseeland, in der ich so viele Menschen kennengelernt habe, hier keine wirkliche Begegnung mit Einheimischen zu haben.

Die nächsten Tage führen uns über Santa Maria und einen kleinen Ort in einem Nationalpark nach Santa Cruz, einem typischen Ferienort für Amerikaner mit Abenteuerpark direkt am Meer. Die Innenstadt hat aber definitiv Flair und gefällt auch uns. Jonas lädt mich in ein Szenerestaurant neben dem Fahrradhersteller »Santa Cruz« ein, und das Essen mit leicht indischem Touch schmeckt überragend. Allein mein »Bio-Bier« aus Kalifornien kostet aber schon zwölf Dollar!

Am nächsten Tag fahren wir, wie immer über den Highway 1, nach San Francisco. Wir liegen trotz des Gegenwindes so gut in der Zeit, dass wir uns ab und an erlauben, anzuhalten und den Surfern zuzugucken. So viel Können auf einem Fleck hab ich noch nirgends gesehen. Trotz dieser schönen Momente ähneln sich die Tage jedoch sehr, und ich gestehe mir ein, dass ich mir die Zeit in den USA spektakulärer vorgestellt habe. Würde ich dem Land jedoch mehr Zeit geben, könnte ich mir eine deutlich schönere Strecke raussuchen.

Der Weg nach San Francisco hinein ist wahnsinnig anstrengend. Die typischen Hügel, die man aus Filmen kennt, mit dem Fahrrad zu befahren, macht wenig Spaß, denn wir müssen bestimmt 30 Mal hoch und wieder runter. Einen steilen Hügel fahre ich mit 60 km/h herunter, vergesse, wie schwer mein Rad ist und bringe mich damit in eine gefährliche Situation. Die Ampel vor mir springt auf Rot, ich bremse, merke aber sofort, dass der Bremsweg nicht reicht. Stattdessen beschleunige ich also und rausche nur knapp zwischen den Autos durch, die bereits anfahren. Mein Herz klopft bis zum Hals, und ich nehme mir vor, von jetzt an vorsichtiger zu sein.

Wir haben noch zwei Tage Zeit, bis Jonas' Flieger zurück nach Deutschland geht, um die Stadt zu erkunden. Sie gefällt uns beiden viel besser als L.A. Sie ist grüner, hipper, es gibt schöne Cafés, und die Atmosphäre in der ganzen Stadt ist einfach angenehmer. In San Francisco funktioniert Sightseeing außerdem bestens auf dem Rad. Wir fahren die Lombard Street runter, durch die Innenstadt, über die Golden Gate Bridge und verbringen die restliche Zeit mit Flanieren. Auch am Morgen von Jonas' Abreise fahren wir mit den Rädern zurück über die Hügel zum Flughafen. Er hat sich vorab im Internet über die Reisebestimmungen seiner Airline informiert und herausgefunden, dass er das Rad, ohne es zu verpacken, aufgeben darf.

Die Dame am Check-in ist anderer Meinung: »Ich weiß nicht, ob wir das Fahrrad so an Bord nehmen können.«

In Businessenglisch vom Feinsten mit leichtem deutschen Akzent antwortet Jonas: »Aber ich weiß es«, und ich muss schmunzeln.

Die Frau setzt erneut an und entgegnet: »Sir, ich denke wirklich nicht, dass das möglich ist.« Doch Jonas verschränkt die Arme vor der Brust und antwortet: »Mein Fahrrad geht, so wie es da steht, mit an Bord!« Als die Frau anfängt, mit den Augen zu rollen, fügt er hinzu: »Ich möchte mit Ihrem Chef sprechen.« Dabei guckt er prüfend auf ihr Namensschild, als ob er sich ihren Namen einprägen würde. Ich lache mich hinter ihm schlapp, aber seine Taktik geht auf.

Die Dame holt mit arroganter Gestik den Manager, der zu Jonas sagt: »Sie sind richtig informiert, wir bieten diesen Service an. Bitte entschuldigen Sie die Unannehmlichkeiten«, und das Rad entgegennimmt. Wer im Recht ist, kommt mit Bestimmtheit manchmal weiter als mit langen Diskussionen.

Über die vielen Anstiege und die Golden Gate Bridge verlasse ich die Stadt gen Norden, und ein paar Kilometer später verabschiedet sich schon wieder eine Speiche, diesmal in meinem Vorderrad. Ich habe jedoch Glück im Unglück, denn Google verrät mir, dass nur 200 Meter weiter ein Radladen ist, in dem ich dann auch in nur 20 Minuten eine neue eingebaut bekomme. Zurück an der Küste, fallen mir sofort die Tsunami-Warnschilder auf. Ähnlich wie beim Feueralarm in Kaikoura bekomme ich sofort schwitzige Hände und ein ungutes Gefühl. Ich muss an die Tsunamiwarnung denken, die ich vor ein paar Jahren miterlebt habe. Mit meiner damaligen Freundin wurde ich aus einem Hotel in Thailand in die Berge evakuiert, passiert ist dann aber zum Glück nichts. Trotzdem muss ich einfach immer wieder daran denken, dass es so etwas in Deutschland zum Glück nicht gibt.

Die ersten Radtage alleine, nach mehreren Wochen im Team, sind ein bisschen trostlos. Die Filmerei nervt mich und ist bei dem Wind auch quasi unmöglich. Einmal kann ich das umgefallene Stativ nur knapp davor retten, mitsamt Kamera eine Klippe runterzustürzen. Der Wind bläst mir außerdem weiterhin so stark von vorne entgegen, dass ich höchstens 12 km/h fahre, aber Kraft für 20 km/h aufbringen muss. An einem schönen Aussichtspunkt will ich ein Foto mit meinem Maskottchen Joe machen, einem kleinen Männchen auf einem Rad. Fynn und ich haben ihn zwei Wochen vor Abreise durch Zufall in einem Laden entdeckt und uns jeder einen gekauft, weil er so lustig aussah. Als er durch den Wind auch beim fünften Versuch umfällt, bevor ich auslösen kann, schmeiße ich ihn wutentbrannt in Richtung Meer. Noch bevor er landet, bereue ich diese impulsive Tat. Als er unwiederbringlich im Wasser versinkt, treibt es mir kurz die Tränen in die Augen. So schön war er zwar nicht, hat mich aber seit dem ersten Tag begleitet. Schnell fahre ich weiter, gucke aufs Meer hinaus und versuche meine Gedanken abzuschütteln. Aber auch die schöne Küste wird irgendwann langweilig. Ich gehe dazu über, nach rechts zu den vielen Tannenbäumen zu schauen, und tatsächlich bringt mich die Monotonie der Bäume in kurzer Zeit in einen Tunnel, in dem es sich manchmal leichter fahren lässt.

In den Wäldern wage ich es – gut versteckt -, doch ein Mal wild zu campen. Als ich mein Abendessen zubereiten will, baue ich mir wegen der Waldbrandgefahr mühsam aus Steinen einen Untergrund für meinen Kocher, um dann zu merken, dass mein Gas alle ist. Ziemlich frustriert kaue ich auf meinem kleinen Rest trockenem Brot herum und habe inmitten der Wildnis natürlich kein Internet, um mir von zu Hause Motivation geben zu lassen. Etwa eine halbe Stunde hocke ich da und bemitleide mich selbst, aber dann entscheide ich, dass mir das auch nicht weiterhilft. Kraft aus sich selbst zu ziehen, ist Einstellungssache. Ich nehme meinen Laptop und versuche, mich mit Gedanken über den Film vom Hunger abzulenken. So fällt mir zum ersten Mal auf, dass ich Fynns Erlaubnis brauche, um ihn in den ersten Minuten meines Films zu zeigen, und dass das ein Problem sein könnte. Wenn er sich wegen der Rechte Dritter querstellen sollte, kann ich mit der ersten Szene erst in Serbien beginnen, aber die Trennung von Fynn gehört natürlich zu *Pedal the World* dazu. Generell denke ich in den letzten Tagen mehr über den Film nach. Soll ich ihn selbst schneiden? Ist er nur für mich und meine Familie? Oder will ich ihn verkaufen?

In einer anderen Nacht ist es bereits dunkel, als ich endlich einen abgelegenen Ort finde. Völlig erschöpft lasse ich das Zelt in seinem Sack und lege meine Isomatte direkt auf eine Lichtung zwischen die Tannen. Es ist keine Wolke am Himmel zu sehen, und mit Blick auf die Sterne falle ich in einen erholsamen Schlaf. Gegen sechs Uhr weckt mich die Sonne, und als ich mit den Augen blinzele, entfährt mir ein Schrei. Direkt neben meinem Kopf sitzt eine riesige Spinne. Nicht nur sehr groß, sondern wirklich riesig! Mit stetig auf sie gerichtetem Blick entferne ich mich langsam und atme wenig später auf. Angst habe ich eigentlich keine, obwohl sie ziemlich giftig aussieht, aber von so einem haarigen und großen Exemplar geweckt zu werden, ist nicht besonders angenehm.

Wie eigentlich immer, seitdem ich unterwegs bin, sind auch meine Tage an der Ostküste ein einziges Auf und Ab. Nach ein paar Tagen Langeweile oder Frust kommen immer wieder Momente, die mich hochziehen. Kurz vor Eureka erwischt mich einer dieser Augenblicke auf einer bis dahin unscheinbaren Strecke. Ich bin so geistesabwesend, dass ich fast vorbeifahre, und merke erst im letzten Moment, dass da etwas ist, das nicht zur Landschaft gehört. Ich halte an und beobachte mit offenem Mund eine wilde Hirschfamilie. Der Vater oder Anführer ist so groß, dass ich zuerst an Elche denken muss, sein Geweih ist etwa so hoch wie mein ausgestreckter Arm. Die Tiere sitzen gemütlich auf einer Wiese und kauen Gras, deswegen traue ich mich, über den kleinen Zaun zu klettern und mich vorsichtig zu nähern. Als ich nur noch etwa 20 Meter entfernt bin, springt der große Hirsch auf und kommt ein paar Meter auf mich zu. Die Message ist deutlich, ich soll mich schnellstmöglich verpissen. Als ich langsam zurückweiche, langt es ihnen anscheinend trotzdem, denn sie rennen wie abgesprochen los und verschwinden in den angrenzenden Wald.

In Crescent City, etwa 140 km hinter Eureka, habe ich einfach keine Lust mehr auf die Küste und nehme spontan die Route 199 ins Landesinnere. Anfangs freue ich mich über die Abwechslung, denn die Straße führt durch einen National Forest, aber dann beginnt eine einzige Kletterei. Ich fahre den ganzen Tag ohne eine Abfahrt bergauf, und noch dazu schüttet es wie aus Eimern. Meine Stimmung ist endgültig im Keller, und in meinem Kopf rumort kontinuierlich ein Satz: »Warum mache ich diese Scheiße eigentlich?« In der Hoffnung auf ein nettes Gespräch, das mich wieder hochzieht, kehre ich in einem Motel in Grand Pass ein, aber ich bin einer der wenigen Gäste, und die Rezeptionistin eine Kaugummi kauende, gelangweilte und unfreundliche Frau.

Geduld ist die beste Arznei im Unglück.

Am nächsten Tag startet meine Tour mit einer zehn Kilometer langen Abfahrt, die mich für die ganze Quälerei am Vortag belohnt. Sofort durchströmt mich eine Energie, die mich spüren lässt, warum ich »diese Scheiße« mache. Der Staat Oregon ist optisch sofort auffallend schöner als Kalifornien. Die Landschaften sehen alle aus wie aus dem Bilderbuch, und mein einziges Ärgernis in den nächsten Tagen sind die Stoppschilder an jeder Kreuzung. Sie sind anstelle einer Ampel in alle Richtungen aufgestellt, was eine einzige Umweltverschmutzung ist, weil alle Autos halten und danach wieder Gas geben müssen. Auch für mich bedeutet das, dass ich immer wieder von null beschleunigen muss und nie an einer grünen Ampel vorbeirollen kann.

Auf dem Weg nach Portland scheint weiterhin die Sonne, aber es wird mit jedem Kilometer merklich kälter. Trotzdem kann ich nicht an den Obstständen vorbeifahren, die selbstgemachtes Fruchteis anbieten. An einem Tag esse ich bestimmt fünf verschiedene Sorten und unterhalte mich unter den Schatten spendenden Markisen mit den Verkäufern. Ich höre noch oft, dass ich in die falsche Richtung unterwegs sei, aber meine Beine sind mittlerweile daran gewöhnt, sich abzustrampeln und trotzdem nicht voranzukommen.

In Portland übernachte ich, dank Airbnb, bei Garret und Emma. Deren Passivhaus benötigt aufgrund seiner guten Wärmedämmung keine normale Heizung und ist auch sonst unter energiesparenden Gesichtspunkten errichtet worden. Es ist ein sich selbst versorgendes Haus und hinterlässt somit keinen ökologischen Fußabdruck. Er ist Grafikdesigner und sie Fotografin, der Inbegriff eines ökologischen, aber modernen Ehepaars, und wir sind uns sofort sympathisch. Bei Burger und Bier in einer Bar in der Nähe erzählen sie mir, dass die Stadt Portland an sich eine sehr grüne Mentalität habe, sowohl die Bewohner als auch die Stadtverwaltung. Schon beim Reinfahren ist mir aufgefallen, dass viele Häuser Solaranlagen haben. Garret und ich bleiben noch bis zwei Uhr nachts in der Bar und unterhalten uns. Er fährt sehr gerne Rad und möchte mir am nächsten Tag die Stadt zeigen, aber ich muss leider weiter, weil in drei Tagen mein Flug in Seattle geht. Von dort aus fliege ich weiter nach Miami, um die Ostküste zu befahren. »Du musst bei uns bleiben! Natürlich ohne was zu zahlen!«, versucht er mich zu überreden, aber ich will die Strecke gerne radeln und in einem Tag sind die 280 Kilometer für mich nicht zu schaffen. Am nächsten Morgen sind beide schon zur Arbeit gegangen, als ich aufwache, und haben mir frische Blaubeer-Pancakes in die Küche gestellt. Die schöne Begegnung hat mir die nötige Energie gegeben, um in zwei Tagen Seattle zu erreichen.

    Nach einer kurzen Nacht mache ich mich schon früh auf die Suche nach einer Radbox. Erst im dritten Geschäft bekomme ich eine und muss sie einhändig mehrere Kilometer zum Flughafen transportieren. Die Suche und der Drahtseilakt haben mich fast fünf Stunden gekostet, und ich komme völlig erschöpft am Flughafen an. Bevor ich mich ans Auseinanderschrauben mache, muss ich aber erst mal superdringend auf Toilette. In meiner Nähe steht eine nette Frau mit Kind, die sich bereit erklärt, kurz auf mein Rad aufzupassen. Als ich zurückkomme, sind zu ihr und ihrem Sohn zwei Sicherheitsbeamte gestoßen. Sie machen mich zur Sau und verbieten mir, mein Gepäck jemals wieder unbeaufsichtigt zu lassen. Ich erwidere, dass ich es ja beaufsichtigen lassen hab, aber die beiden Männer finden das nicht so lustig wie die Frau, die mich jetzt auch in Schutz nimmt.

»Es geht auch um Ihre Sicherheit, Mam, lassen Sie uns unsere Arbeit machen«, wird sie sofort zurechtgewiesen. Sie verdreht nur die Augen, verabschiedet sich und geht mit ihrem Sohn an der Hand weg. »Wenn wir Sie noch mal dabei erwischen, kostet Sie das«, bekomme ich mein Fett weg. »Jungs, soll ich mit dem Fahrrad aufs Klo gehen, oder was?«, gebe ich zurück.

»Das ist nicht mein Problem«, entgegnet der Beamte.

»Und wie viel kostet mich dann mein nächster Toilettenbesuch?«, lache ich und bekomme ein »Mehr als du dir leisten kannst« als Antwort.

Früher wäre das der Moment gewesen, in dem ich an die Decke gegangen wäre, zumal ich sowieso gestresst von der ganzen Flug-Rad-Thematik bin. Komischerweise macht mich die versuchte Demütigung aber nicht wütend, sondern ich finde es einfach nur lächerlich. Vielleicht habe ich durch die Reise gelernt, dass es nicht immer hilft, sich aufzuregen, und so gucke ich den beiden zu, wie sie pseudo-autoritär und selbstgefällig davonschlendern, und bleibe kopfschüttelnd zurück.

Als hätte ihn mir der Himmel geschickt, um zu beweisen, dass es auch nette Menschen gibt, kommt, als ich in einer Ecke des Flughafens beginne mein Rad auseinanderzuschrauben, eine Art Hausmeister auf mich zu. »Brauchst du Hilfe?«, fragt er mich. »Ich hab, nachdem ich die Steckdose hier angeschraubt habe, nichts mehr zu tun.«

»Puh, da würde ich nicht nein sagen, für manche Sachen wären vier Hände echt hilfreich!«, antworte ich dankbar. Selbst mit Hilfe dauert die Schrauberei zwei Stunden, und ich muss mich, obwohl ich schon ewig am Flughafen bin, zum Schluss sputen. Meine Fahrradtaschen schmeiße ich alle in eine große Mülltüte und tape sie mit einer Rolle Gaffa zu, denn ich darf neben dem Rad nur noch ein Gepäckstück aufgeben. Die Mitarbeiter der Airline amüsieren sich köstlich, als ich völlig abgehetzt am Schalter ankomme, und beäugen misstrauisch meine Mülltüte sowie die Radbox. Ich erkläre ungefragt, wie mein seltsamer Anblick zustande kommt, und setze all mein komödiantisches Talent ein, von dem ich eigentlich dachte, es wäre inexistent. Zum Glück habe ich mich anscheinend getäuscht, denn die Geschichte kommt gut an, und alle lachen sich schlapp. Fast nebenbei wird mein Gepäck angenommen, und in mir macht sich Erleichterung breit. Im Flieger kommen dann die kurze Nacht und der Stress zusammen, und ich verpenne fast den gesamten Flug vor lauter Erschöpfung.

In Miami angekommen, will ich direkt raus aus der Stadt, die ich kenne und nicht mag. In der sengenden Hitze baue ich so schnell es geht mein Fahrrad zusammen und fahre los. Meine letzte Etappe, bevor ich in New York in den Flieger nach Europa steige, beginnt. Das Wetter in Florida spielt schon im Frühling völlig verrückt. Die Sonne knallt bei konstanten 30 Grad auf mich herunter, und Regen? Fehlanzeige! Nach 120 Kilometern machen meine Beine schlapp, und mein Körper ist am Ende. Nach einem schnellen Essen baue ich mein Zelt auf einem Campingplatz bei Palm Beach auf und falle ins Bett.

Mein nächstes Tagesziel, Fort Pierce, gefällt mir sehr gut. Zwar hat die Stadt den Ruf, eine Millionärsmetropole zu sein, vorgefunden habe ich aber eine sehr hippe und junge Stadt mit nettem Zentrum. Ab Palm Bay ist die Gegend dann etwas weniger bebaut, was sich auch auf den Verkehr auswirkt. Nach einer Nacht im Ort mit dem wohlklingenden Namen Cocoa fahre ich also etwas weniger gehetzt in Richtung Daytona Beach, einem der berühmtesten Strände der Welt. Bekannt wurde die Stadt durch den Motorsport, man darf hier sogar mit dem Auto am Strand entlangfahren. Mit dem Fahrrad funktioniert das leider nicht ganz so gut, aber als ich den Strand sehe, will ich sowieso nur schnell weg. Die Autos stehen dichtgedrängt im Sand geparkt, davor tummeln sich Menschenmassen auf Liegestühlen und Handtüchern. Entspannung sieht anders aus.

Meinen persönlichen Favoriten in Florida entdecke ich kurz vor der Grenze zu Georgia: St. Augustine. Eigentlich wollte ich noch ein Stück weiterfahren und campen, aber als ich in die Stadt reinfahre, muss ich bleiben. Hier entstand eine der ersten Kolonien der Spanier, was St. Augustine zu einer der ältesten und für mich mit Abstand schönsten Städte Amerikas macht. Ich flaniere durch die Straßen und suche einen Geldautomaten. Dieser spuckt jedoch nicht nur kein Geld aus, sondern eröffnet mir, dass meine Kreditkarte gesperrt sei. Schon wieder. Zum Glück habe ich mein Hostel bereits gebucht und noch einige Dollar dabei, denn mit knurrendem Magen lässt es sich schlecht organisieren. In einem Café bekomme ich ein leckeres Sandwich und habe gerade noch genug Skypeguthaben, um meinen Dad anzurufen, der die Karte für mich entsperren lässt. Alles halb so wild also, aber trotzdem sitze ich mit schlechter Laune da, starre vor mich hin und könnte zum ersten Mal in meinem Leben einfach ohne Grund losheulen.

Dass heute einfach nicht mein Tag ist, zeigt sich wenig später. Selima schreibt: »Skype!!! Jetzt!« Das hat sie noch nie gemacht. Das Café hat kein WLAN, also lasse ich mein restliches Geld auf dem Tisch liegen, springe auf mein Rad und fahre zum nächsten McDonald's mit WLAN. Dort guckt mir aus dem Bildschirm das völlig verheulte Gesicht meiner Freundin entgegen, aber das Internet ist sehr wacklig, also kann ich nicht verstehen, was das Problem ist. Nach ein paar Minuten hält die Verbindung lange genug, und ich erfahre, dass sie sich verletzt hat. In mir zieht sich alles zusammen, als ich in ihr schmerzverzerrtes Gesicht schaue, und dann ist sie plötzlich weg. Sie schreibt mir, dass sie mit ihrem kleinen Bruder Longboard gefahren und umgeknickt sei. Ihr Nachbar habe ihr die Treppe hoch und ins Bett geholfen, weil sie keinen Krankenwagen wollte. Jetzt sei sie alleine zu Hause und habe als Erstes mich angerufen. »Geh sofort zum Arzt!«, ist meine erste Reaktion. Ich weiß, dass Seli hart im Nehmen ist und es nicht einfach nur eine Verstauchung sein kann. »Wieso rufst du überhaupt mich an, ich kann doch von hier aus überhaupt nichts machen!«, füge ich hilflos hinzu. Ich bin nicht gut im Trösten, schon gar nicht mit Worten, und meine Sorge lähmt mich. Wir verabschieden uns, ich bleibe noch Ewigkeiten auf der unbequemen Bank sitzen und warte auf Neuigkeiten.

Abends im Hostel schickt Seli den Befund durch. Drei Knochen gebrochen und alle Bänder gerissen. Zwei Monate Gips und mindestens drei Monate keinen Sport. Für einen kurzen Moment bin ich wütend, dann überwiegt der Frust. Von einer auf die andere Sekunde ist ein ganzer Monat bis zu unserem Wiedersehen dazugekommen. Fahrradfahren ist jetzt völlig ausgeschlossen, und Zugtickets für sie können wir uns nicht leisten. Ich fühle mich einsam, weiß aber, dass ich mich wenigstens mit Radfahren ablenken kann. Selima ist für mindestens zwei Wochen mit Schmerzen ans Bett gefesselt, und es macht mich verrückt, dass ich mich nicht um sie kümmern kann.

Die nächsten beiden Wochen machen wenig Spaß. Ich bin mir nicht sicher, ob ich nichts erlebe oder einfach gesättigt bin, weil ich schon so lange unterwegs bin. Ich bin ziemlich unmotiviert, aber genau das gibt mir wieder Motivation, mich zusammenzureißen und noch ein bisschen schneller in die Pedale zu treten, damit ich es bald hinter mir habe. Trotzdem merke ich mit jedem Tag an der Ostküste, dass eine längere Radtour hier nicht wirklich zu empfehlen ist. Zu der Hitze kommen die (in ganz Amerika) fehlenden Radwege hinzu, und auch die Städte, die ich passiere, sind nicht besonders sehenswert. Was mich besonders stört, ist der allgegenwärtige Materialismus. Jedes Haus hat sein eigenes Boot, und überall wird mit Reichtum geprotzt. Nach meinen Erfahrungen in Asien bekomme ich eine ganz andere Mentalität zu spüren, denn hier geht es mehr ums Haben als ums Sein.

Um dem Verkehr und auch den Menschen zu entfliehen,

entscheide ich mich für kleinere Straßen im Inland, die mich über Georgia, South und North Carolina und West Virginia nach Pennsylvania führen. Die Wälder spenden angenehmen Schatten, ich zelte und koche fast immer und erfinde ein neues Frühstück: Spiegelei im Paprikamantel auf einem Bagel. Mein Blick ist oft auf die Glücksbringer in meiner Lenkertasche geheftet. Das Armband von Aleks, meiner schönsten Begegnung in Serbien, der Stein von Selima, der Engel von meiner Mum. Sie erinnern mich an schöne Momente und lassen mich zu der Entscheidung kommen, dass *Pedal the World* meine letzte Reise alleine sein wird. Nach den unzähligen Begegnungen in Neuseeland hat es mich unvorbereitet getroffen, dass ich hier in Amerika kaum jemanden kennengelernt habe. Umso mehr freue ich mich, dass in Philadelphia meine ehemalige Gastfamilie auf mich wartet, bei der ich während meines Austauschjahrs gelebt habe.

Als hätte irgendwer bemerkt, dass ich auf den letzten Metern Unterstützung brauche, habe ich einen Tag bevor ich dort ankomme zum ersten Mal Rückenwind. In Kombination mit meinem guten Trainingszustand lässt mich das regelrecht fliegen, und währenddessen singe ich schief und laut vor mich hin. Abends freue ich mich über meinen persönlichen Tagesrekord von 187 Kilometern und auf meine Gastfamilie, der ich gesagt habe, dass ich wahrscheinlich gar nicht und wenn überhaupt erst in einer Woche und nur für eine Nacht kommen werde. In Philly skype ich mit ihnen vom McDonald's eine Straße weiter und verkünde traurig, dass ich es leider nicht schaffen werde, bei ihnen vorbeizuschauen. Meine kleine Gastschwester Mackenzie, damals vier und jetzt riesige zehn Jahre alt, fängt fast an zu weinen, also verabschiede ich mich schnell und fahre zu ihnen, um die Überraschung aufzulösen. Mein letzter Besuch liegt vier Jahre zurück. Doch als meine Gastmutter Clarissa die Tür öffnet und mir um den Hals fällt, ist es, als wäre seitdem kein Tag vergangen.

»Kenzie, jemand ist hier, um dich zu sehen«, ruft sie strahlend ins Haus zurück. Mackenzie bleibt wie angewurzelt stehen, als sie mich sieht, starrt mich ungläubig an, bevor sie aufschreit und mir in den Arm springt. Ihr großer Bruder Keegan kommt erst abends heim und freut sich mit seinen 14 Jahren nicht ganz so überschwänglich, aber auch von ihm bekomme ich eine fette Umarmung. Ich habe mich sehr verändert seit meinem Austauschjahr, vor allem durch die Reise, und sehe viele Dinge kritischer als vorher. Die Kids gucken viel zu viel Fernsehen, essen nicht besonders gesund und sind total verzogen, aber sie haben immer noch einen Platz in meinem Herzen. Es fühlt sich ein bisschen an, wie nach Hause zu kommen. Ich verbringe eine ganze Woche in Philadelphia, treffe alte Freunde, schaue mir Kenzies Fußball- und Keegans Footballspiele an und füge mich nahtlos in meine alte Umgebung ein. Diese Verschnaufpause bereitet mich mental auf den Endspurt in Europa vor.

In der Zwischenzeit hat meine Mama Seli in die Pfalz geholt. Sie haben sich bei einem Abendessen kennengelernt, als Selima direkt nach ihrer Ankunft in Deutschland ein paar Sachen von mir zu Jonas gebracht hat. Jetzt wird sie gleich für eine ganze Woche in meinem alten Kinderzimmer einquartiert, und meine Mutter zeigt ihr, soweit es mit den Krücken möglich ist, die Umgebung und verwöhnt sie. Ich freue mich darüber, wie gut sich Seli mit meiner Familie versteht, auch wenn es schon komisch ist, dass das alles ohne mich passiert. »Ins Sternl darfst du nicht, das will ich dir zeigen!«, ermahne ich sie bei einem der seltenen Skype-Gespräche, denn wir haben ziemlich wenig Kontakt. Ich bin nicht so gut darin, mich regelmäßig zu melden oder lange Nachrichten zu schreiben, mir langt es zu wissen, dass es allen gutgeht. Meine Lieben zu Hause würden dagegen allesamt gerne mehr von mir hören.

Marco beschließt, mich in Skandinavien eine Zeitlang zu begleiten. Ich freue mich, denn dann war er am Anfang und am Ende meiner Reise dabei, und ich sehe ihn ein bisschen früher. Vorher geht es aber erst mal nach New York. Der Weg in die Stadt ist leichter als gedacht, weil es Radwege gibt und ich nicht zur Hauptverkehrszeit komme. Trotzdem ist es immer wieder unglaublich, wie viele Menschen hier unterwegs sind. New York ist eine Traumstadt, die ich kenne, weil ich während meines Austauschs einen Monat lang hier gelebt habe. Das klassische Sightseeing spare ich mir deswegen, bummele nur ein bisschen in Greenwich herum, fahre mit dem Rad am Meer entlang und sehe mir die Freiheitsstatue an. Abends gehe ich zum Time Square, weil es dort billiges, gutes Straßenessen gibt und mein Geld langsam knapp wird.

Mit dem Fahrrad habe ich am nächsten Morgen ausnahmsweise keine Probleme am Flughafen, ich muss einfach nur Folie drumwickeln und es mit dem Gepäck aufgeben. Kurze Zeit später ertönt plötzlich eine Durchsage. Erst höre ich gar nicht hin, aber als ich »Oslo« aufschnappe, werde ich hellhörig: Mein Flug verschiebt sich um 13 Stunden, das heißt von 17 Uhr auf sechs Uhr morgens. Ich gehe zum Schalter, wo ein Angestellter der Fluggesellschaft einer Gruppe aufgeregter Reisender erklärt, dass sie bitte am Flughafen bleiben sollen und er ihnen hierfür Essensgutscheine ausstellen werde. Dass das alles sein soll, kann ich mir kaum vorstellen. Also lese ich mich im Internet ein und finde im Kleingedruckten die Regelung, dass mir in diesem Fall ein Hotel zusteht. Klar, dass die Fluggesellschaft die Menschen ungerne über dieses Recht aufklärt, deswegen übernehme ich das und informiere alle Umstehenden. Außer mir traut sich aber nur ein Ehepaar, von dem Recht Gebrauch zu machen, der Rest hört lieber auf den Angestellten vor Ort. Ich checke ins nächste Flughafenhotel ein und hoffe inständig, dass die Fluggesellschaft mir das bald erstattet, denn die 200 Dollar habe ich gerade überhaupt nicht locker.

Um vier Uhr morgens stehe ich auf, checke aus und trotte müde in Richtung Gate. Endlich im Flieger fällt die gesamte Last von mir ab, und ich freue mich auf meine letzte Etappe. Amerika hat mich ein bisschen enttäuscht, was wahrscheinlich damit zusammenhängt, dass ich nicht mehr 17 und deswegen nicht so leicht von dem ganzen Protz zu beeindrucken bin. Vor allem die Städte kamen mir nach den anderen Reiseländern wahnsinnig oberflächlich vor. Die Natur ist jedoch genauso schön, wie ich sie in Erinnerung habe, und deswegen werde ich wiederkommen. Ich habe auch das Gefühl, dass am Ende einer so langen Reise einfach ein bisschen die Luft raus ist, und möchte dem Land in der Zukunft noch eine Chance geben, wenn ich wieder frisch und aufnahmefähig bin. Dann bleibt mein Rad allerdings zu Hause.

Die letzten Meter

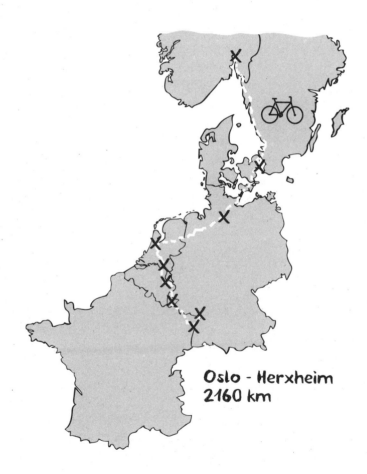

Oslo gefällt mir auf Anhieb sehr gut. Alles ist sauber und schön, und ich freue mich einfach, zurück in Europa zu sein. Dafür ist die Stadt aber verdammt teuer, das Bier, das ich mir zur Feier des Tages gönne, kostet mich zehn Euro.

Mein erster Radtag führt mich über die küstennahen Orte Langhus und Moss und später über das Landesinnere bis zurück an die Küste nach Fredrikstad, wo ich von einer Couchsurferin eingeladen bin. Diesen Umweg muss ich in Kauf nehmen, denn den direkten Weg dorthin versperren die Fjorde. Die Strecke ist wunderschön und das Fahrradfahren angenehm, denn es gibt überall Radwege und kaum Anstiege. Dadurch, dass kaum Verkehr ist, herrscht eine unfassbare Ruhe. Ich habe sogar das unglaublich seltene Glück, einen kurzen Blick auf einen Elch zu erhaschen, der mich total beeindruckt. In Fredrikstad, einer gemütlichen Küstenstadt, begrüßt mich Marion in ihrer Einzimmerwohnung. Diese hat gerade mal 17 Quadratmeter, also muss kurzerhand der Tisch vor die Tür, damit meine Matratze Platz findet. Für so viel Großzügigkeit lade ich sie selbstverständlich zum Abendessen ein. Bei einer typisch schwedischen Pizza mit Mayonnaise und Salsa bringt sie mir die wichtigsten Wörter auf Schwedisch bei. Sie studiert Deutsch und Französisch und spricht gefühlt alle Sprachen der Welt. Wir haben einen ähnlichen Humor und deswegen viel Spaß miteinander.

Am nächsten Morgen geht es früh los, weil ich mir ein ehrgeiziges Tagesziel gesteckt habe. Ich will knapp 150 Kilometer bis nach Uddevalla fahren, über rund 1000 Höhenmeter. Die Strecke hält immer wieder kurze, sehr steile Anstiege für mich bereit, denen ich aber zum Glück ganz gut gewachsen bin. In Svinesund geht es schon über die Grenze nach Schweden. Mein Ausflug nach Norwegen war kurz, aber es steht fest, dass ich wiederkommen werde.

Direkt hinter der Grenze steht ein riesiges Einkaufszentrum, wohin die Norweger zum Shoppen fahren. Marion hat mir erklärt, dass sich das durch ganz Skandinavien zieht. Die Norweger würden in Schweden, die Schweden in Dänemark und die Dänen in Deutschland shoppen, weil es günstiger werde, je südlicher man komme. Die Grenzübergänge in Europa gefallen mir, weil man sie kaum bemerkt und trotzdem plötzlich in einem neuen Land mit neuer Kultur ist. In Uddevalla lande ich auf einem coolen Campingplatz und freue mich auf Marco, der am nächsten Tag in Göteborg ankommen wird. Dorthin ist lockeres Ausfahren angesagt, und nachdem ich mein Rad im Hotel abgegeben habe, nehme ich direkt die Bahn zum Flughafen, um Marco abzuholen, der mich bis Deutschland begleiten wird. Wir sind total froh, uns zu sehen, auch wenn man das von außen wahrscheinlich nicht so merkt, denn wir sind beide eher wortkarg. Ein bisschen erzählen wir uns aber natürlich schon von unseren Reisen. Wieder einmal macht im Team alles mehr Spaß. Essen gehen, Kaffee trinken, durch die schöne Stadt schlendern. Noch dazu kommt der Luxus, dass ich alles bezahlt bekomme, denn ich habe einen sehr großzügigen großen Bruder, der genau weiß, wie knapp ich mittlerweile bei Kasse bin. Ein guter Burger sowie ein paar Gin Tonic, und mein Reisebudget wäre dahin gewesen, doch dank Marco lassen wir es uns besonders am ersten Abend gutgehen. Wenn mein Bruder nicht sowieso sofort gemerkt hat, wie sehr ich mich verändert habe, dann weiß er es spätestens, als ich nach dem zweiten Drink besoffen bin. »Du verträgst ja gar nichts mehr!«, lacht er mich aus, und ich nuschele zurück: »Ich trinke ja auch kaum noch Alkohol.« – »Du und kaum Alkohol? Das glaube ich nicht«, gibt er zurück.

Die gute Laune behalten wir eigentlich rund um die Uhr bei. Unser erster Radtag weckt uns mit strömendem Regen, aber selbst das macht Spaß, weil wir durchnässte Müsliriegel futtern und uns einreden, es wäre ein Sternegericht. Wir spenden uns abwechselnd Windschatten, wovon ich aber nur noch nasser werde, weil Marco keine Schutzbleche hat. Und trotzdem müssen wir über alles lachen. Marco kann zum Glück supergut mithalten, wodurch ich meine Geschwindigkeit nicht wirklich anpassen muss. Er will nur viel öfter anhalten als ich, um ein Foto zu schießen, von Dingen oder Landschaften, die ich nicht einmal bemerkt habe. Der Küstenweg ist wirklich schön, aber ich merke, dass es nicht nur an Amerika lag, dass ich gerade nichts mehr schätzen kann außer einer Dusche und etwas zu essen.

Mittags machen wir Brotzeit mit Baguette, Käse und Salami. Wir versuchen gar nicht erst zu trocknen, weil wir wissen, dass wir eh gleich wieder nass werden, denn unsere Regensachen sind viel zu tief in der Tasche verstaut. Wir schaffen es bis nach Falkenberg und landen dort auf einem Campingplatz. Nachdem wir den Sonnenuntergang über dem Meer bewundert haben und Marco Millionen Fotos davon geschossen hat, die wir unserer Mama schicken, spielen wir noch ein bisschen Karten und gehen dann schlafen. Marco schnarcht, es liegt wohl in der Familie, aber im Gegensatz zu Alberts Sägerei stört es mich nicht so sehr.

Über Halstad fahren wir nach Helsingborg. Eigentlich wollten wir noch an den Strand, aber das Wetter spielt nicht mit, also schlendern wir bei Nieselregen ein bisschen am zweitgrößten Hafen Schwedens entlang. Er hat eine industrielle Seite, aber auch wahnsinnig viele schöne Segelboote sind hier geparkt. Morgens nehmen wir die Fähre nach Dänemark zum beinahe gleichnamigen Ort Helsingor, um von dort aus nach Kopenhagen zu fahren.

Die knapp 50 Kilometer sind völlig flach und trotzdem unglaublich anstrengend, weil wir konstanten Gegenwind haben, was bekanntlich schlimmer ist als Berge. Schon nach wenigen Minuten in der Stadt weiß ich aber, dass es sich gelohnt hat. Kopenhagen ist für mich nicht nur die schönste Stadt Skandinaviens, sondern eine der schönsten Städte der Welt. Ich kann nicht glauben, dass ich noch nie hier war. Nicht wegen der Sehenswürdigkeiten gefällt es mir hier, sondern wegen des Flairs, den die Stadt ausstrahlt, und der Lebenskultur der Menschen. Jede dritte Familie besitzt anstelle eines Autos nur ein Lastenfahrrad, und die süßen Straßen am Fluss mit den kleinen Häusern haben eine so stark entschleunigende Wirkung, dass wir uns fühlen, als wären wir in der Zeit zurückgereist. Ich muss an Selima denken, der es hier so gut gefallen hätte wie mir, weil sie sich auch sofort wohlfühlt, wenn sie von bunten Häuschen umgeben ist. Marco und ich skypen mit ihr, um ihre Laune zu heben, die immer noch von ihrem kaputten Fuß getrübt ist. Zum ersten Mal habe ich quasi beide auf einem Haufen, und auch wenn mir schon berichtet wurde, wie gut die beiden sich verstehen, bin ich erleichtert, als ich es selbst spüre. Wenn man sich am anderen Ende der Welt, weit weg vom eigenen Umfeld, verliebt, ist es nicht selbstverständlich, dass die beiden Menschen, die einem neben den Eltern am wichtigsten sind, miteinander auskommen. Dass die beiden jetzt schon miteinander umgehen wie Geschwister ist mehr, als ich zu hoffen gewagt hätte.

»Mimo, hör auf, mich zu ärgern!«, grinst Selima, und ich drehe mich verwundert um.

»Hä, was macht er denn?«

»Der zieht die ganze Zeit hinter deinem Rücken Grimassen, weil er behauptet, meine Mimik wär so komisch!«

»Na, ist sie ja auch«, lache ich zurück und verarsche meinerseits meinen Bruder für seinen neuen Spitznamen. »Mimo? Hört sich an wie 'ne Katze...«

Nach zwei schönen Tagen in der Stadt stehen wir morgens superfrüh auf, weil wir bis nach Rødby kommen wollen, damit wir dort zelten und am nächsten Tag die erste Fähre nach Fehmarn nehmen können. Die Strecke an der Küste, über nette Brücken und top Radwege, ist sehr schön und vor allem flach, und der Wind kommt überraschenderweise mal von hinten, weswegen wir die 150 Kilometer in acht Stunden, inklusive drei Pausen, schaffen. In Rødby angekommen, schlagen wir auf einer Wiese das Zelt auf und gönnen uns ein Festmahl. Baguette mit Antipasti, die wir vorher in einem Feinkostladen eingekauft haben.

Um sieben Uhr morgens setzen wir mit der Fähre nach Deutschland über, was sich komischerweise gar nicht besonders anfühlt. Wahrscheinlich, weil ich nicht selbst über die Grenze gefahren bin und das Land auch bald wieder verlasse, da ich noch einen Umweg über Holland, Belgien und Frankreich machen werde, damit ich auf den Tag genau ein Jahr nachdem ich losgefahren bin zu Hause einrolle. Von Fehmarn aus geht es entspannt am Timmendorfer Strand vorbei bis nach Lübeck, aber nach den Inseln im Andamanischen Meer in Asien beeindrucken die mich nicht mehr besonders. Erst in Lübeck, der ersten großen Stadt, dämmert es mir, dass ich wirklich wieder in Deutschland bin. Als erste Amtshandlung gehe ich in einen Laden und kaufe mir zum ersten Mal seit nun fast einem Jahr wieder ein Handy. Jeder Tag fühlt sich jetzt an wie ein Countdown, auch wenn ich noch drei Wochen vor mir habe. Ich habe kein schlechtes Gewissen mehr, wenn ich lieber Kaffee trinke als mir die Städte anzugucken, weil ich weiß, dass ich von zu Hause nur einen Katzensprung entfernt bin und wiederkommen kann.

Am nächsten Tag fahren wir gemütlich nach Hamburg und essen erst mal eine Currywurst, die uns so gut schmeckt, dass wir gleich eine zweite bestellen. Am Currywurststand werden wir auf einmal erkannt. Ein Pfälzer, der jetzt in Hamburg wohnt, hat die ganze Reise verfolgt und erkundigt sich nach unserer Unterkunft. »Kein Plan!«, antworten wir wahrheitsgetreu, und Ben lädt uns ein, mit zu ihm und seiner Freundin Charlotte zu kommen. Dort kocht er uns Spaghetti Napoli, für die wir trotz der zwei Currywürste noch Platz haben. Wir verbringen einen schönen Abend bei ein paar Bier, und es ist ein angenehmes Gefühl, dass in der Runde nur Pfälzisch gesprochen wird. Am nächsten Morgen gehen wir noch mit den beiden brunchen. Dabei merke ich, wie sehr ich mich verändert habe. An allen Tischen wird über alles gemeckert: »Hier ist es nicht so gut, das nächste Mal gehen wir wieder zum anderen«, »Wie lange brauchen die denn für einen Kaffee?« Vor einem Jahr wäre ich wahrscheinlich direkt mit eingestiegen, aber heute ist für mich alles perfekt. Wir schlemmen wie im Paradies, und ich bin total genervt von dem unnötigen Gejammer. Ich reiße mich aber zusammen, weil ich auf keinen Fall der »Weltreisende« sein will, »der zum ersten Mal seinen Horizont erweitert und Armut gesehen hat und jetzt heimkommt, um zu missionieren«. Mir ist nur zu bewusst, dass es ein hartes Stück Arbeit werden wird, nicht selbst zurück in dieses Muster zu fallen, und dass ich mir meine persönlichen Erinnerungen an die Überschwemmung in Kambodscha oder die Reisbauern in Laos immer wieder ins Gedächtnis rufen muss, wenn mal wieder Zwiebeln statt Pilze auf meiner Pizza sind oder die Bahn zehn Minuten Verspätung hat. Gleichzeitig weiß ich aber, dass die asiatische Mentalität ein Stück weit unwiderruflich in mir verankert ist, und ich habe Schiss, dass ich nie wieder wirklich hier ankommen werde. Frühmorgens will Marco am nächsten Tag in der hoteleigenen Tiefgarage sein Rad abholen und damit in den Zug nach Hause steigen. Obwohl wir unsere Fahrräder zusammen angeschlossen hatten, steht nur noch meins da. Das gibt mir den Rest, denn ich habe mein weit wertvolleres Fahrrad unabgeschlossen in den verschiedensten und teilweise ärmsten Flecken der Welt stehen gelassen, und niemand hat sich je dafür interessiert. Kaum sind wir in Deutschland, wird uns ein Rad im Wert von immerhin 3000 Euro gestohlen. Dass mein Fahrrad noch da ist, ist reines Glück, denn auf einem Überwachungsvideo sieht man, dass der Täter alleine war und wahrscheinlich nur ein Rad nehmen konnte, um schneller flüchten zu können. Dass die Wahl auf Marcos Rad fiel, macht nur insofern Sinn, als dass meins total dreckig ist. Leider kann man auf dem Video das Gesicht des Diebes nicht richtig erkennen, also wird Marco sein Fahrrad ziemlich sicher nie wiedersehen. Ohne Rad und mit einer Anzeige gegen unbekannt steigt Marco in den Zug nach Hause, und für mich geht es nach Bremen. Schade, dass unsere schöne Zeit zusammen ein so blödes Ende nimmt, aber wir versuchen beide, uns die Laune nicht verderben zu lassen.

Auf der Landstraße werde ich häufig angehupt. Wenn ich mich umdrehe und schaue, wer mich vermeintlich grüßt, blicke ich in missbilligende Gesichter – warum, weiß ich nicht. In einem Dorf, das ich passiere, werde ich sogar beschimpft und merke, dass ich es nicht besonders dramatisch finde, Deutschland bald wieder zu verlassen. Ich ärgere mich darüber, weil ich eigentlich gerne in Deutschland bin und mein Heimatland gut leiden kann.

In Bremen ist meine Pechsträhne zum Glück vorbei, und zwei Zwillingsschwestern beweisen, dass es auch anders geht. Sie haben die Reise verfolgt und laden mich ein, den Abend mit ihnen zu verbringen und bei ihnen zu übernachten. Die beiden sind supernett, und wir tauschen uns den ganzen Abend über Reiseziele aus, während sie Guide spielen und mir Bremen und seine besten Bars zeigen. Lustigerweise waren wir alle schon viel in der Welt unterwegs, aber nicht an denselben Orten, weswegen uns der Gesprächsstoff nie ausgeht. Sie kommen gerade aus Kathmandu und wollen als Nächstes nach Neuseeland. Ich höre ihnen stundenlang bei ihren Erzählungen über Südamerika zu, weil das ganz oben auf meiner To-do-Liste steht, und sie wollten schon immer mal nach Laos.

Von Bremen aus mache ich mich auf den Weg nach Amsterdam, was einen großen Umweg bedeutet, da es westlich liegt. Zum einen habe ich eh noch ein bisschen Zeit, und zum anderen will ich auf meiner Tour unbedingt auch in der Fahrradhauptstadt der Welt vorbeikommen. Ich fahre die Strecke in drei Etappen, ernähre mich unterwegs ausschließlich von Linseneintopf aus der Dose und schlafe im Zelt. Umso leckerer schmecken die dicken holländischen Pommes mit Mayo und Zwiebeln, die zwar in Belgien erfunden, aber auch hier weitverbreitet sind. Auf einen Schlafsaal mit 15 schnarchenden Kiffern habe ich keine Lust, und ein Hotelzimmer ist nicht mehr drin, deswegen übernachte ich zweimal auf einem Campingplatz außerhalb und fahre tagsüber in die Stadt. Ohne Gepäck, das ich beim Zelt lasse, falle ich überhaupt nicht auf, und es macht Freude, einfach mal in der Masse unterzutauchen. Ich verbringe den Tag größtenteils damit, langsam auf dem Rad durch die vielen kleinen Gassen zu fahren und auf den Bänken am Fluss mein Gesicht in die Sonne zu strecken.

Von Amsterdam fahre ich nach Eindhoven, weil mich dort eine Familie zu sich eingeladen hat. Gefunden habe ich sie über die Radlerplattform *Warmshowers*, die ich auch schon in Wellington benutzt habe. Hendrik und Maria haben vor fünf Jahren mit ihrem damals einjährigen Sohn Max eine ähnliche Reise wie ich gemacht. Sie haben auch viel im Flieger überbrückt, um an schöne Orte zu gelangen, und wollen am liebsten morgen wieder losziehen. Beim Abendessen erzählen sie mir, dass sie sich mit Gelegenheitsjobs über Wasser halten und nach ihrer Rückkehr einfach nicht mehr in die Gesellschaft gepasst und in den Alltag gefunden haben. Wenn Max, der mittlerweile sechs ist, nicht zur Schule müsste, würden sie auch direkt wieder losfahren. »Krass, dass denen genau das passiert ist, wovor ich Angst habe«, denke ich, weiß aber gleichzeitig, dass ich es nicht so weit kommen lassen werde. Außerdem werde ich nach meiner Rückkehr erst mal mit dem Film beschäftigt sein. Im Moment habe ich aber gar keine Lust mehr zu filmen. Da die Dokumentation jedoch nur ein Nebenprodukt der Reise ist, macht mir das nichts aus, denn auch dafür möchte ich meine Freiheit nicht aufgeben. Nach dem Abendessen gucken wir zusammen mein erstes WM-Spiel in diesem Jahr, und es ist ein bisschen komisch, nicht mit Marco und meinen Jungs vor dem Fernseher zu sitzen. Über den Überraschungssieg von Holland freue ich mich aber mit meinen Gastgebern, die völlig ausflippen, auch wenn ich kein Fan vom holländischen Team bin.

Am nächsten Morgen begleitet mich die 73-jährige Mutter von Maria etwa zehn Kilometer aus der Stadt, um mir den perfekten Radweg zu zeigen, der mich nach Liège in Belgien führen wird. Wir fahren in gemütlichem Tempo, weil sie sonst auf ihrem schon etwas klapprigen Damenrad nicht hinterherkommen würde, und sie erzählt mir spannende Dinge über die Gegend. Sie kennt beispielsweise alle Pflanzen beim Namen und weiß um ihre verschiedenen Heilwirkungen. Danach komme ich ziemlich schnell nach Liège oder auch Lüttich, weil Hollands Radwege einfach unschlagbar flach sind und ich noch dazu einen windstillen Tag erwischt habe.

Nur 50 Kilometer entfernt liegt mein nächstes Tagesziel, eine kleine, aber feine, fahrradaffine Herberge mitten in der Eifel. Für die brauche ich mit Pausen genauso lang wie für die doppelte Strecke am Vortag, weil ich 900 Höhenmeter überwinden muss. Ich hab es mir zwar selbst ausgesucht, aber schon nach dem ersten Hügel weiß ich nicht mehr, warum. Nach Skandinavien und Holland, wo die Topographie sehr radfreundlich war, bin ich nicht mehr in Form, und selbst mein Sternl-Spiel funktioniert nicht, weil ich einfach zu langsam bin, um mich nach 20 Kilometern zu freuen. Irgendwann komme ich sogar an einem Schild vorbei, das in Richtung Skipiste zeigt – kein Wunder also, dass ich aus der Puste bin.

Die Herberge und vor allem das Frühstück am nächsten Morgen entlohnen mich aber für die Anstrengung. Das Haus ist komplett aus Stein, auch das Grundstück ist sehr rustikal und liegt mitten im Nichts. Ich genieße es, mir morgens Zeit zu lassen, Sonne zu tanken und mich beim Essen von Vögeln besingen zu lassen. Hätte ich gewusst, was mich in Luxemburg erwartet, hätte ich mich ein bisschen beeilt, aber so bin ich auch auf der Strecke dorthin eher gemütlich unterwegs.

Als ich dort in dem kleinen Hotel einchecke, wundere ich

mich ein bisschen über die Rezeptionistin, die mich bis über beide Ohren angrinst, denke mir aber nicht viel dabei – bis ich in mein Zimmer komme und da schon eine Tasche steht.

»Hallo?«, rufe ich und gucke mich um.

»Fuck«, höre ich Seli aus der Toilette schimpfen, und als sie rauskommt, sagt sie lachend: »Ich wollte dich eigentlich nicht vom Klo aus überraschen.«

»Wie bist du überhaupt hier reingekommen?«, frage ich und nehme sie fest in den Arm.

»Ich hab gestern im Hotel angerufen und gefragt, ob es in Ordnung ist, wenn ich auch komme. Sie hatten dir eh ein Doppelzimmer reserviert und haben versprochen, nichts zu verraten«, antwortet sie.

Die Überraschung ist auf jeden Fall gelungen, denn ich habe mir das Wiedersehen in Herxheim mit allen so viele Male ausgemalt, dass ich nicht auf die Idee gekommen bin, dass wir damit nicht bis zum 22. Juni warten müssen. Ich inspiziere sofort ihren Fuß, der erst seit kurzem nicht mehr geschient ist. »Ganz schön dünn, dein Knöchel«, lache ich und bin froh, dass man sonst nichts mehr von dem Bruch erkennen kann. Radfahren kann sie zwar noch nicht, aber ich bin mittlerweile nur noch einen Katzensprung von zu Hause entfernt, also ist sie mit dem Auto gekommen. Ich freue mich so sehr, Selima zu sehen, dass ich keine Augen für Luxemburg habe, aber wir laufen trotzdem ein bisschen in der Stadt herum, essen einen Crêpe, und Seli spielt ein Lied an einem der Klaviere, die überall in der Stadt verteilt sind. Es ist gut, dass wir ein bisschen Zeit für uns haben, bevor ich in drei Tagen nach Hause komme und mich viele Menschen auf einmal begrüßen. Außerdem wird wie am ersten Tag ein Kamerateam von einem Fernsehsender vor Ort sein, und ich hätte keine Lust gehabt, meiner Freundin den ersten Kuss nach vier Monaten vor einer Kamera zu geben.

Am nächsten Tag fährt Seli nach Herxheim, um bei den Vorbereitungen für das Willkommensfest zu helfen. Für mich geht es alleine nach Saarbrücken. »Bitte halt alle davon ab, einen Riesenaufwand zu betreiben, okay?«, bitte ich sie, als wir uns verabschieden. »Ich freue mich einfach, wenn ihr da seid!«

»Da musst du jetzt durch«, lacht sie. »Es wird dir gefallen, versprochen.«

Jetzt, wo das Ziel so nah ist, bemerke ich, ähnlich wie in den ersten Tagen der Reise, nichts von meiner Umgebung. Dieses Mal ist der Tunnel, in den mich meine Gedanken befördern, aber angenehm, weil ich mich abwechselnd an die schönsten Momente der Reise erinnere und auf zu Hause freue. Nach Saarbrücken kommt mein Cousin Yannic, wir gucken ein WM-Spiel und trinken ein paar Bier, und in Straßburg treffe ich am Tag darauf Marco und Seli. Ich bin froh, die letzten Abende nicht alleine verbringen zu müssen, weil ich auch Schiss davor habe, dass die Reise zu Ende geht. Tagsüber lenkt mich das Radfahren ab, aber besonders am letzten Abend habe ich eine innere Unruhe, die sich nur mit Bier ablegen lässt. In den letzten Radtag will ich aber alleine starten und mache mich aus dem Staub, während Marco und Seli noch schlafen.

An der deutschen Grenze stellt sich endlich das Hochgefühl ein, das ich auf Fehmarn vermisst habe. Mein erstes und letztes von 22 Ländern, die ich aus eigener Kraft erkundet, befahren und erfahren habe. Das Wetter ist ein Traum. Ich kenne den Weg auswendig, also lasse ich mir Zeit und sauge alles in mich auf. In den Dörfern werde ich erkannt und beglückwünscht. Nach 80 Kilometern stehe ich endlich vor dem Ortsschild, auf dem Herxheim steht. Die Gedanken in meinem Kopf überschlagen sich. Nach 365 Tagen bin ich wieder in meiner Heimat, aber die Welt ist mein Zuhause geworden. In 22 Ländern habe ich Freunde, die ich unbedingt wiedersehen will. 172 Länder warten noch auf mich. Wenn ich wieder losziehe, wird das Rad zu Hause bleiben, das steht fest, vielleicht trampe ich, fahre Wohnmobil oder Motorrad, oder ich laufe, aber vom Radfahren habe ich erst mal genug. Trotzdem bin ich stolz auf mich. Nicht auf die 18.000 Kilometer, sondern darauf, dass ich durchgehalten und einen Rückschlag nach dem anderen überwunden habe. Dass ich nicht da war, als mein Opa gestorben ist, werde ich aber wahrscheinlich nie ganz begreifen können. Bevor ich zu meinem Willkommensfest fahre, mache ich einen Schlenker zum Friedhof. Eigentlich dachte ich, dass mir dieser Abschied wahnsinnig schwerfallen würde, aber als ich vor seinem Grab sitze, bin ich erleichtert. Die Angst, dass ich den Verlust erst begreife – erst verstehe, dass ich ihn nie wiedersehen werde, wenn er nicht neben meiner Oma steht und mich zur Begrüßung in den Arm nimmt, verfliegt, als ich seinen Namen auf dem Grabstein lese. Es war die richtige Entscheidung, die Reise zu Ende zu bringen, und nachdem ich meine gesammelten Glücksbringer auf sein Grab gelegt habe, verlasse ich den Friedhof traurig, aber mit einem inneren Frieden.

Bevor ich in meine Straße fahre, hole ich meine Hupe raus, die ich extra für meine Rückkehr besorgt habe. Ich tröte so laut, dass mir fast die Ohren wegfliegen. Noch bevor ich um die Kurve komme, höre ich das Jubeln und Klatschen der Leute, und als ich mit dem vollbepackten Rad vor meinem Haus halte, werde ich umringt, bevor ich absteigen kann. Knapp 100 Leute sind gekommen, Familie, Freunde und Menschen, die meinen Weg von Anfang an begleitet haben. Meine Omi fängt an zu weinen, als sie mich drückt, und auch mir und allen Umstehenden kommen die Tränen. Es dauert keine zehn Sekunden, bis mir jemand ein Bier in die Hand drückt, und Seli hat nicht zu viel versprochen: Meine Leute, allen voran meine Mama, haben ein perfektes Fest organisiert. Es gibt jede Menge kaltes Bier, Stehtische, mein Papa grillt und bäckt Flammkuchen wie ein Profi, und das Büfett füllt die ganze Garage aus. Ein Freund sorgt für die musikalische Untermalung des schönen Sommerfests, und als Überraschung singen Marco und Seli mir zusammen ein Lied und spielen Gitarre. Nach einem Jahr alleine plötzlich alle Menschen, die einem wichtig sind, auf einen Schlag zu sehen, ist ein überwältigendes Gefühl. Ich versuche alles aufzusaugen, mich mit jedem zu unterhalten. Das Fernsehinterview bekomme ich schon gar nicht mehr richtig mit, und irgendwann kann ich auf die Frage, wie es war, einfach nur noch antworten: »Was für ein Jahr!«

Fabian Sixtus Körner

Journeyman
1 Mann, 5 Kontinente
und jede Menge Jobs

Mit zahlreichen Fotos.
QR-Codes mit Fotos und Videos
im Buch.
288 Seiten. Klappenbroschur.
Auch als E-Book erhältlich.
www.ullstein-extra.de

Ohne Geld um die Welt

Wie kommt man einmal um die Welt, mit nur 255 Euro auf dem Konto? Fabian Sixtus Körner schnappt sich seinen Rucksack und macht sich auf ins Ungewisse. Sein Plan: alle Kontinente dieser Erde bereisen – und überall für Kost und Logis arbeiten. Er legt Tausende von Kilometern in Fliegern, Zügen, Bussen, löchrigen Booten und Rikshas zurück und arbeitet dabei mal als Grafiker, mal als Architekt oder Fotograf. Zwei Jahre und zwei Monate, über sechzig Orte, querweltein.

ullstein

Wunderbar warmherzig und komisch – für alle Italien-Fans

Markus Götting

ALLES AZZURRO

Unter deutschen Campern in Italien

ISBN 978-3-548-37431-4
www.ullstein-buchverlage.de

Kaum hat Markus in eine Familie von Camping-Fans eingeheiratet, sitzt er auch schon im Auto zu seinem ersten Wohnwagenurlaub in Italien – beladen mit Sonnencreme, Dosenbier und noch mehr Vorurteilen. Am Strand trifft er sie alle: notorische Nackensteak-Griller und Gartenzaun-Aufsteller, die in ihren Wohnmobilen *Lindenstraße* gucken.
Wie kann ein Mann das alles für seine Liebe ertragen? Die Geschichte einer unglaublichen Integrationsleistung.